21 世纪全国高等学校

U0671704

旅游与酒店业市场营销学

主　编：刘明广

副主编：杨静达　焦爱丽　张贝尔　王新强

经济管理出版社

ECONOMY & MANAGEMENT PUBLISHING HOUSE

图书在版编目（CIP）数据

旅游与酒店业市场营销学/刘明广主编. —北京：经济管理出版社，2014.4
ISBN 978-7-5096-3079-2

Ⅰ.①旅…　Ⅱ.①刘…　Ⅲ.①旅游业—市场营销学 ②饭店业—市场营销学
Ⅳ.①F590.8 ②F719.2

中国版本图书馆 CIP 数据核字（2014）第 075500 号

组稿编辑：宋　娜
责任编辑：宋　娜
责任印制：黄章平
责任校对：陈　颖

出版发行：经济管理出版社
　　　　　（北京市海淀区北蜂窝 8 号中雅大厦 A 座 11 层　100038）
网　　址：www. E-mp. com. cn
电　　话：（010）51915602
印　　刷：三河市延风印装厂
经　　销：新华书店
开　　本：787mm×1092mm/16
印　　张：17
字　　数：343 千字
版　　次：2014 年 7 月第 1 版　2014 年 7 月第 1 次印刷
书　　号：ISBN 978-7-5096-3079-2
定　　价：45.00 元

前　言

　　旅游业市场营销是一门研究现代旅游业市场营销活动、供求矛盾、发展规律及其营销战略、战术和方法的科学，它在旅游市场营销理论、教学和实践中都有着十分重要的地位。

　　当前旅游业的飞速发展急需一大批了解旅游市场运行规律、善于进行旅游市场营销的人才。本书编写的目的在于适应旅游业教育发展的需要，增强旅游业经营管理人员的现代营销观念，提高旅游业营销管理人员的营销技能，切实提高21世纪综合型、创新型、实用型旅游业营销人员的培养质量。

　　本书的编写，立足于博采众长、兼收并蓄、综合概括的原则，在吸收国内外旅游市场营销与饭店市场营销管理研究的最新成果的同时，力求保持自己的特色和水平，注重营销理论、实践与旅游业的结合，采用理论研究与案例分析相结合的方式，使得内容生动活泼、切合实际，并让读者能够深入浅出地掌握旅游业市场营销战略和营销策略。

　　本书适合于各类高等院校的旅游管理专业与酒店管理专业学生及相关专业学生作为教材使用，也可以作为旅游与酒店管理专业及从业人员的自学考试参考用书及从事旅游研究、旅游管理、酒店管理等有关人员提高研究和管理水平的参考书。

　　本书的编写人员及分工是：吉林工商学院刘明广（第四章、第五章、第六章、第七章、第八章、第九章、第十章），吉林工商学院杨静达（第一章、第二章、第三章），吉林工商学院焦爱丽（第十一章、第十二章、第十三章），吉林工商学院张贝尔（第十四章、第十五章）。全书由刘明广、王新强修改、定稿。

　　我们在本书的编写过程中参阅了大量旅游市场营销、酒店市场营销方面的书籍和文章，特向这些书籍和文章的作者表示感谢，同时对于在编写过程中给予支持和帮助的有关同志致以谢忱。

2014 年 3 月 13 日

目 录

第一章　旅游市场营销概述

内容导读

21世纪，中国旅游业迎来前所未有的发展机遇，中国将会努力实现从旅游大国向旅游强国的转变。但不可否认，伴随机遇而来的还有巨大的挑战，中国的旅游市场在世界贸易组织的框架下上演一场没有硝烟的、激烈的国际商战。在这场激烈的商战中企业如何赢得应有的市场地位，如何赢得企业预期的利益，是每一个参与者必须认真考虑的问题。100多年来的市场实践证明，市场营销作为企业管理观念之一，对经营者识别市场、理解市场，并向市场提供能够满足某种需求的产品或服务，在达成买卖双方利益交换的同时，对实现企业的长远发展和长期目标具有重要的意义。本章将就旅游市场营销的基本问题作结构性阐述，以使我们对旅游市场营销的特点、旅游市场营销学的基本内容以及研究方法有基本的了解。

第一节　市场营销的基本认识

一、市场

在讨论市场营销概念之前，应对市场的概念有一个基本的认识。"市场"一词在不同的语义环境中有不同的解释。在经济学的意义上，市场有狭义和广义之分。"狭义的市场是指商品交换的场所，它体现商品买卖双方和中间商的关系。广义的市场则体现为影响、促进商品交换的一切机构、部门与商品买卖双方的关系，即某一特定商品的供求关系"。在市场营销的意义上，市场的概念是指买方，卖方则为企业或行业。"一个市场是由那些具有特定的需要和愿望、愿意并能够通过交换来满足这种需要或愿望的全部潜在顾客构成的"（菲利普·科特勒）。

二、市场营销

1. 市场营销的含义

市场营销译自英文"Marketing"一词，原意为交换、交易的意思，在市场营销学的发展过程中，不同的学者分别表达了各自的看法。

著名市场营销学家菲利普·科特勒在其《营销管理》第9版序言中指出："营销是一种有序和深思熟虑的研究市场及策划的过程。这个过程开始于对市场的调查以认识其动态规律、营销者通过调研确定机会，即找到需要没有被满足的个人或群体，或对某些产品或服务有潜在兴趣的人们。营销过程还包括细分市场，选择公司能够提供最好满足的目标市场。公司必须形成一整套的战略，制定特定的营销方案和行动计划，使公司的长期业绩最优化。公司还要制定一套控制方案，以评估操作结果。"并且，"市场营销观念认为达到组织目标的关键在于弄清目标市场的需要和欲望，并比竞争者更有成效、效率更高地满足其期望。"

英国市场营销特许研究院的学者们认为：市场营销是"负责识别、预测和满足顾客要求并获得利润的管理过程"。

《战略营销教程与案例》一书的作者罗杰·A.凯林和罗伯特·A.彼得森认为："营销的基本使命是在组织及其接触的公众（个人和组织）间建立长期互利的交换关系。"

《商务》一书的作者乔治·M.邦兹和查尔斯·W.兰姆认为："营销是指规划和实施活动以产生购买者与销售者都满意的交换。"

《旅游营销学》的作者维克多·密德尔敦认为："市场营销关注交换交易和产品销售，它使一方感到满足和物有所值，使另一方得以从所用资产中获得预期的丰厚回报。"

根据上述观点，我们可以看出市场营销所表达的含义主要包括以下几个方面：

第一，企业应以满足市场需求，并提供能令消费者满意的产品或服务作为企业存在的理由；

第二，市场营销是一种管理导向或管理哲学，绝不是一种简单的产品或服务推销技术；

第三，市场营销强调眼前利益与长远利益的结合，并注重企业的长远发展；

第四，市场营销是一个系统的管理和控制过程，市场营销活动涉及企业的每一个部门，乃至每一位员工。只有大家的通力合作才有可能实现企业市场营销的总体目标。

2. 市场营销所关注的基本问题

（1）市场细分中一个特定的企业是无法满足所有消费者的需求的。无论是理论上，还是在实践中，一个成功的企业通常都把经过认真选择的一个或一些特定的人群作为自己的服务对象。这一选择的过程，在市场营销中通常称为"市场细分"，市场细分的目的在于准确地了解某一或某些群体购买者的需要、想法和行为—识别消费者。通过市场细分，企业可以对下述问题有一个较为明确的答案：

他们是谁？他们想买什么？他们怎么样买？他们想在什么时候买？他们想在哪儿买？他们为什么买？

市场细分能为营销人员针对某个，或多个细分市场的特点和要求制定专门营销战略提供有用的信息。同时，企业有限的资源可以更有效地配置于为满足细分市场购买者的需要、要求和行为所开展的营销活动之中。

（2）满足消费需求。企业存在的基本目的是通过与消费者之间的利益交换获得预期的经济利益，这种利益交换能否实现的关键在于企业所提供的产品或服务能否满足消费者的需求。因此，企业必须认真研究特定群体消费者的需求心理、行为特点及其变化，以便有针对性地开展营销活动，将消费者现实或潜在的需求转化为企业盈利的机会。抢在对手之前去识别市场变化，响应和适应市场变化，这是市场营销成功的精髓。当然，消费需求的满足必须建立在消费者相应的支付能力，以及法律、制度、道德等允许的基础之上。

（3）价值与交换。市场营销的最终目标是通过买卖双方利益的相互交换来实现的。这种利益通常理解为一种价值，并以价格形式加以标示，但又不简单地等同于价格。由于买卖双方的出发点不同，对某一特定产品或服务的价值往往有不同的理解和解释。一个企业只有当其产品或服务的价值在交换过程中被消费者所认同，使消费者确实感到物有所值，乃至物超所值，并比竞争对手做得更好时，企业的市场生命力才能够持久。

（4）外部环境因素。在现实生活中企业的运作是与特定的环境相互依存的，任何企业都是特定环境中的一分子。相关的环境因素会对企业的市场营销活动产生种种影响，一个企业要想取得市场营销活动的成功必须使自己的活动与相关环境因素相协调。

这些因素一般从两个层次加以理解，即所谓的宏观环境因素，包括：竞争、法律法规、经济状况、技术水平或条件、社会和文化气氛、人口统计等；微观环境因素，包括：物资供应商、销售渠道、相关机构（金融、广告、行业协会、咨询机构、劳务市场、政府部门）等。

《旅游营销学》的作者维克多·密德尔敦在其书中，引用了另一位市场营销学家斯坦顿对市场营销与外部环境关系的看法，"公司经营的成功与否，取决于其管理人员根据公司的外部环境管理营销系统的能力。这意味着：①对环境中的变化做出反应；②预测变化的方向和强度；③运用内部的可控资源以适应外部环境的变化。"

（5）市场营销组合。菲利普·科特勒将市场营销组合定义为："企业为达到在目标市场上所追求的销售水平而采用的可控性营销变量的组合。"经典的市场营销理论认为市场营销组合主要包括4个变量，即产品、价格、促销和渠道（或分销），由于这4个变量的英文单词均以字母"P"开头，故又被称为"4P"。自营销学家麦卡锡于1960年首次使用这一名称以来，理论界对相关变量的认识有了进一步的发展，增加了一些新的变量，因而出现了"6P"、"11P"、"4CS"等新的说法。市场营销组合的相关变量是企业在市场营销过程中取得预期的市场份额、销售收益和利润的主要工具，亦是企业市场营销活动中可以自我控制的因素。

（6）产品生命周期。产品生命周期是指产品或服务在市场中所要经历的导入、成长、成熟和衰退的过程。根据这一理论，企业必须针对产品或服务在不同生命周期所表现出的特点，有针对性地开展营销活动，以保持企业的活力。

三、市场营销学

对于市场营销的系统理性论研究始于 20 世纪初，哈佛大学出版了第一本"营销学"教科书。20 世纪 50 年代随着世界经济及相关学科的发展，市场营销学理论体系才形成，并不断得到完善。20 世纪 60 年代以来，市场营销学在经济学、管理学、心理学、社会学、统计学、文化学学科的交互中，发展成为一门研究企业市场营销规律，并指导企业市场营销实践的新兴的综合性、实用性经营管理学科。

市场营销学的理论研究表明，在市场营销活动中实际上存在着三种相互关联的主要因素。根据维克多·密德尔敦对菲利普勒相关理论的解释，这三种因素分别是：

（1）顾客（目标市场）根据其需要、欲望、兴趣和支付能力而感知的商品和服务的用途和价值所持的态度和所做的决定。

（2）生产者根据其经营环境和长期目标而对生产供出售的和服务所持的态度和所做出的决定。

（3）生产者在售前、售中和售后与消费者沟通的方式、分销供应产品的方式。

换句话说，任何市场营销系统的关键因素都是买卖双方交换过程中或市场交易中的态度和思想过程。

根据对市场营销相关因素关系的研究，市场营销学认为企业实施营销管理导向的技术程序一般包括以下步骤：

营销战略规划与组织设计；市场营销调研分析；细分市场和市场定位；市场营销组合设计；市场营销计划制订；市场营销计划实施、控制与评估。

第二节 旅游业与市场营销

一、市场营销学与旅游市场营销

市场营销学作为研究企业市场营销规律，并指导企业市场营销实践的综合性、实用性科学，其基本原理适用于所有具有交换、交易行为特征的行业、组织，包括营利性组织与非营利性组织。从这一基本观点出发，我们可以把旅游市场营销理解为：以市场营销学的基本原理为指导，从旅游需求、供给和交换特点出发，通过对相关市场营销技术手段的合理、科学运用确定消费者的需求特点，在提供能满足消费者需求并使之满意的产品或服务的过程中取得企业的利益交换，并获得能使企业长期生存和发展的市场条件的系统性经营管理活动。

在理解旅游市场营销定义时，应充分注意其所揭示的以下内涵：

第一，旅游消费需求的满足是整个旅游市场营销活动的中心，满足旅游消费者需求并使消费者满意是旅游企业一切经营管理活动的出发点和归宿点。

第二，旅游市场营销是一个系统的、动态的过程。旅游市场营销活动受诸多内外环境因素的影响，企业必须适应环境进而影响和改变环境才能生存和发展。同时，旅游市场营销作为一种管理导向，其具体的实施既是一系列市场营销管理活动组成的完整过程，又是整个企业所有部门和员工共同推行、协同实施的动态过程。企业的每一个部门和员工均负有责任。

第三，旅游市场调研在旅游市场营销中具有核心作用，因为只有通过科学、有效、及时的旅游市场调研，企业才能有效地分析旅游市场需求、竞争状况、环境特点、资源状况等因素，进而才有可能制订出科学的市场营销计划，并及时实施营销计划，以及进行有效的营销控制和评估。

第四，旅游市场营销应充分注意旅游行业的特点。旅游企业应从行业的自身特点出发，规划、设计有针对性的市场营销活动，以满足现实的和潜在的市场需求。

二、旅游市场营销与旅游市场营销学

旅游业作为一种商业活动，具有自己独特的内容和行为特征，有自己内在的具有特性的市场交换、交易规律。例如，旅游产品或服务所具有的不可分性和易折损性特点，旅游业产品或服务的关联性特点，旅游业产品或服务对环境的依赖性特点和旅游业产品或服务的可组合特点等。旅游业的行业特点决定了旅游业市场营销具有自己的活动规律和特点。因此，在旅游市场营销的实践活动中，需要人们对旅游市场营销的特性和内在规律作出理论上的解释，并用以指导旅游市场营销实践活动。对这一旅游业市场营销特点和规律的解释工作是由旅游市场营销学来承担。旅游市场营销学作为市场营销学的一个分支，在理论上属于服务市场营销学的范畴。旅游市场营销学是利用市场营销及相关学科的一般原理研究旅游市场营销特点，并揭示其内在规律的一门学科。

在市场营销学、旅游市场营销和旅游市场营销学的现实关系中人们可以看出，旅游市场营销主要是指市场营销的实践活动，而市场营销学和旅游市场营销学则从不同的角度对旅游市场营销的理论和实践问题加以研究，并指导旅游市场营销活动的开展。旅游市场营销学作为市场营销学的分支，在接受市场营销学的理论、研究方法的指导以研究旅游市场营销自身特点、规律的同时，其自身的发展和研究成果又不断为市场营销学提出新的问题、新的材料，进而促进市场营销学自身的发展，如图1-1所示。

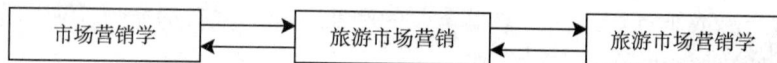

| 市场营销学 | ⇄ | 旅游市场营销 | ⇄ | 旅游市场营销学 |

图1-1　三者的关系

三、旅游市场营销的基本特点

旅游市场营销与一般商品市场的营销活动具有明显的不同，其主要表现在以下几个方面：

1. 需求特点

旅游消费需求涉及吃、住、行、游、购、娱诸多方面。在具体的消费过程中，这些需求一般有以下的特征：

（1）多样性。不同的消费群体或个体之间往往具有不同的要求，尤其是在个性化消费倾向日益彰显的今天。

（2）组合性。不同的旅游消费要素之间存在着内在的关联，消费者在一次消费活动中通常有几种不同的需求同时存在，并以一定的方式将他们组合成一组需求。

（3）重复性。与旅游业服务相关的消费需求通常是可重复性的需求，产生重复的原因既有生理方面的，也有态度方面的。

（4）错位性。在市场营销理论中，一般根据消费者对产品或服务的重视程度的不同，将不同的产品或服务分为高包含和低包含两种基本类型。但在实际的消费过程中，同一产品或服务对不同的消费者，以及同一消费者在不同情景下对同一产品或服务的理解往往会产生错位。

（5）时代性。旅游消费需求具有鲜明时代性，不同时期的人们对相关产品或服务有不同的要求。

（6）习惯性。尽管旅游消费需求有时代性的特点，但对大多数人来说，这种时代性又是与特定的习惯性相伴随的。

（7）服务性。消费者所享受的主要是产品或服务提供者在特定的时间、场所，借助一定的工具、设施、程序所提供的活劳动服务。

（8）波动性。由于与旅游服务相关的消费需求在通常情况下是非必需性的和可替代性的需求。所以，购买决策极易受到相关环境和个人因素的影响。

（9）文化性。旅游消费者在享受旅游产品或服务的过程中非常注重精神的享受。对旅游者而言，出行的前提通常是为了满足某种精神方面的需要，而这种精神消费需求通常以文化的形式表现出来。

2. 旅游产品或服务特点

旅游市场营销在现代市场营销理论体系中属于"服务营销"，而服务营销则是 21 世纪以来，市场营销学研究的重点。

（1）服务的定义。关于服务有多种定义，对上述定义的认识将有助于人们更加全面地了解服务的含义。①服务一般是以无形的方式，在顾客与服务人员、有形资源或服务系统之间相互作用中发生的、可以满足顾客需要的一种或一系列行为。②服务是一方向另一方提供的行为或利益，其实质是无形的，而且不涉及任何所有权的变动，其生产可能与有形产品相联系。③服务是一种不能自产自用，只能买卖交易的东西。④服务是由企业或企业家为主体进行的交易，是不改变有形商品所有权的行为。

（2）服务产品的特点。根据上述有关服务的定义，我们将服务的特点归纳为以下几点：①不可分性。生产和消费行为是同时发生的服务，履行要求生产者和消费者同时积极参与；还意味着生产和消费是在属于生产者的空间或设备中发生的；也意味着服务企业的大多数员工要与消费者发生接触，并被顾客视为服务产品不可分割的一部分。②易折损性。由不可分性派生出来，因为服务生产是典型的时间和空间固定的生产。所以，如果服务能力或产品在某一天未能销售出去，它们所代表的潜在收益也就从此丧失，无法挽回。③不可储存性。由于不可分性和易折损性特点的存在、服务生产者不可能将产品储存起来用于满足需求的日常波动。

3. 操纵需求

针对旅游需求与供给的基本特点，旅游市场营销管理者必须认识到了解市场的需求与欲望，了解消费者态度和购买行为特征对旅游业营销的重要意义。因为，只有充分了解、认识消费需求，企业才有可能制订出有针对性的市场营销计划方案并加以有效实施，以促成消费者购买。旅游企业应以天、周为单位，制订详细的、可行的行动方案，以便充分利用不可保存的、不可分的经常性生产能力，并力图创造额外或边际销售量以期用很少的额外成本创造收益。

4. 针对性的市场营销组合

在充分了解消费需求的前提下，旅游市场营销强调根据旅游需求与供给的特点，有针对性地进行市场营销组合。

四、与现代旅游市场营销相关的市场营销新观念

自20世纪50年代以来，世界范围内的政治、经济、社会、文化等方面的发展给市场营销理论的研究和实践注入了新的活力，传统的市场营销观念得到了新的诠释。下面就一些与现代旅游市场营销相关的主要的新观念作简要介绍。

1. 绿色营销、生态营销

2010年6月，183个国家和地区的代表，其中包括102个国家的元首和政府首脑在巴西里约热内卢参加了由联合国召开的全球环境与发展会议。会议通过了《环境与发展宣言》、《关于森林问题的原则声明》和《二十一世纪议程》三项重要文件。全世界的人们越来越深刻地认识到日益严重的环境问题已经直接影响到全球的经济发展战略，以及人类社会的生活方式和消费形式。在这一背景下，市场营销领域出现了"绿色营销"的新概念。

绿色营销是指企业致力于通过交换过程以满足人们的绿色消费需求，履行环境保护的责任与义务，以及为实现自身的盈利所进行的市场调查、产品开发、产品定价和分销及售后服务等一系列的经营活动。其基本特点表现为：

（1）在企业营销活动中，必须始终如一地贯彻维护生态平衡、重视环境保护、提高人们生活质量的"绿色"观念。

（2）绿色营销观念与生态营销、社会营销等观念相互综合，促进企业进一步适应消费者的利益和人类的共同愿望。

（3）激发消费者的绿色消费意识，因为绿色营销的前提是消费者"绿色"意识的觉醒。

（4）绿色营销的目标是实现资源的持续利用，保护和改善生态环境。

（5）尽管各国各地区对"绿色"的理解有所差异，但绿色标准和标志已成为一种世界性语言。

生态营销观念把人们对生物界生态平衡的理解引入企业市场营销管理之中，强调企业的生存和发展应与企业所处的环境保持协调和平衡。企业应善于利用自身的资源优势，有选择地生产那些既能满足市场需求，又符合企业生产条件和能力，并为企业生存环境所理解并接受的产品或服务。

2. 社会营销

社会营销观念认为：在现代市场环境下，企业应在明确目标市场需求和自身生产条件的基础上，通过有利于消费者利益和社会利益的经营策略，比竞争对手更有效地

向消费者和社会提供更高的价值，平衡企业、员工、消费者和社会的利益。

3. 大市场营销

大市场营销观念认为：在现代社会条件下企业的运作是企业与外部环境之间进行双向信息交流的过程，企业运作既受外部环境诸因素的制约、影响，同时也通过自己的营销组合对外部环境产生影响。企业可以通过经济、政治、公共关系等手段影响外部环境中不利于企业生存发展的因素向有利于企业生存发展的方向转化，企业在适应环境的同时更要主动地影响和改变环境。

4. 品牌营销

企业对决定品牌竞争力的各种因素进行系统投入，使品牌成为对市场有较大控制能力及对竞争对手有较强影响作用的工具，企业利用品牌这个最重要的无形资本达到大幅盈利及长期成长的目的。

5. 关系营销

20世纪90年代以来，关系营销由斯堪的那维亚和北欧的学者提出并发展起来的，以建立和管理"关系"为基础，旨在替代传统营销观念的一种理论。关系营销强调在识别、建立、维护和巩固企业与顾客及其他利益相关人关系的活动的基础上，通过企业努力，以成熟的交换及履行承诺的方式，使活动涉及的各方面的目标在关系营销活动中实现。其关键在于：不仅争取顾客和创造交易（识别建立关系）是重要的，维护和巩固已有关系更加重要；营销的责任不仅是给予承诺，更重要的是履行承诺；建立有利的商业关系需要企业与顾客及其他利益相关者之间建立长期的相互信任的互惠关系。

6. 文化营销

文化营销是指企业在经营活动中，针对企业面临的目标市场的文化环境采取的一系列文化适应策略，以减少或防止企业文化与市场文化的冲突，进而使营销活动适应和融入当地的文化之中。相比较物化营销观念，文化营销也以满足消费者需求为中心，但强调在物质需求背后的文化内涵。

7. 直复营销

直复营销是相对于利用渠道的间接营销而言的，一种不受传统营销通路限制的市场营销新思路，它的技术基础是现代信息技术的发展，直复营销主张面向个人和媒介，在双向沟通的互动模式中，将买卖双方有机地联系在一起，其特点是：

（1）秉承需求中心论的观念，强调以比竞争对手更及时、更有效的方式传递目标市场上所期待的商品和服务，以满足消费者的各种需求。

（2）以消费者识别、需求评价、市场细分、目标市场选择为基础，形成整体营销或一体化营销。

（3）销售或沟通的个性化。以数据库和客户档案为基础"投其所好"。

（4）营销效果是具体的、可测的。

（5）媒体选择富有弹性，具有针对性，付费媒体是促销信息的传递手段。

（6）交互回应是行为机制，在交互回应中使信息收集、促销与销售合而为一。

第三节　旅游市场营销学的研究对象、内容与方法

一、旅游市场营销学的研究对象

旅游市场营销学作为利用市场营销及相关学科的一般原理研究旅游市场营销特点，并揭示其内在规律的一门学科，其研究对象是旅游市场的交换或交易行为。在具体的研究过程中，这一行为则被理解为以下相互关联的几个方面，即旅游服务需求者及需要、旅游服务供给者和供应物、旅游市场交换或交易方式及行为特征、旅游市场交换或交易行为所处的特定的时空环境等。

二、旅游市场营销学研究的内容

1. 术语与概念研究

无论是成熟的学科，还是新兴的学科，其学科建立的标志通常以科学、准确的学科术语和概念表述为代表。旅游市场营销学作为一门新兴的综合性、实用性学科，在专业术语和概念的建设上还有许多工作有待完善。

2. 活动主体研究

旅游市场营销的活动主体一般包括消费者、供应者和相关物三个方面，活动主体研究的具体内容包括：社会身份、市场地位、内部结构、行为特征、价值观念与取向、交换或交易目的、交换或交易的要求、群体划分等。

3. 技术系统研究

旅游市场营销的技术系统主要是指旅游市场营销组合，包括：产品或服务的设计生产、价格制定、渠道设计与管理、促销设计等，即通常意义上的"4P"所涵盖的内容。

4. 管理系统研究

旅游市场营销管理系统研究的具体内容包括：旅游市场营销信息系统、旅游市场营销调研、企业市场营销战略规划、旅游市场营销组织设计与管理、旅游市场营销决策、旅游市场营销计划的制订、旅游市场营销计划实施、旅游市场营销计划控制与评估等。

5. 经营环境研究

旅游市场营销的经营环境研究主要包括：外部宏观和微观环境、企业内部环境。

6. 旅游产品或服务类别研究

旅游产品或服务类别研究包括：旅游目的地国家营销、景点营销、交通营销、住宿营销、包价旅游或包价产品营销等。

三、旅游市场营销学研究的方法

1. 以市场营销学基本理论为指导，吸收相关学科的营养

旅游市场营销学作为市场营销学的一个分支，其理论和实务研究自然不能离开市场营销学基本理论的指导。因为市场营销学与旅游市场营销学是一般与特殊的关系或共性与个性的关系。旅游市场营销学的综合性特点决定了它的理论和实务研究必须借助相关学科提供的帮助，如心理学理论对旅游消费需求研究的帮助，经济学理论、统计学理论对市场分析研究的帮助，民俗学、文化学、美学理论对产品或服务设计的帮助等。

2. 理论联系实际

旅游市场营销学是一门实务性很强的学科，其理论的研究必须与旅游营销活动的具体实践相结合，因为实践是检验真理的唯一标准。

3. 定性分析与定量分析相结合

所谓定性分析，就是根据一些直观材料，依据相关理论、经验进行主观分析和综合判断，针对复杂多变的旅游市场经营活动，从性质和发展趋势上进行推断，并得出结论的一种分析方法。所谓定量分析，就是在数学、统计学、系统论、信息学、运筹学和计算机技术的基础上，根据调查材料，运用数学模型等方法对旅游市场营销活动中的相关问题进行精确的量的分析，并得出数字结果的一种分析方法。运用定性分析和定量分析相结合的方法去研究错综复杂的旅游市场营销活动的相关问题，是旅游市场营销学的发展方向之一。

4. 个性研究与共性研究相结合

在旅游消费个性化要求日益高涨的今天，旅游市场营销活动中出现的个别性问题逐渐增多，但我们一般较侧重于对共性问题的研究。实际上无论是从理论研究的角度看，还是从市场实践的角度看，个性问题的研究都具有重要的意义。首先，个性化服务是旅游服务市场发展的大势所趋；其次，今天的个性有可能成为明天的共性。

四、如何学好旅游市场营销学

旅游市场营销学是一门内容丰富、理论系统、实务性强的课程。在学习这门课程时应注意以下几个问题：

第一，认真掌握基本概念。旅游市场营销学的术语、概念较多，如果不能对基本概念加以认真的掌握，就会影响到对相关理论和实际问题的理解。

第二，整体把握结构。要在整体上把握旅游市场营销所关注的主要问题，弄清楚旅游市场营销学内容结构，不要见木不见林，因为旅游市场营销活动的具体问题通常与活动的全过程紧密相关。

第三，注意案例研究和分析。旅游市场营销学是一门实用性学问，如果不能对所学知识加以实际运用，则意味着学习的失败。在学习中要逐步学会运用所学知识进行案例分析，利用案例分析与研究来检验自己的学习成果，以及提高对所学知识的运用能力。

第四，关注市场和行业动态。旅游市场营销学的学习者应注意旅游市场的变化和行业发展动态，市场和行业的发展会给旅游市场营销学提出新的问题和挑战，因为理论研究的步伐一般总是稍落后于实践活动的步伐。要善于发现新问题，研究新问题，并在这一过程中不断提高自己的理论水平和解决问题的实际能力。

第五，在关注市场营销学和旅游市场营销学的信息时代，随着社会发展节奏的加快，知识的更新速度也越来越快。因此，人们应该关注市场营销学和旅游市场营销学领域理论和实践研究的发展动态，力争掌握最新学术研究成果，了解最新的学术思想。

第六，关注相关学科的知识与发展。旅游市场营销是一门综合性学科，如果人们不能对相关学科的知识有较为全面的了解，就很难真正理解和掌握旅游市场营销学的基本理论。

案例　应用市场营销导向的第一范例

——迪士尼主题公园和迪士尼公司

快速看一眼这个受人喜爱的公司的合并收入声明，你就会知道它的主题公园和游乐场的重要性。它们所创造的收入，是总收入的34%。迪士尼乐园和迪士尼世界，以及东京迪士尼乐园、迪士尼电影制片场、迪士尼巴黎游乐场的巨大成功是应用市场营销导向的第一范例。

迪士尼本人是主题公园概念的创始人。一天，他和两个女儿在一个娱乐公园游玩时，想出了这个主意，他注意到当他的女儿耗费很长时间骑木马时，他除了坐着观看无事可做。于是他想到，要满足消费者的需求，就必须创立一个为整个家庭服务的娱乐概念，自从迪士尼乐园1955年初次登台，迪士尼世界就发生了魔术般的变化，当公众开始享受新的娱乐项目时，公司又声明了其他项目的计划。在迪士尼有这样一种认识，那就是娱乐必须是永远新鲜的，如果它有很长一段时间保持不变，那么它就可能不再有趣了。

尽管迪士尼的发展历史本身就是一个故事，但是在它的幕后所发生的事情更吸引着我们。迪士尼认为，游乐行业的最大困难之一，便是服务质量的标准，当某个人说"你不能往人的脸上涂微笑时"，你就会明白友好和精神振奋的雇员是多么重要，他们能保证消费者的满意度。既然提到了人的因素，那么迪士尼是怎样和他的员工们成功地做到这一点的呢？答案就是通过仔细编拟条例和设置培训课程。每一个新的员工都必须参加迪士尼公司的传统培训，经历一段在迪士尼大学的全日制学习过程，他们学习迪士尼公司的理念和运作程序。他们要懂得迪士尼是一个娱乐行业——这种行业要使人微笑和愉快，迪士尼甚至编制了一种新的语言以确保它的员工能记住基本的原理：

Backstage 幕后的部分；Casting 个人服务；Cast Members 迪士尼的员工；Costumes 制服；Disney Theme Show 主题公园和游乐场的经历展；Guests 消费者；Host/Hostesses 每一个迪士尼的员工；Onstage 对消费者的承诺；Presenting the Show 服务于顾客，使顾客高兴；Pole 工作职位。

从这些条款中很容易就看出迪士尼将满足消费者需要放到了第一位，而且它还能清晰地监督自身的服务行为。新的迪士尼员工也懂得他们的外形对迪士尼形象有多么重要。为了帮助说明这些条款，迪士尼制作了四种不同颜色的小册子，详细描述了这样一些内容，比如服饰、发型和头发的颜色、鬓角、指甲、项链、名字标牌，甚至擦脸油和除臭剂的使用也列了上去。无论是底层还是高级部门，迪士尼都用姓氏进行标识，员工们必须佩戴名字标牌以展示他们自身的身份。

另一个迪士尼游乐场营销导向的表现，就在于使用固定的顾客调查报告，来决定顾客的满意程度，每周都要调查成百上千的顾客，以确保公司高水准的经营。

案例讨论题：在迪士尼案例中证实了哪些市场营销导向的特征？

复习与思考

1. 如何理解市场营销学与旅游市场营销学的概念及两者的关系？

2. 旅游市场营销有何主要特点？与一般商品市场营销的特点不同在哪里？

3. 旅游市场营销的研究对象是什么？它研究的主要内容有哪些？

4. 怎样学好旅游市场营销学？在学习方法上应注意哪些方面？

第二章　旅游市场营销环境分析

内容导读

　　任何企业的营销活动，都是在一定的社会环境制约下进行的，对市场营销环境的研究是企业走向成功的重要途径。一般来说，对于旅游市场而言，旅游市场营销环境可分为宏观环境和微观环境。旅游企业经营者需要经常注意正在变化的旅游市场环境，依靠市场情报系统和调研系统密切地把握环境变化的趋势，着重研究旅游市场营销组合核心要素之间的相互配合，适时调整旅游营销策略以适应旅游营销环境的新挑战与新机会。

第一节　旅游市场营销组合

一、旅游市场营销组合的概述

1. 旅游市场营销组合的定义

　　旅游市场营销组合是指旅游营销企业为了取得最佳的经济效益，对产品、价格、促销、分销4个自身可以控制的营销变量加以组合，使之相互配合，综合性地发挥作用的整体营销策略。具体地讲，就是指旅游企业的市场营销人员采用系统的方法，根据外部环境条件，把市场营销的各种手段与工具及其相关决策进行整合，使它们相互配合，综合地发挥作用，实现本企业的市场营销战略目标的过程。

　　一般而言，旅游经营企业在进行了市场调查、市场细分并选定自己的目标市场以后，就要针对目标市场的具体情况及要求，设计相应的市场营销策略，制订最佳的营销组合方案，以达到预期的经营目标。由于营销组合是最基本的"战术"，因此旅游企业经营的成败在很大程度上取决于旅游营销组合决策的质量。

2. 旅游市场营销组合的内容

　　对旅游市场营销行为具有影响的因素很多，既有可控制的因素，也有不可控制的因素。旅游市场营销组合主要是研究对可控制的市场营销因素进行组合的问题。可控制的因素有很多，这里主要按市场营销界普遍认同的美国市场营销专家麦克凯塞提出的"4P"分类法进行分析。即指产品（Product）、价格（Price）、促销（Promotion）、分销渠道（Place）。

（1）旅游产品。旅游产品是旅游产品经营者提供给目标旅游市场的劳动成果或无形劳动服务，其核心是满足旅游消费者各种不同的需求。旅游产品应该包括基本设计（如酒店的规模和设施）、外观（如服务生产地所营造的氛围和环境）、服务因素（如负责向旅游消费者"交付"旅游产品的员工的数量、素质、态度、仪表）及品牌（旅游产品独特的名称、形象和旅游企业的商誉等）。

旅游产品的设计与开发，必须能够满足旅游消费者的需求，既要满足他们在旅游活动中的衣食住行等基本生活需要，又要满足他们对精神享受和自我实现的需要。在现代营销中，旅游产品的设计和更新换代还要与细分目标市场的需要、期望和支付能力保持一致。为满足旅游消费者不同层次的需要，多数旅游企业不只生产提供一种旅游产品。如某大酒店，可以提供上至大型会议用房、商务客房、娱乐厅房，下至短期包价房、钟点房等十几种不同的产品。

（2）旅游产品价格。旅游产品价格是旅游产品的买卖双方为交换此产品而公布或商定的支付货币的价值量。它是旅游营销组合中的一个十分敏感的因素。旅游产品生产者总试图达到预先确定的销售价格和收益目标，而潜在消费者则力图通过对旅游产品的挑选和取舍来最大限度地求得物有所值。因为价格是营销手段中能对市场需求的变动以及竞争者的行动迅速做出反应并能很快产生效果的因素。所以，旅游业的产品几乎都既有一个常规价、标准价，又有一个折扣价或促销价，以充分满足细分市场的购买需求。

（3）促销。促销是指通过宣传旅游产品以及企业的优点，努力说服消费者实际购买旅游产品所进行的各种活动。其主要包括：广告宣传、营业推广、人员促销与公共关系等方面。促销主要是通过各种形式说服消费者，期望最终可影响消费者的购买行为与消费方式，其根本目的在于提高旅游经营效益及旅游企业的知名度和市场形象。促销技巧，既用来使潜在的消费者了解产品的存在，刺激他们的旅游欲望以激发需求，同时又用来提供信息，帮助旅游消费者做出决策。另外，还鼓励旅游消费者直接向旅游生产者购买或通过分销渠道购买，具体将在后面章节中详细解释。

（4）分销渠道。分销渠道是指将旅游产品从旅游产品供给者手中转移到旅游消费者手中的整个流通过程，这是一个由供给者及其选择的所有中间商所组成的流通网络。就旅游营销而言，分销渠道不仅是旅游景点或设施的坐落位置，也是包括所有能为潜在消费者提供接触旅游产品的通道。例如，美国迪士尼世界的分销渠道不仅是指迪士尼所在的奥兰多、佛罗里达，还指美国境内外的众多旅行社的各分销点，这些旅行社销售的旅游产品中就包括迪士尼世界的门票。当然，分销渠道也可通过计算机预定系统或其他邮寄系统，为旅游消费者提供接触旅游产品的直接通道。

总而言之，旅游市场营销组合就是 4 个因素的排列组合，通过相互的整合与协调，形成一个完整的营销组合系统，共同为旅游企业的整个市场营销系统服务，以求得最优化的经营成果。

二、旅游市场营销组合的特点

在旅游市场上，旅游经营者根据旅游资源、设施、交通运输条件及消费者的需求，可制定出不同的旅游产品项目，而针对不同旅游产品，就应采用不同的旅游营销因素组合方式。一般而言，旅游营销组合具有可控性、层次性、动态性和整体性的特点。

1. 旅游营销组合各因素的可控性

市场营销组合各种因素作为营销手段，旅游企业对其是可以控制的。例如，旅游企业可以根据市场细分与市场定位的分析，对自身经营的旅游产品形式与服务方向进行选择；也可以根据市场竞争状况，自行制定旅游产品价格；还可以根据所经营产品的特色，自行选择分销渠道类型及广告宣传手段。总而言之，要有效地运用这些营销工具，旅游企业必须掌握一定的自主权，有自己选择的余地；否则，就无法根据企业目标市场的需要，确定适合自身的市场营销组合策略。

旅游营销组合还受宏观市场环境的影响与制约，必须在国家政策允许范围内经营，不可以无约束地任意经营。因而，旅游营销组合的可控性也是相对的，旅游企业既要有效地组合可控性因素，又要灵活地适应外部环境的变化，力争在市场营销中占据主动地位。

2. 旅游市场营销组合的层次性

旅游市场营销组合虽然是由 4 个因素构成，但事实上每个构成因素并非单一的，其中又分别包括几个下级因素，从而形成每个因素的次组合。美国康奈尔大学旅馆管理学院营销学教授利奥姆·雷诺汉认为：服务企业与生产企业在营销方面有着质的区别，服务营销组合应能显示出服务营销的各个要素的重要性层次，并表明各个要素相互之间的关系。他把旅游酒店的营销组合划分为产品与服务、表象、信息传递三个次组合。这就提示人们，在正确运用营销组合时，不仅要综合利用每个营销因素，还要充分重视该营销组合的构成与协调。例如，旅游产品营销组合就要综合利用旅游资源、旅游设施、旅游交通、旅游餐饮等手段；定价组合包括基本价、季节因素、付款时间、信用方式等；促销组合包括广告宣传、营业推广、人员推销及公共关系等；分销渠道组合包括由上而下、左右联动的各种类型的销售渠道等。旅游企业在进行整体营销活动时，必须针对目标市场的需求，协调各种内部资源，适应外部环境，运用各种主次要素，组成最佳营销组合，以保证各层次要素之间灵活搭配、有效组合，实现预期营销目的。

3. 旅游营销组合的动态性

旅游营销组合并不是静态的组合，而是一个不断变化发展的动态组合过程。营销组合中的 4 个要素尽管是可控的，但每一个要素都是变量，每一个变量又包含着许多小变量，只要一个因素发生变化，其他因素与之原先形成的适应性和协调性就难以维系，就必须重新调整各因素状况以设计新的营销组合。例如，原先由于旅游产品供应商的实力较小，"杭州西湖游"直接面向目标市场的旅游消费者销售，价格实行基本价格制，广告宣传则由自己找媒体播出。随着该供应商实力的增强，旅游产品外销到国外很多国家，国内市场业务量也增大，这时旅游分销就要通过国内外旅游总代理和旅游产品批发商来进行，而价格也开始实行多种折扣价，旅游产品促销则主要由中间商来组织和实行。

4. 旅游营销组合的整体性

旅游产业涉及旅游景点、旅游餐饮、旅游交通、旅游服务等诸多部门。旅游企业本身也包括开发、生产、采购、销售、财务、人事等很多业务部门。市场营销部门应该注意协调各部门、各相关行业的相互关系，使其他部门和行业以市场营销观念统领工作，通力合作。集中一切旅游资源和运营力量，来满足旅游消费者的需要。充分发挥旅游营销组合的整体性效用，保证营销活动的统一化，以集合和协调的整体力量来取得营销活动的最优效果。

三、旅游市场营销组合的作用

旅游市场营销组合是旅游市场营销工作的核心环节，科学、合理地设计、实施好营销组合，关系到旅游企业能否实现预期营销目的，关系到旅游企业能否适应市场变化和竞争要求，关系到旅游企业能否顺利生存和持续发展，因而具有十分重要的作用。

1. 旅游市场营销组合是旅游企业增强适应环境能力的有力武器

旅游市场营销组合是各种市场营销手段的巧妙配合与最佳协作。它可以充分发挥单个因素所不能起到的整体效用，通过多个营销要素的科学组合，使整体营销效果远大于单个因素发挥效果的简单相加，可以大大增强旅游企业适应环境变化的能力，增大旅游企业抵御市场风险的能力。例如，旅行社可以选择产品和价格两个因素，每个因素都可分为高、中、低 3 档，排列组合就成了 9 种不同的营销组合，旅行社就可以根据不同的市场环境，来随时采用适合环境变化的市场营销组合，以确保企业利益不受损失。

2. 旅游市场营销组合是应对激烈竞争的有效手段

随着市场经济的日益完善，旅游市场的竞争就越加激烈，既有产品质量、价格等表层次的竞争，又有企业形象、商誉及人才等深层次的竞争。一般来说，旅游企业在竞争中各有自己的相对优势和劣势，取胜之道就在于能否在知己知彼的前提下，科学分析彼此的长、短处，然后设计出能发挥优势、扬长避短的市场营销组合。

在竞争过程中，产品价格竞争较普遍，而且对方也易于模仿，因而往往会导致不必要的竞相降价的恶性循环，结果造成两败俱伤。因此，采用价格竞争手段时，要慎之又慎，不到万不得已不要采用，而应更加注意提供的旅游产品和服务与产品价格之间的一致性。另外，要更加注重市场营销组合整体性功能的发挥，在注重本企业优势因素发挥的同时，应力求其他因素的协调配合。例如，旅游企业在不断开发、提供更加优质的旅游产品的同时，要配以适当的促销宣传手段，选择适合目标市场的分销渠道，制定质价相符的合理价格，综合运用旅游营销组合中各种手段，充分发挥营销组合的作用，以在激烈竞争中取胜。

3. 旅游市场营销组合是旅游营销组织中各部门协调工作的纽带

由于消费者对某一旅游产品的需求通常涉及服务提供者的整体行为，因此，旅游企业必须以适当的产品、价格、时间和地点进行整体营销。旅游企业内部各部门工作要统一协调，彼此分工协作，形成一个整体系统，全心全意为旅游者服务，才能保证营销成功。同时，旅游营销组合也将各旅游企业联系在一起，互相配合，共同提供旅游产品的每一道子产品和服务，以满足旅游消费者的需要。因此，旅游业的吃、住、行、购、娱、玩、导等各个企业应通力合作，内部的开发、生产、促销、财务、物资等各个部门应密切配合，真正发挥旅游市场营销组合的最佳效果。

4. 旅游市场营销组合是合理制定营销费用预算的重要依据

对营销费用进行合理预算、合理划分，不仅关系到旅游市场营销组合的顺利实施，而且还关系到各个职能部门积极性的发挥。将旅游市场营销组合作为营销费用划分的主要依据，既可依照营销组合逐一计划费用避免重复预算，又可按组合需要突出重点环节，确保关键因素的落实到位。

在旅游管理实践中，将旅游营销组合作为企业营销费用分配依据的具体做法是：首先，旅游企业营销部门根据旅游产品和市场状况制订出多个可行的营销组合方案，选择其中一个相对预算支出较少而收益较高的最优方案。其次，将该方案在征得各业务部门一致同意后，根据各部门在方案中的地位、作用、效果等确定营销费用的分配比例，最终算出各部门的营销预算费用额。如此，既可做到以理服人，避免矛盾，又可使各部门在预算过程中充分了解、认同营销组合方案，为达到营销的战略目标奠定思想和物质基础。

第二节　旅游营销环境分析

营销环境，是指影响企业生存与发展并在目标市场上开展营销活动的各种内外因素的总和。这里所说的环境因素，既指那些构成市场营销活动的前提与背景的间接宏观环境因素，又包括直接影响企业在目标市场上开展营销活动的微观环境因素。前者有人口、经济、自然、科技、政治法律、社会文化等因素，后者有企业、供应商、营销中间商、顾客、竞争者、公众等因素。宏观环境因素与微观环境因素共同构成企业营销环境系统，它们对企业营销活动产生直接与间接的影响。一般来说，微观环境因素受制于宏观环境因素，但它同时也以更为直接的方式制约着企业的生产经营活动并受到企业营销活动的影响。

营销环境与企业营销一样，是一个不断完善和发展的概念。20 世纪市场营销诞生之初，工商企业只把销售市场作为营销环境。此后，涉及到企业利害关系的政府、工会、竞争者等也被看作环境因素。20 世纪 90 年代以来，自然、科技、社会文化、政治、法律等被引入环境分析范畴；同时，一些参与企业营销活动的经济利益主体也开始进入微观环境分析范畴。

一、旅游营销环境的特点

一般而言，旅游营销环境具有以下三个特点：

1. 差异性

不同企业面对营销环境显然是有差异的，同一企业在不同时期其所在的营销环境也会发生变化甚至是根本的改变。原因当然归于环境因素本身的变动及对企业作用的差异性，变动的环境因素作用于企业，要求企业必须能以灵活的方式应付环境在时间序列上显示的差异性。

2. 多变性

营销环境的多变性是由于其自身存在的状况而决定的。在一个致力于使经济飞速发展的现代社会，每一个环境因素都随着社会经济的发展而不断地变化。这种变化在大多数情况下，是难以控制的。

3. 相关性

营销环境的相关性不仅表现为微观环境与宏观环境的相互作用，而且，在微观环境内部或宏观环境内部，各种环境因素互相影响制约，显示出较为复杂的关系，为企业有效开展营销调研、环境分析等活动提供了广阔的天地。当然，在竞争激烈、市场行情扑朔迷离的情况下，也为企业增加了难度。

二、旅游营销环境分析的意义

对旅游企业而言，进行营销环境分析的意义主要表现在以下 4 个方面：

1. 分析旅游营销环境，是旅游企业制订经营计划和营销策略的前提

在现代市场经济社会中，一个旅游企业没有经营战略战术计划及特定的营销组合策略，是不可能获得长期发展的。旅游企业的决策，其基础是建立在环境变化之上的，而正确的决策又必须通过旅游营销环境分析来识别这些变化，旅游企业要制订正确的经营计划和营销策略，没有经过对旅游企业环境分析这一环节，显然难以想象。

2. 旅游营销环境分析的实质是旅游企业营销机会和威胁分析

旅游营销环境是指那些影响旅游企业生存与发展的客观因素，它们在某种意义上可以说是为旅游企业提供了生存发展的营销机会，但也可能产生环境威胁旅游企业的营销机会，是指旅游营销环境对企业市场营销活动展示出的竞争优势或有利因素。环境威胁是指旅游营销环境对企业市场营销活动显露的不利因素。旅游企业进行旅游营销环境分析就是要及时抓住利用营销机会，避免环境威胁。

旅游企业分析营销机会和环境威胁的目的，是为了集中精力，把旅游营销环境分析推进到实质化阶段，以便于抓住有利时机，避免风险，尽可能将环境威胁转化为营销机会。

3. 把旅游营销环境分为宏观环境和微观环境，有利于旅游企业适应环境、创造环境

有的教科书把旅游营销环境分为可控因素和不可控因素，不可控因素指宏观外部环境因素，可控因素指企业可以控制的内部因素，即产品、价格、渠道、促销。这种划分忽略了旅游企业的微观营销环境，旅游微观环境指的是与旅游企业营销活动有直接联系的各经济利益主体的集合，它与旅游宏观环境一起影响旅游企业的生存发展及其营销策略，但它与旅游宏观环境有区别：第一，旅游微观环境比旅游宏观环境对企业的营销活动的影响更为直接；第二，旅游企业经过努力可不同程度地控制微观环境因素。这样，把旅游营销环境明确分为宏观、微观两个层次，可以更好地研究旅游企业如何适应环境和变化环境的问题，有利于旅游企业在适应大环境的前提下创造自己的小环境。

4. 通过旅游营销环境分析，克服"市场营销近视症"

旅游企业在竞争市场上进行生产经营，往往容易偏重于短期利润，而忽视本企业的长期利润、在复杂的旅游营销环境条件下，由于旅游产品生产和消费的同一性和一次性，旅游企业受短期利益的驱动，在经营观念和经营目标上，常常表现出狭隘性和短浅性病症，这不仅使旅游企业有可能失去长期发展的机遇，也使得旅游企业营销与生态环境、社会责任等产生矛盾，减弱旅游企业自我生存发展的协调能力。如果旅游

企业能通过营销环境分析，正确识别环境的发展趋向，使企业营销活动主动适应环境变化并创造出自我发展的小环境，旅游企业就能克服"市场营销近视症"，为企业获得稳定的长期利润打下基础。

下面，就将旅游市场营销环境分为微观环境和宏观环境两个层面进行分析。

三、旅游营销的微观环境因素

旅游市场营销的微观环境影响着旅游企业为目标市场服务的能力，构成旅游企业营销微观环境的各种制约力量，与旅游企业形成了协作、竞争、服务监督的关系。一个旅游企业能否成功地开展营销活动，不仅取决于能否适应宏观环境的变化，适应和影响微观环境的变化也是至关重要的。旅游企业营销的微观环境力量主要有：企业内部的环境力量、供应商、营销中间商、顾客、竞争者和公众。

1. 企业内部的环境力量

旅游企业置身于市场营销环境之中，既成的生产经营状况实际上也是构成微观环境的一个因素。企业内部环境的分析，其目的是揭示企业的优势和弱点，判别其是否拥有及捕捉营销机会的竞争能力。按照当今世界营销学权威美国西北大学菲利普·科特勒的看法，一个企业如在内部环境分析中表现如下特征，企业就具有最大优势。

（1）营销能力。旅游企业的营销能力包括：企业知名度高、信誉好、企业有较大的市场占有率、产品质量声誉好、服务声誉好、生产成本低、分销成本低、营销人员强、研究开发与革新能力强、旅游企业占有地理和资源优势。

（2）资金能力。旅游企业的资金能力包括：资金成本低、资金筹集容易、盈利能力强、资金稳定。

（3）生产能力。旅游企业的生产能力包括：新的先进设备、强大的规模经济利益、满足需要的能力、能干而甘愿奉献的员工队伍、按时按质服务的能力。

（4）组织能力。旅游企业的组织能力包括：明智和富有幻想的领导集团，能干的经理、具有奉献精神的员工、企业家导向、灵活应变对变化情况的迅速反应。

当然，就旅游企业每一具体的营销机会而言，并不是上述所有要素都值得同等对待。旅游企业能否在旅游市场竞争中抓住时机，还与旅游企业各部门的协调配合有密切关系。以某种新产品开发和试销为例，先由营销部门通过市场调研确定消费者需求；然后由研究开发部门提供必要的技术资料；财务部门像对待其他投资项目一样，对产品进行评价；会计部门预算新产品成本，制定价格；最后销售部门进行试销。在这个过程中，营销部门通过制定本部门的决策帮助和影响其他部门的工作。在对旅游企业进行分析时，应看到每个部门的优势和不足，以便正确评估各部门工作关系的质量，使旅游企业内部环境的要素优势能够顺利转化为市场竞争优势。

2. 供应商

供应商是向旅游企业及其竞争者（主要是同行竞争者）提供生产产品所需的原材料、设备等资源的企业或个人。供应商与企业之间的关系十分微妙，你既是他的"衣食父母"，同时又在一定程度上为他所控制，是一种相互依存的关系。供应商环境方面的变化会对旅游企业发生一系列的影响。如旅游酒店必须获得食品、蔬菜、寝具、洗漱用品、人力、设备、燃料、电力以及其他辅助材料等。其中任何一种供应资源的短缺，都会影响酒店的生产经营。旅游企业营销部门必须关注重要资源投入的价格趋势，因为供应商提高或降低价格，一般都会相应地影响到旅游产品的成本和价格，从而影响旅游消费者的购买数量和购买次数，影响旅游企业的市场占有率。

为力求可靠和稳定，旅游企业一般要选择有能力、有实力、有信誉的供应商与之建立长期合作关系，以保证资源供应的可靠性和稳定性，同时也应注意避免依靠单一的供应商，以分散供应风险。

3. 营销中间商

营销中间商是指协助旅游企业推销或分销产品给最终消费者的机构或个人，包括中间商、营销服务机构和金融机构等。

（1）中间商。中间商是协助旅游企业寻找顾客或直接与顾客进行交易的商业企业。中间商分两类：代理中间商和经销中间商，代理中间商包括代理人、经纪人和生产商代表，这些代理中间商专门介绍客户磋商交易合同，但并不拥有商品所有权，只是交易达成后提取佣金。经销中间商包括批发商、零售商和其他再售商，这类中间商花钱购买旅游商品，拥有旅游商品所有权，并通过出售购买的旅游商品而取得合理利润。

一般来说，由中间商向顾客提供旅游产品服务所产生的效用，其花费要比旅游企业自己直接向顾客提供便宜而有效得多。中间商在消费者所在地提供旅游企业的产品，可以创造地点效用；通过顾客购买旅游产品的地点开店并提供每天较长时间的服务，可以创造时间效用；通过各种旅游产品改造分段、拆零销售可以创造数量效用；把旅游消费者可能选购的各种旅游产品集中在同一个销售点里，便于旅游消费者在同一次购买中选购，从而创造品种效用；通过方便的支付形式将产品转移给消费者，从而创造持有效用。如果这些效用全由旅游企业自己提供，旅游企业就得筹措大量资金建立和经营一个通达的商业网络，而通过中间商的销售渠道，工作效率却要高得多。然而，如何选择中间商并与之合作，并非一件简单的事情旅游企业能否选择适合于自己的中间商，关系到营销渠道是否畅通和整个企业的兴衰。

（2）营销服务机构。营销服务机构指市场调研公司、广告公司、各种广告媒介及市场营销咨询公司，他们协助旅游企业选择最恰当的市场，并帮助旅游企业向选定的市场推销旅游产品，一般在处理这方面服务业务时，总是会碰到是由旅游企业自己负责还是委托专业机构进行的选择。有些大旅游企业，有自己的广告代理人和市场调研部门。但大多数旅游企业，都以合同的方式委托专业公司办理这些事务，中国的营销服务机构发展相当快，诸如市场调研、广告策划、营销咨询等公司如雨后春笋般地涌现，给旅游企业的营销带来了极大的方便，旅游企业在选择这些机构时，必须谨慎从事，因为各个公司都有自己的特色，所提供的服务内容不同，服务质量不同，要价也不一样。同时，旅游企业委托后还得定期检查他们的工作，如发现某个专业公司不能胜任，则必须另找其他专业公司来代替。

（3）金融机构。金融机构包括银行、信用公司、保险公司和其他帮助企业融资或保障货物买卖风险的公司。在货币信用经济发达的现代商业社会，旅游企业的所有交易都要不同程度地依赖金融机构来完成。因此，旅游企业必须与外界金融机构建立密切联系，以保证资金来源和运用渠道的顺畅及交易方式的灵活多样。

4. 顾客

顾客是旅游企业服务的对象，是旅游产品潜在和实际的消费者。顾客不同的爱好、个性、习惯和消费心理，决定了顾客对旅游产品不同的、变化着的需求，必定要求旅游企业以不同的服务方式提供不同的产品（包括劳务），从而制约着旅游企业营销决策的制定和服务能力的形成。

5. 竞争者

旅游企业在从事旅游营销活动时，会遇到各种不同类型的竞争者。从消费需求的角度划分，旅游企业的竞争者包括愿望竞争者、平行竞争者、产品形式竞争者和品牌竞争者。愿望竞争者是指提供不同产品以满足不同需求的竞争者。对旅游企业而言，生产电冰箱、洗衣机、家具等不同产品的企业就是愿望竞争者，如何促使消费者更多地购买旅游产品，而不是首先购买电冰箱等，这就是一种竞争关系。平行竞争者是指提供能够满足同种需求的不同产品的竞争者。例如，书籍、电影、听音乐会，这三种产品都可以满足人们的精神需要，它们与旅游产品就构成一种竞争关系，它们也就相互成为各自的平行竞争者。产品形式竞争者是指生产同种旅游产品但不同规格、不同方式的竞争者。例如，同是"杭州三日游"，由于交通工具、入住宾馆的档次不同，而导致价格迥异。这两种旅游产品就是产品形式竞争者。品牌竞争者是指产品相同，规格等也相同，但品牌不同的竞争者。显然，后两类竞争者都是同行业的竞争者。上述不同的竞争对手，与旅游企业形成了不同的竞争关系。这些不同的而且不断变化着的竞争关系，是旅游企业开展营销活动必须考虑的十分重要的制约力量。

在同行业竞争中，卖方密度、产品差异、进入难度是三个值得企业重视的方面。卖方密度，指同一行业中经营同一种旅游产品的卖主的数目。这种数目的多少，在市场需求量相对稳定时，直接影响到旅游企业市场占有率的大小和竞争的激烈程度。

产品差异，指同一行业中不同企业同类旅游产品的差异程度（这种差异应是旅游购买者所能够察觉的）。这种差异表现在比如导游的专业程度和服务热情上。差异使同类旅游产品各有特色相互有别，这实际上就存在着一种竞争关系。通常，在现实活动中，卖方密度与产品差异是相互作用的。

进入难度，指某个新的旅游企业在试图加入旅游行业时所遇到的困难程度。不同的旅游企业加入的难易程度是不等的。例如，旅游宾馆业、旅游交通业、旅游景点业的加入难度是不一样的。旅游交通业就相对容易加入，只要购买车辆，雇一些驾驶员，获得政府许可就行。然而旅游景点业，上马投产周期长，投资金额大。这种情况导致了不同的影响，在进入难度大的行业中，价格与利润往往较高，竞争相对较弱；在进入难度小的行业中，其结果往往相反。

6. 公众

一个旅游企业在开展营销活动时，不仅要考虑竞争对手与之争夺目标市场，而且要考虑到这种营销方式是否能得到旅游企业公众的欢迎。所谓公众是指对一个组织完成其目标的能力有着实际或潜在兴趣或影响的群体，包括：

（1）金融公众，即影响旅游企业取得资金能力的任何集团，如银行、投资公司等。

（2）媒体公众，即报纸、杂志、广播、电视等具有广泛影响的大众媒体。

（3）政府公众，即负责管理旅游企业业务经营活动的有关政府机构。

（4）市民行动公众，即各种消费者权益保护组织、环境保护组织、少数民族组织等。

（5）地方公众，即旅游企业附近的居民群众、地方官员等。

（6）一般群众。

（7）企业内部公众，如董事会、经理、职工等。

鉴于公众会对旅游企业的命运产生巨大的影响，精明的旅游企业就会采取具体的措施，成功地处理与主要公众的关系。随着中国改革开放的推进，国内许多旅游企业都建立了公共关系部门，专门筹划与各类公众的建设性关系。公共关系部门负责收集与旅游企业有关的公众意见和态度、发布消息、沟通信息以建立企业信誉，提高旅游企业的知名度和美誉度。如果出现不利于企业的反面宣传，公共关系部门就会成为排解纠纷者。

必须强调的是，对一个旅游企业来说，如果把公共关系事务完全交给公共关系部门处理，那将是一个错误服务营销的特点，必然要求旅游企业的全体职工都应该参加公共关系的事务。应该把公共关系看作是广义的营销活动，而不仅是狭义的信息、沟通活动。公众是一种群体，旅游企业应期望从他们那里得到诸如信誉、称赞、再购等各种反应，旅游企业必须弄清楚，公众正在追求而自己能满足他们的是什么。

当然，旅游企业必须把他们的主要精力用于市场营销系统的有效管理，但是旅游企业经营的成功与否，却要受到社会上各种公众的影响，旅游企业花一定时间注视公众的态度，预测他们的动向，发展同他们的建设性关系是十分明智的。

四、旅游营销的宏观环境因素

旅游宏观环境是旅游企业从事营销活动不可控制的因素，具体包括人口环境、经济环境、政法环境、自然环境、科学技术环境、与社会文化环境。旅游企业在从事营销实务操作、制定营销策略时必须密切注视这些因素的变化，抓住有利机会，避免不利趋势，促进旅游企业发展。

1. 人口环境

旅游市场是由具有旅游产品购买欲望与购买能力的人所构成的，旅游企业的营销活动的最终对象是旅游购买者。影响旅游企业市场营销的人口统计因素是多方面的，包括人口的规模、人口分布及其流动、家庭规模、人口年龄结构、教育程度、民族构成等。人口环境给旅游市场带来整体性和长远性的影响，因而与旅游企业产生不可避免的联系，这是人口环境作为构成市场基本要素的必然结果。人口环境的这种影响直接反映到旅游消费需求的变化上。

（1）人口规模。人口规模对旅游市场的影响主要表现在潜在的旅游消费需求上，也就是说人口规模越大，则这一部分潜在需求的绝对量越大。当然，一个有着大量人口的发展中国家的旅游市场总体购买能力，可能比一个人口少得多的高度发达国家的旅游市场总体购买能力要低得多。

2013 年，中国的人口总数为 13.53 亿，占世界总人口的 1/5 还多，相当于 4 个美国或 9 个日本的人口数，旅游潜在消费需要大，是一个潜在的大市场。在这里，之所以说是一个潜在大市场，是因为中国目前实际购买力并不充分，城镇居民的平均收入水平不高，农村消费者的平均收入水平更低，与经济发达国家相比相去甚远。因此，中国只有在经济发展收入水平提高的前提下，才能形成真正的旅游市场需求。

（2）人口分布及其流动。①中国的人口分布状况。中国人口分布的基本特点为：农村人口多，城市人口少；东部人口多，西部人口少。也就是说，13.53 亿人口的中国，其消费者在广大国土分布上是极不平衡的，沿海 12 个省、市、自治区每平方公里上有 300 多人，内地的 20 个省、市、自治区每平方公里上有 70 多人，而其中的西北地区的 6 个省、自治区每平方公里只有近 12 人。一般来说，城市越大，政治、经济、文化越发达，居民收入也越高，对旅游产品的消费要求也越高。目前，中国农村消费者普遍消费收入水平低，不是旅游消费的主要来源。②中国的人口流动趋势。从人口流动的趋势看，中国目前有这么几个特点：一是农村人口流入城镇务工经商；二是城镇人口向近郊迁移，使城市规模越来越大，带来近郊商业、文化的繁荣；三是内地人口迁入沿海和工矿区；四是随着西部大开发战略的实施，沿海地区的人口向西部流动。

中国人口流动趋势，会影响公务旅游的消费者群体和消费流向，还会影响到旅游资源的开发和旅游景点的布局。

（3）家庭规模。很多旅游产品以家庭为消费单位，因此，家庭模式影响着旅游产品的需求。目前家庭模式主要有以下两个特点：①家庭规模趋向小型化。随着社会经济的发展，人们的住房条件普遍得到了改善，再加上"代沟"的影响，青年人成家后大都另立门户，三代同堂、四世同堂的现象越来越少，又由于人们生育观念的转变和中国计划生育政策的实施，家庭子女减少，使家庭规模趋向小型化，家庭规模的小型化使得家庭数量增加，以三口之家为主要目标市场的旅游产品的供给相应地增加。寒暑假成为这类旅游产品的旺销季节。②非家庭住户的增加主要表现在两个方面：一是单身家庭数量增加，这是因为晚婚和离婚的人数有所增加；二是短期集体住户增加，人们为了工作或学习，短时间地生活在一起，组成一个集体住户。这两种非家庭住户对旅游产品的要求较为强烈，渴望通过旅游结识更多的朋友，满足自己感情交流的需要。

（4）人口年龄结构。中国的人口年龄结构有老年化的趋势。这主要受两方面因素的综合影响：一是由于中国人民的生活水平不断提高，医疗保健条件逐步改善，使人们的寿命普遍延长。例如，新中国成立之初，中国人民的平均寿命不到 50 岁，而到 2013 年底中国人民平均寿命达 73 岁；北京地区人口的平均寿命达 75 岁。二是由于出生率和死亡率下降。这说明今后中国老年人在总人口中的比重将会增加，老年人的绝对数量也会大幅度增加。这一趋势意味着老年人旅游市场将会逐步扩大，安度晚年是老年人的期盼。以老年人为目标市场的医疗保健游、老人享福游等旅游产品，必将热销市场。

（5）教育程度。中国消费者的文化素质总体上说不高，但这几年来，由于人们普遍重视文化知识的提高，再加上中国推行 9 年制义务教育，使儿童入学率逐年提高，各类中、高等教育的稳步发展，大大增加了人民受教育的机会，从而使人民文化水平普遍提高。因为不同文化水平的人有不同的爱好和审美标准。所以，这一趋势必然会影响旅游消费者对旅游产品的评价和选择。旅游企业应不断挖掘旅游产品的文化内涵，努力使产品富有艺术价值，满足旅游消费者精神享受的需要。

（6）民族构成。每个民族都有各自的风俗习惯、各自的消费特点，某特定地区的民族构成对旅游企业的市场营销产生重要影响。中国是一个多民族的国家，共有 56 个民族，除汉族外，其他 55 个民族总人口约有 1.13 亿散布在全国各个省份。旅游企业应根据各个民族的风俗特点及其居住地区的地理气候条件来分析其旅游需求情况，从而采取相应的市场营销策略。

2. 经济环境

市场不仅需要人口，而且还需要购买力。购买力是现有收入、价格、储蓄及信贷的一个函数，旅游企业营销者必须了解经济环境的变化趋势。

（1）社会购买力。从旅游企业营销的角度看，经济方面最主要的环境力量是社会购买力，同人口一样，一定时期内由社会各方面用于购买旅游产品的货币支付能力，即社会购买力，是构成旅游市场的要素之一，甚至是更为重要的因素。因为，旅游市场规模（指现实旅游产品需求与潜在旅游产品需求的规模）的大小，归根结底取决于旅游购买力的大小。因而，旅游企业营销活动必然会受到社会购买力发展变化的影响和制约。旅游企业应当密切注视由于社会购买力的增减变动所带来的机会与威胁。

社会购买力是一系列经济因素的函数。总的讲，社会购买力的大小取决于国民经济的发展水平及由此决定的国民平均收入水平。经济发展快，人均收入高，社会购买力大，旅游企业的营销机会也就随之扩大；反之，经济衰退，旅游市场规模缩小，则会给旅游企业营销带来威胁，迫使许多旅游企业不得不缩小其营销规模。调查表明：一些发达国家居民用于旅游消费的开支超过其家庭收入的20%，而我国国民用于旅游的开支却不到10%，原因主要在于我国的人均国民收入还处在一个较低的水平。不过，我国改革开放以来，经济迅速发展，工农业总产值、国家财政收入、城乡居民人均生活费收入等亦成倍增长，使中国社会购买力成倍增长，旅游市场规模迅速扩大，为旅游企业的增长创造了大量的机会。

社会购买力的实现与市场供求状况密切相关。旅游市场旅游产品供求状况包含着总量的比例和结构的比例，两者对旅游企业均有着明显的影响。通常情况下，旅游企业在营销活动中较直接感受到的是旅游产品供求结构比例的影响。也就是说，对于生产或经营某类旅游产品的旅游企业来讲，该产品在旅游市场中的供求平衡程度，会给旅游企业带来显而易见的影响，当旅游企业的产品在旅游市场上处于供不应求状况时，旅游产品销售的增加就相对容易得多；在旅游市场上处于供过于求状况时，旅游企业所承受的外部压力则大得多。

（2）消费者收入与支出。消费者收入是指消费者个人从各种来源所得到的货币收入，通常包括个人工资、红利、奖金、其他劳动收入、馈赠、出租收入和对个人的各项转移性支付收入等。对个人的各项转移性支付收入是指政府和企业支付的失业补助、退休年金、各种救济金、助学金、退伍军人补助、公债利息等。消费者收入是社会购买力的重要源泉。消费者收入的多少不仅决定着消费者市场购买力水平的高低，而且直接影响着消费者的支出行为模式，消费者收入的变化，不仅对生产经营物质消费资料的企业的营销活动有重大影响，而且对生产经营精神消费资料的企业的营销活动也会产生重大影响。第二次世界大战后，消费者收入在西方国家不断增加，用于旅游消费的比例也相应提高，这是西方国家旅游市场不断发展的根本原因。根据世界旅游组织统计，目前经济发达的国家中每个国民的旅游消费支出占个人所得4%~6%。

不过，消费者收入并不全部用于购买产品。对于旅游企业营销来说，有必要将消费者收入区别为个人可支配的收入和可任意支配的收入。

个人可支配的收入是指个人收入减去直接负担的各项税款（如个人所得税等）和非税险负担（如交通罚款、各种证照领取费用等）之后的余额。作了这种扣除，消费者收入才成为消费者个人可支配的收入，或者用于消费支出，或者用于储蓄。

个人可任意支配收入，是指个人可支配的收入减去用于维持生活所必须的支出和其他固定支出所剩下的那部分个人收入，旅游企业营销者必须重视可任意支配收入的投向。在国外，消费者可任意支配收入的投向主要是外出旅游、购买私人轿车、修建私人别墅、个人游泳池等。中国随着人民消费收入的提高，可任意支配的收入也在不断提高，其投向农村与城市有别。在农村，可任意支配的收入主要用于建造住房，而且档次越来越高。城市消费者的个人可任意支配的投向，目前主要是购买商品房、装修房屋、外出旅游，个别收入高的消费者也投向购买私人轿车。总之，旅游企业营销者必须了解消费者可任意支配收入的投向，积极开展旅游产品的促销活动，促使消费者优先考虑购买旅游产品，抓住对企业有利的一切市场机会，促进本企业的发展。

由于经济发展阶段性的变化，而且在同一时期的不同地区、不同阶层，消费者收入是有差异的，因而除应进行上述分析外，还要研究不同时期、不同地区、不同阶层消费者收入水平的变化。如近几年，北京、上海、广州等大城市及东南沿海开放地区的收入水平较高，旅游购买力较强。显然，这种研究对于旅游企业选择目标市场、有针对性地开展旅游营销活动具有重要意义。

（3）闲暇时间。闲暇时间是指在工作和生活必需的活动时间之外，个人可以自由支配的时间。旅游需要消耗时间，假日时间长短对外出旅游的目的地选择及其数量有很大影响，其中带薪假期的不断增多是旅游市场不断发展的重要条件。例如：德国的带薪假期在欧洲是最多的，法定假日最少天数是 18 天，公共假日 17 天，因此德国出国旅游的人数在欧洲是最多的。我国企事业单位的员工，除了探亲假外，其他法定假期最长是 3 天。要去一个较远的地方旅游，起码也要 10~20 天，因此对长距离旅行是很大的限制。目前，已有越来越多的人认识到假日经济的益处，如在"双休日"的基础上，实行"带薪年假制"，必将大大推动旅游经济的发展。

3. 自然环境

自然环境是人类社会赖以生存的基础。但是，由于经济的发展，尤其是现代大工业的发展，自然资源大量浪费，环境污染日益严重，生态平衡遭受破坏，旅游资源也日益遭到破坏。近年来，为了"拯救大自然"、"拯救人类"的环境保护运动、绿色和平运动等在世界各地方兴未艾。绿色旅游行动也日益受到人们的重视和欢迎。

旅游营销人员应该注意的问题是：①天然旅游资源的开发与利用；②偶然的气象事件，如暴风雨、洪水、飓风等；③旅游胜地周围环境污染日益严重；④政府对自然资源管理的干预不断加强。所有这些，都会直接或间接地给旅游企业带来威胁或机会。

在实际旅游营销活动中，自然环境中的气候和地理区位对人们旅游影响最大。气候不仅影响人们能否顺利外出旅游，而且影响人们的旅游去向。例如，到暖和的旅游胜地去过冬和到凉快的旅游景点去避暑，就是典型的例证。所处的地理区位，不仅影响人们旅游出行的距离，而且影响人们旅游外出的方向。往往山区的人们喜好去平原，而平原的人们喜欢去看大山和草原。

4. 科学技术环境

科学技术是影响人类前途和命运的最大力量，科学技术是第一生产力。科学技术的进步对企业营销的影响，更是直接而显著的。第二次世界大战后新技术革命的兴起，造成许多新兴行业，新的市场机会，同时也给某些行业带来威胁，如晶体管、电子复印机、电脑、抗生素等技术的发明，不仅创造了机会，也带来了冲击，晶体管淘汰了电子管，复印机排挤了复写纸，汽车抢走了铁路乘客，而电视吸引了电影观众等，不胜枚举。对旅游业而言，也是如此。如现代游乐园就抢走了传统公园的游客，现代科技展示园就分离了部分一般风景点的游览者。因此，有人称新技术是一种"创造性的毁灭力量"，每一个旅游企业应密切注意技术环境的新变动，随时准备应变。

（1）科学技术发展的特点。当今世界的科学技术迅猛发展，其特点：①以微电子、生物、环保为标志的尖端技术发展速度快；②应用技术的发展速度加快；③重视在民用产品上采用最新科技成果，以提高产品的附加值；④未来科技的研究受到人们的普遍关注。

人们已经将能源、制造、交通、通信、生物工程等方面的最新科研成果，运用于旅游产业，甚至开始期待进行星际旅行。显然，科学技术的进步给人们的旅游需求带来更广阔的天地，旅游营销者有责任加速和引导这个过程。

（2）技术环境变化对旅游市场营销的影响。科学技术进步给旅游市场营销带来的影响表现为：①部分旅游产品的生命周期有明显缩短的趋势；②旅游设备技术贸易的比重增大；③传统旅游景点、设施和传统旅游方式面临的压力将加大；④发展中国家劳动力费用低廉的优势在国际旅游竞争中将削弱；⑤对旅游企业的领导结构及人员素质提出了更高的要求，甚至全新的观念等。

旅游企业的营销人员必须清楚地认识变化中的技术环境，要知道新技术如何才能运用于旅游业，如何才能更好地为旅游消费者的需要服务。他们应该与研究开发人员密切合作，鼓励他们更多地从事市场导向研究。

（3）知识经济对旅游企业营销活动的影响。①知识经济的含义。知识经济与传统农业不同，传统农业是以耕地和众多的人口劳力为基础的；知识经济与传统工业不同，传统工业是以大量的矿物能源和矿藏原料冶炼、加工、制造为基础的；这种新的经济是以不断创新和对这种知识的创造性应用为主要基础而发展起来的。它依靠新的发展、发明、研究、创新来生产和运用新知识，是一种知识密集型、智慧型的新经济，它以不断创新为特色，新的超过旧的，旧的退出市场丧失效用，新的占领市场获得超额价值，而这个创新过程是急速旋转、快捷异常、没有终止的，知识和智慧可以同时为多人所占有，并一再重复使用。作为人类智慧的成果，它可以与其他知识联结、渗透、组合、交融，从而形成新的有用的知识。知识也有"自然磨损"，它的直接效用没有了，但还可以再开发，成为嫁接、培育新知识的"砧木"，成为启发新智慧的火花。②知识经济与现代旅游发展新知识的爆炸性增长和知识经济的爆发性扩张，是以数字化、网络化为特征的现代信息技术之翼而飞扬升空的。不断革新的计算机与光纤网络通信、卫星远程通信相结合，将知识的编码、储存、传输、扩散速度极大地提高了，方式极大地简化了，成本极大地降低了，从而使数字化的多媒体网络通信成为一种普遍性的大众技术，使不断更新的知识和信息成为全球任何角落里的人群大都可以随时廉价获得。正是这样，计算机和网络通信领域首先成为知识经济的领域，旅游业也正因为有了先进的计算机管理和现代通信设施，使传统旅游的管理手段、管理方法和服务质量，有了质的飞跃。例如，电子计算机广泛应用于酒店管理的各个方面：在财务管理方面可进行电子记账、编制报表、计算盈亏等；在客房管理方面可处理客房事务、预定客房和问询、使用电子锁等；在餐厅管理方面可调控配菜、观察客人用餐情况，便于及时购买食品原料和为客人提供周到热情的服务。另外，国际互联网为全球旅游消费者和旅游产品经营商之间，搭起了一条信息快速通道，旅游企业可以利用互联网非常方便地进行产品展示、形象宣传、广告促销、销售预订和信息资源管理等各项工作。③知识经济与旅游企业知识管理。在知识经济时代，企业如果离开了知识管理就不可能有竞争力。所谓知识管理，是对企业知识资源进行管理，使每个员工都最大限度地贡献其积累的知识，实现知识共享的过程。运用集体的智慧提高旅游企业的应变能力和创新能力，使旅游企业能够对旅游市场需求做出快速判断，并利用所掌握的知识资源预测旅游市场需求的发展趋势，开发适销对路的创新产品，更好地满足旅游市场需要。这正是旅游企业知识管理的目的所在。

旅游企业要进行知识管理，就要使企业成为学习型组织。旅游企业从上到下，从领导到每一个员工，都应该成为自觉学习者，成为知识生产者，成为知识运用者，善于从工作中发现问题，能自觉用旅游企业的共享知识解决问题，及时总结出新的管理经验、服务方法、运作模式，并让这些新知识进入旅游企业知识共享系统，为更多员工所利用。如此，该旅游企业必是一个高效运作、高效回报的企业，具有源源不断的市场生命力。

5. 政法环境

在任何社会制度下，企业的营销活动都必须受到政治与法律环境的强制和约束。政法环境是由那些强制和影响社会上各种组织和个人行为的法律、政府机构、公众团体所组成的。企业时时刻刻都能感到这些方面的影响，换言之，企业总是在一定的政治与法律环境下运行的。

政法环境的一个方面是政治体制、经济管理体制、政府与企业的关系。就中国目前而言，与旅游企业密切相关的突出问题在于精简政府旅游业行政管理机构，规范政府行为，克服官僚主义，实行政企职责分开。随着中国市场经济体制的建立与发展，旅游企业将有可能在一个更为开放、民主、法制化的经济管理体制和政治环境中运行。

政法环境的第二个方面是旅游企业营销中遇到大量的法令、法规，尤其是其中的经济立法。中国市场经济的确立，法制的完善，旅游企业的营销必须要受到各种法律、法规的制约，就目前而言，国家立法机关制定的与企业营销有关的经济法规主要有三类。第一类是有关一般企业经营活动的法规，如《企业法》、《经济合同法》、《专利法》、《商标法》、《广告法》、《反不正当竞争法》、《税法》等；第二类是保护旅游消费者利益的法规，如《食品卫生法》、《消费者权益保护法》等；第三类是保护社会利益、防止环境污染的法规，如《环境保护法》等。

旅游企业的营销人员应当重视对上述法规的学习、理解和执行，以避免因不知法、不守法而受到执法机关的制裁和公众的抵制，减少不必要的纠纷。

构成政法环境的第三个方面是政府的方针政策，如果说法令、法规是相对稳定的，那么方针政策则有较大的可变性，它随着政治经济形势的变化而变化，政府方针政策显然会对旅游企业的营销活动产生直接或间接的重大影响。例如，国家税制的调整、利率的浮动、对公费旅游的限制、航空价格的检查等，所有这些都会对旅游企业的营销活动产生了广泛的影响。

构成政法环境的第四个方面是公众团体，即为了维护某一部分社会成员的利益而组织起来的，旨在影响立法、政策和舆论的各种社会团体。例如，1985 年 1 月经国务院批准成立的中国消费者协会等。这些社会公众团体的活动，也会对旅游企业的营销活动产生一定的压力和影响。

以上分析表明，旅游企业必须密切注视政法环境的变化，并应根据这些变化及时调整自己的营销目标和营销措施。

6. 社会文化因素

不同的民族地区或国家，有各自不同的适应其生活环境的社会生活行为的准则和生活方式，这种行为准则和生活方式总称为社会文化因素。社会文化因素的内容是十分广泛的，它包括风俗习惯、社会风尚、宗教信仰、文化、教育、价值观、审美情趣、恋爱婚姻等。社会文化因素的核心部分是在长期的社会生活中形成的，带有传统的持续性而形成自己的特点。如我们中华民族勤劳勇敢，生活上崇尚节俭、重情义，中国人有中国人的生活方式，但核心部分以外的次要因素则常常随着时间的推移而改变。例如，对于旅游，中国人的传统观念认为旅游是一种奢侈，是有钱人的休闲方式。改革开放 20 多年后，人们认为旅游是增长见识、放松心情、陶冶情操的良好休闲方式。如果能到国外进行公务和消遣旅游则是经济和社会地位的象征。因为相对足够的收入来说，合理适度的旅游消费并不意味着浪费，这和中国传统的"量入为出"的生活观念和行为准则并没有相抵触。

一般而言，以下社会文化环境变化对旅游发展有较大影响：

（1）家庭组成的变化，如出生率的降低，结婚年龄的增大，单身家庭的增多等。

（2）旅游者市场的年龄构成的变化。

（3）自我满足、自我表现的需要的增加。

（4）生活方式上"自由、简洁、休闲"的风格趋势。

（5）躲避日常紧张生活和工作压力的需要的增加。

（6）对生活质量敏感度的增加。

（7）学习需求的增加，使得人们渴望去认识新的地区和新的文化。

（8）由于知识水平的提高和信息交流方式的发展，旅游者的知识阅历、信息水平、欣赏水平逐渐提高。

总之，旅游企业营销人员对旅游市场需求的调查研究要考虑社会文化因素的影响，这种影响使旅游市场需求的变化局限在一定范围之内、局限在一定阶段内，并继续呈现出传统的特点，如果新的旅游产品的设计者企图超越这个范围，则将是人们所不能接受的。当然，也应该注意旅游消费者消费需求变化的动向和变化的程度，并在旅游产品设计中加以迎合和满足，只有这样才能在充分满足消费者的旅游需求的过程中，实现企业的营销目的。

案例 跨行业融合的经典——美国卡尔森公司

卡尔森公司在 1938 年由柯蒂斯·卡尔森创建，它已经成为北美最大的旅游公司，也可以说是 20 世纪 90 年代早期跨行业融合的公司，其附属机构全都存在于服务业领域，它们包括旅馆、两个酒店连锁店、一个全面服务的激励性市场营销组织和四个旅行社。卡尔森旅行团体还经营着一个全美的专业旅游学会网络。所以说，卡尔森公司既是旅游行业的供应商（旅馆和酒店），又是旅游贸易中介（旅行社、激励性旅行、旅游批发和营运）。

目前，卡尔森公司雇用了 153260 名员工。它组合成三类团体——卡尔森市场营销团体（包括激励性旅游服务）、卡尔森酒店团体（旅馆、俱乐部和饭店）以及卡尔森旅游团体（旅行社、旅游批发及营运）。

公司的每一个附属机构的长期目标就是要成为市场的领导者，卡尔森公司向世人昭示它是"一个团体公司，这些公司都是以客户和市场为驱动力的，并且要为卓越地执行公司的任务而贡献力量"。当然，它的 Radisson 旅馆公司十分注重产品的营销组合，随着其在国际市场上业务量的快速增长，已经成为旅馆业的行业领导者之一。

Radisson 旅馆公司在 1962 年创建于明尼阿波利斯市，到 2012 年已经有了 376 个旅馆，它继续向最大的旅馆连锁店这一称号迈进，它共有下述六类产品：

Radisson 旅馆；Radisson 广场旅馆；Radisson 客栈；Radisson 套房旅馆；Radisson 胜地旅馆；Radisson 乡村小酒店。

Radisson 旅馆公司非常信奉市场营销研究的价值，并把它作为制定市场营销决策的工具，Radisson 旅馆公司也深知提供友好服务的重要性。在卡尔森公司的大伞庇护下，其众多的附属机构涵盖了旅游与酒店业的方方面面，形成诸多旅游营销组合，因而公司在北美的扩展更加如火如荼，国际扩充也异常迅速，所以说卡尔森公司有潜力成为旅游业中最具实力的企业之一。

案例讨论题：卡尔森公司怎样使用了跨行业融合概念，来形成产品营销组合参与竞争，以达到旅游经营业务量的快速增长？

复习与思考

1. 简述旅游营销组合的特点。
2. 为什么说营销组合是旅游营销工作的核心环节？
3. 旅游微观环境因素主要有哪些？
4. 试结合实际阐述某一宏观因素对旅游营销活动的影响。

第三章　旅游者购买行为分析

内容导读

　　旅游市场在旅游经济活动中起着配置资源、调整供求关系的作用。旅游资源及在此基础上形成的旅游产品、旅游目的地和旅游设施是旅游市场存在的基础，而旅游者的消费行为是旅游产品真正进入市场实现其价值的主导因素能否对旅游市场及旅游者的购买行为正确地分析，关系到能否正确地制定市场营销组合，实现营销目标。本章主要探讨、分析旅游者的购买行为、影响旅游者购买行为的主要因素及旅游者购买决策过程。

第一节　旅游购买者与旅游者购买行为

一、旅游购买者

1. 旅游购买者的定义

　　旅游购买者，也叫旅游消费者。即为了达到旅行和游览的目的而购买和潜在购买旅游产品的消费者，简称旅游者。他们是旅游活动的主体，花费一定的时间、精力和费用，从旅游市场上购买并享受旅游经历。这种经历包括从离开常住地开始、到旅游结束归来的全过程中所接触到的事物、事件和享受到的服务的总和。这是从旅游消费的角度来定义的旅游消费。也有人认为，旅游者就是那些不是为了求职或定居而离开常住地，到异国他乡旅游，以求得物质和精神享受的人。因而，他们把旅游者定义为：以闲暇消遣（游乐、度假、体育文娱活动等）为目的，或因学术、商务、公务、探亲访友、婚嫁、疗养、宗教活动等原因，暂时离开常住地到异地逗留一段时间的人，这主要是从旅游目的的角度来定义的。本书主要是根据市场营销规律来研究旅游市场运作，因而采用前面一种定义。

　　在理解这一定义时，必须注意旅游者是指已购买旅游产品者和所有潜在购买者的总和，旅游者包括潜在购买者，这是因为：第一，他们（包括个人或组织）对某种产品可能有潜在兴趣；第二，他们有取得这种产品的手段，具体来说，市场包含着三个相互联系的要素：市场由消费者组成；消费者必须是有购买力的；消费者要花钱去购买旅游。市场的组成也正是如此，用简单的公式可以概括旅游市场：旅游市场 = 旅游人口 + 旅游购买力 + 购买旅游产品动机。

2. 旅游购买者的类型

根据购买目的的差异性，旅游购买者可以分为以下 5 种类型：

（1）观光型旅游者。观光型旅游者是我国目前旅游者的主体，他们以游览观赏异国他乡的名胜古迹、风土人情等为主要目的，同时还可以与购物、娱乐、考察、业务等相结合，是最普通、最常见的旅游者类型。

观光型旅游者的特点是：期望通过观赏异国他乡的自然景观和人文景观增长知识、开阔视野、陶冶情操，获得新、奇、异、美的感受，在旅游地逗留时间较短、花费较少，对旅游景点特色和价格比较敏感。

奇特罕见的旅游资源，如武陵峰林、长白山天池、黄山四景、九寨黄龙、长江三峡等，以及绝无仅有的旅游胜地，如秦兵马俑、万里长城、丝路敦煌、布达拉宫、紫禁皇城等都是观光型旅游者钟爱的旅游目的地。

（2）娱乐消遣型旅游者。娱乐消遣型旅游者以松弛神经，享受临时变换环境所带来的欢愉为目的。由于娱乐消遣旅游可以调节人们的生活节奏，摆脱紧张工作带来的烦恼，所以这类旅游者正在不断增多。在发达国家中，娱乐消遣型旅游者所占比重最大。

娱乐消遣型旅游者的特点是：追求娱乐、消遣和观赏享受，对旅游产品的质量、旅游安全和价格比较敏感，外出季节性强，几乎都选择旅游景点地区最好的季节，带薪外出旅游者居多。

为满足娱乐消遣型旅游者的需求，旅游企业推出了多样旅游品种：如度假观光旅游、野营打猎旅游、登山旅游、迪士尼乐园游、海洋公园游等，又如冰雪旅游、钓鱼旅游、花会旅游、田园野趣游等。

（3）修身学知型旅游者。修身学知型旅游者以游历名山大川、学习传统文化知识、提高自身综合素养为主要目的，既达到积极的休息和娱乐，又能获得知识的启迪和充实，他们通过旅游来了解观察社会、体验民族风情、丰富历史文化阅历、增长各种综合知识。

修身学知型旅游者的特点是：具有较高的文化修养，较强的求知进取心，具有某些特长或特殊爱好，乐于与人切磋交流，对导游的文化基础知识有较高的要求，对日程安排的周密性、旅游线路的科学性、导游讲解的准确性等比较敏感。

社会文化与旅游相结合，可使旅游市场生机勃勃，更富有魅力和吸引力。中国文物古迹游、宗教文化游、民俗风情游、故乡寻根游、建筑艺术游、草原歌会游、丝绸之路游等都大受修身学知型旅游者的欢迎。

（4）保健疗养型旅游者。保健疗养型旅游者的主要目的是：通过参加有益于身体和心理健康的旅游活动，缓解、治疗某些慢性疾病、消除疲劳、强身健体。

保健疗养型旅游者的特点是：有较高的收入和较多的闲暇时间，保持健康或恢复健康的欲望较强，对旅游项目中的保健、康复功能比较敏感，中老年人比重较大，停留时间较长。

保健疗养型旅游的主要形式有医疗旅游、森林旅游、温泉旅游、疗养旅游、体育保健旅游等。中国传统的针灸、推拿、药膳、太极拳及武术都可以结合旅游，开发成保健疗养型旅游产品，投放到旅游市场。

（5）公务型旅游者。公务型旅游者是根据工作的需要，以进行贸易、商务洽谈、出席会议、参加科学文化交流或举办展览等为主要目的，而后在完成公务的前提下，参观游览公务发生地及周围的旅游景观的旅游者。

公务型旅游者的特点是：有一定的地位和身份，对旅游产品和服务质量要求较高，经费主要由团体公费开支，支付能力强，对价格不太敏感，因公务在身对旅游目的地的选择性不大，旅游线路设计要精品化。

公务型旅游近年发展迅速，成为会展经济中的重要组成部分，商务旅游、会议旅游、讲学旅游都是公务型旅游的主要形式。据国际旅游组织估算，会议旅游者的开支一般是普通旅游者的 2~4 倍。因此，会议旅游日益受到各国旅游经营商的重视。美国是世界上最大的会议旅游国，每年平均有 700~800 个国际会议在美国举行。中国的香港、北京、上海等城市也越来越重视国际会议的申办，力图成为国际会议中心，以吸引更多的国际会议旅游者，推进当地旅游业的发展。

二、旅游者购买行为

1. 旅游者购买行为的定义

旅游者购买行为是指旅游消费者为了达到一定的目的或动机，选择并决定购买旅游产品的过程。它包括旅游者为什么购买、购买什么样的旅游产品和服务、何时何地以何种方式购买。对于旅游市场的经销商来说，还应包括旅游产品和设施的质量、数量，能提供满足旅游购买者对旅游服务的哪些具体要求，旅游购买者的结构组成，影响旅游者购买行为的因素等。

从表面上看，旅游者的购买行为似乎是杂乱无章的。购买旅游产品有极不相同的行为选择方式。即使对同一旅游产品，也各有所好，要求也不尽相同。但事实上，这些千差万别的购买行为是有一定规律的。

一般来说，购买行为产生于购买动机，购买动机又产生于需要和欲望。需要—购买动机—购买行为，就构成了购买行为的基本模式。开眼界、长见识、舒心情的基本精神需要，引起了消费者外出游玩的动机，由此导致产生购买旅游产品的行为。

把握这一模式，研究分析旅游购买者的购买动机和购买行为，对于旅游企业营销是有裨益的。贯彻现代市场营销观念，要求旅游企业从总体上分析研究旅游需要和购买行为的形成，并据此制定旅游经营的战略和策略。同样，旅游企业若要把旅游市场细分化，使旅游经营决策贯彻得更加具体，就更要以此为基础深入分析研究各种消费者各不相同的旅游购买动机和购买行为。

先从一个特殊的例子来分析消费者的一般消费购买动机和购买行为，从中人们就可以分析出消费者购买行为形成的一般过程和特点。

2011 年 4 月 29 日，英国威廉王子和凯特王妃结婚，准备举行隆重婚礼。这在西方社会轰动一时。据报道，当地的和世界各地赶往伦敦看热闹的游客达到百万人。由伯明翰宫到圣保罗教堂的沿途马路是观看婚礼仪仗马队经过的理想地点。两天前，已有许多人在这些地方彻夜守候占地盘。当日清晨伫立道旁的有 9 排人之多，后几排的观众虽左顾右盼，翘首踮足仍看不到街心，自带的小型望远眼镜派不上用场。为此，许多人心急如焚。突然，有家工厂雇了大批小贩，现场出售一镑一只的用硬板纸加镜片做成的简易"潜望镜"。观众顿时欣喜若狂，争相购买，一抢而空。聪明的营销者成功地做了一笔不小的生意。这个小故事可以给人们许多有益的启示。它告诉营销者，为了有效地经营，应当从哪些基本方面分析市场。这家厂商的高明之处，就在于他发现和分析了营销对象的需要、动机和行为，系统地解决了购买者是谁、他们为什么购买、需购买什么、何时购买、何地购买、怎样购买等问题，这家厂商首先预见到有大批看热闹的观众将是买主；他们的购买目的是满足看热闹的需要；购买的物品只要求有越过人头障碍观看街心景物的功能，因而用简易潜望镜最合适不过了；购买时间必须是在仪仗马队经过之前，最好是在购主心急如焚之际；购买地点要适应观众不愿挪动位置的要求，派小贩现场销售最好；购买的方式则是"一手交钱，一手交货"，定价一镑一只，不需找零，程序越简便越好，双方便利。由于抓住和适应了消费者的购买行为规律，实施了从产品构思、设计、制订、定价直至推销时间和方法的一整套营销方案，这家厂商才取得了成功。

这一小故事告诉人们：企业并非只能被动适应消费者的购买行为，而是可以通过营销活动主动地影响消费者的购买行为。对旅游企业也是如此，而要成功地影响旅游者的购买行为，就必须首先掌握旅游购买者的购买动机，因为它体现了人们各自不同的旅游需要。

旅游购买者的购买动机，也就是旅游动机，它因人的愿望、兴趣、理想、文化层次等不同而迥异。美国学者约翰·A.托马斯提出了 18 种旅游动机：①了解异国他乡人民的生活状态；②浏览风景名胜；③了解新鲜事物；④参加一些特殊活动；⑤摆脱例行公务；⑥过一下轻松愉快的生活；⑦体验某种浪漫生活；⑧访问自己的出生地；⑨到亲属或朋友曾经去过的地方；⑩避寒、避暑；⑪有益健康；⑫参加体育活动；

⑬参加冒险；⑭取得某些高人一等的本事；⑮追求适应性；⑯考察历史；⑰社会动机（了解世界）；⑱经济因素。

另一位美国学者罗伯特·W.麦金托仕则把旅游动机分为四类：第一，身体方面的动机（通过与身体健康有益的活动，达到松弛身心的目的。如度假休息、海滩休闲、温泉洗浴、异地疗养、娱乐消遣、避暑避寒等）；第二，文化方面的动机（了解异国他乡的异质文化，如历史文化传统、文艺形式、风景名胜、文物古迹、学术交流等）；第三，人际方面的动机（探亲访友、结交名师良友、摆脱家庭纠纷或人事纠葛等）；第四，地位和声望方面的动机（出席高层次的学术会议、高级别的考察旅行、增加阅历的修学旅行、追求业余爱好的聚会等，通过这些旅游可以引人注意，赢得名声，结识要人名人，得到某种承认）。

我国学者一般根据人们参加旅游活动的根本原因和人们选择具体旅游地点、旅游方式、旅游服务的不同，将旅游者的旅游动机划分为以下6种类型：

（1）娱乐休闲动机。通过与身心健康直接相关的旅游活动，来缓解、摆脱工作的紧张状态，在游山玩水中达到运动或消遣、松弛身心的目的。

（2）探险猎奇动机。通过参与一些新、奇、异、特、险的旅游活动，暂时脱离单调、枯燥的工作环境，寻求刺激、调节情趣、提高胆量、增加新体验。

（3）学习求知动机。学习、了解异国他乡的异质文化，广泛涉猎他处的文化、艺术、宗教、风土、民情、习俗，游历外地的名胜古迹、名山大川。

（4）增进感情动机。寻根祭祖、探亲访友、结交良师益友，与家人、亲朋、好友一起去外地出游。

（5）自我表现动机。通过出席较高层次的学术会议、较高级别的科学考察活动，参加宗教圣地朝觐、修学历练旅行等，以求得尊重和崇仰，满足自我实现的需要。

（6）参加公务动机。利用到外地或外国进行公务、商务活动的机会，参加当地的一些旅游活动。

2. 旅游购买行为的类型

如前所述，以上6种旅游动机是导致人们旅游购买行为的最基本原因，在这些动机的支配下，根据各自不同的情况，会产生相应的多种旅游购买行为。

这里，将旅游购买行为按照不同标准划分为不同种类。

（1）按旅游购买的决策单位分，旅游购买行为可分为旅游者个体购买行为和组织机构集体购买行为。前者是个体旅游者单独或结伴出游的消费行为，后者是指一般组织机构和旅游批发商的旅游购买行为。

（2）按旅游者购买的参与程度分，旅游购买行为可分为当日往返旅游购买行为、短程旅游购买行为、中程旅游购买行为和远程旅游购买行为。一般的旅程在1~3天的为短程，4~10天的为中程，10天以上的为远程。当然，这种划分也是相对的，也可根据距离的远近来划分。

（3）按购买的时间分，旅游购买行为可分为现实的购买行为和潜在的购买行为。现实的购买行为是指已经明确的购买需求，是旅游市场营销人员必须满足的购买行为。潜在的购买行为，必须通过市场营销人员引发需求、培育市场、激发消费，使潜在的购买行为变为现实的购买行为。

此外，旅游购买行为还可按购买动机、购买心理、购买季节、购买方式、购买对象等因素来划分。对于营销人员来说，对旅游购买行为进行分类，目的是为了分析旅游市场，确定不同的消费对象，以拟定相应的营销策略，设计适销对路的旅游产品。具体将会在旅游市场细分的章节中予以详细阐述。

第二节　影响旅游者购买行为的主要因素

旅游者购买行为，是为了满足自己精神生活需要而购买旅游产品的行为。这种购买行为的显著特点是对所购旅游产品的专业知识不足，大多听他人介绍，感情色彩比较浓厚。另外，旅游者购买行为对大多数消费者而言，属于偶尔为之，非经常为之，要满足的服务需求也不尽相同。因此，对具有一定经济能力的旅游者购买行为来说，影响消费行为的非经济因素很多，主要有内在和外在两大类因素。外在因素主要有文化和社会因素等，内在因素主要有个人和心理因素等。

一、文化因素

文化是人类社会所创造的物质财富和精神财富的总和。通常特指精神财富的总和，包括文学、艺术、教育、科学等。在考虑社会对旅游购买行为的影响时，在一定的经济水平条件下，必须先从文化开始。

1. 文化的影响

由于文化传统的不同，在许多方面引起相互间的差别，从而深刻地影响着人们的消费行为。其主要表现在以下几个方面：

（1）不同的审美观。人们为消费而购买，当人们在市场上审视消费品的时候，吸引消费者的不仅是它的实际使用价值，还取决于它能否使消费者产生美感和享受到美感。

审美在很大程度上取决于人主观上的理解，因而不同的国家和民族会有不同的审美标准。有些商品西方人认为是美的，东方人也许认为是丑的；中国人认为手工制品很平常，工业发达国家的人则十分珍视手工艺品。由于地理位置的不同，亦会导致审美标准的不同。北方人的消费风格显得粗犷而豪迈，南方人的消费风格则显得纤细而优美。审美趣味直接影响着人的消费偏好。

（2）不同的价值观。由于历史、宗教、政治等多方面的原因，人们对同一事物怀有不同的感情，从而会产生不同的价值观念。

许多事物的价值并不是其自身固有的，而是人们从自己的观念引申出来所赋予事物的。就以象征为例，中国人把自己说成是"龙的传人"，因而喜欢龙凤图案；日本人则特别喜欢乌龟和仙鹤，把其看作是长寿的象征；欧洲人喜欢马，他们认为马会给人带来幸福。这一切所显示的完全是一种文化价值。

（3）民俗传统的影响。这里最典型的就是反映在民族节日上。在中国，最重要的节日就是春节，春节前是消费高潮，也是工商企业增加销售、取得盈利的最佳时机，当然也是旅游高潮时段。在西方，最重要的节日是圣诞节，节日市场商品极其丰富，要了解西方习俗，去西方过圣诞节也不失为一种好主意。

2. 亚文化

每个社会的文化又可以分为若干个不同的亚文化群，主要包括以下 4 类：

（1）民族亚文化群。中国是一个多民族的国家，除汉族以外，还有 55 个少数民族。不同的民族亚文化群有不同的风俗习惯、文化传统、口味爱好，这些因素都会影响消费者对旅游产品的需求、消费方式等。旅游企业的营销人员必须了解各民族亚文化群的特点，以便有针对性地开发旅游产品，开展旅游市场营销活动，满足其不同的需要。

（2）宗教亚文化群。中国宪法规定人们有信仰宗教的自由，一部分消费者信仰基督教、天主教、佛教、伊斯兰教等，而不同的宗教有独特的清规戒律，制约着教徒的旅游消费内容和旅游消费方式。例如，有的宗教不允许教徒吃肉、喝酒等，有的还规范了教徒的生活方式。因此，若旅游企业到某一宗教影响较强的地区开展营销活动，就必须先了解这一宗教的教义和戒律，以便有效地开展营销活动。

（3）种族亚文化群。世界上有黄种、白种、黑种等种族，每一种族有各自的价值观、生活规范等，对旅游产品的需求和评价也有很大的差异。随着对外开放政策的贯彻和执行，不同种族的人们纷纷来中国旅游、观光和经商，旅游企业应根据不同种族的需求特色开展旅游营销活动，这样才能取得成功。

（4）地理亚文化群。消费者由于所处的地域不同，往往在消费行动上亦会有所差别。中国根据地理位置可分为东北、华东、华北、华中、西南、西北等地。由于各地的自然条件不同，因而各地存在着不同的生活方式和消费需求。旅游企业必须研究不同地理亚文化群的状况，以便确定目标市场，制定科学的市场营销决策。

综上所述，不同的旅游消费者，生活在不同的文化背景下，这既是形成人类文化的差异，也是影响旅游者购买行为的重要因素。人们在饮食、服饰、工艺、美术、建筑、音乐及价值观念、伦理道德、宗教信仰、风俗习惯等方面的诸多差异，驱使着人们通过旅游去了解遥远陌生而又可及可至的异域文化。同时，消费者的文化水平也直接影响着旅游者购买行为。受教育程度高的消费者，可能有意识地、主动地接受和消费教育意义深、文化品位高的旅游产品，当然对此相应的旅游服务质量要求也高，"精神愉悦"的强调度也高。受教育程度低的消费者，可能与之相反。消费者不同的文化背景和受教育程度，直接影响着旅游企业的旅游产品定位、价格决策、促销手段和推介模式。

二、社会因素

在一定的经济条件之下，旅游者购买行为除了受文化因素的影响外，还会受到许多社会因素的影响。对旅游者购买行为影响较大的社会因素主要有相关群体、社会阶层和家庭。

1. 相关群体

一个人的行为要受到许多群体的影响，这些影响有些是直接的，有些则是间接的。对个人来说，那些直接或间接影响他的态度和行为的群体，就是这个人的相关群体。个人的相关群体有两种基本的形式：一是个人具有成员资格并面对面地受到直接影响的群体，它又分为首要群体和次要群体。首要群体是指个人直接接触并受到影响的一群人，如家庭成员、亲戚朋友、工作同事、同学、邻居等。次要群体是个人并不经常受其影响的比较正式的群体，如工会、职业协会、学生会等。二是个人并不具有成员资格但间接地受到影响的群体。它又分为向往群体和厌恶群体。向往群体是指某人推崇的一些人或希望加入的集团。例如体育明星、电影明星的穿着打扮、消费习惯，对消费者，尤其他们的崇拜者影响甚大。在这里，体育明星和电影明星就是这些消费者或崇拜者的向往群体，因此会影响他们的消费模式。所谓厌恶群体，是指某人讨厌或反对的一群人。一个人总是不愿意与其厌恶群体发生任何联系，在各方面都希望与其保持一定距离，甚至经常反其道而行之，这其中当然也包括消费在内。

相关群体对旅游者购买行为的影响表现为以下三个方面：一是相关群体为消费者展示出新的旅游方式和旅游路线。二是由于消费者有效仿其相关群体的愿望，因而旅游购买者对某些事物的看法和对某些产品的态度也会受到相关群体中已购买者看法的影响。三是相关群体促使人们的旅游购买行为趋于某种"一致化"，从而影响消费者对某些旅游产品和旅游品牌的选择。

相关群体对旅游者购买行为的影响会因时间、阶段的不同而不同。一般地，对于旅游营销过程而言，一定的旅游产品、价格及销售渠道、促销手段对相关群体的影响十分明显。在产品生命周期的不同阶段，相关群体对产品选择和品牌选择的影响也不尽相同。一般说来，相关群体在导入期对旅游产品选择的影响较大，而对品牌选择影响较小。在成熟期只对品牌选择有强烈影响，在衰退期对产品选择和品牌选择的影响很小。

对旅游企业来说，仅仅知道相关群体对旅游产品和品牌选择的影响还不够，还要研究如何利用相关群体来对旅游消费者施加影响，扩大旅游企业的销售。首先，旅游企业营销人员应努力寻找并确定目标市场的相关群体，在促销时将这些人也归入目标听众、观众或读者，使这些人成为本旅游企业及旅游产品的宣传者，从而间接地影响旅游目标市场的购买行为。其次，旅游企业可以直接利用相关群体做广告。例如，可以聘请社会上的名人、著名演员、歌星、球星来做广告，借此影响其崇拜者和大众；也可以请求旅游方面的专家做广告，以增加对消费者的说服力和可信度，加深他们对旅游产品、品牌及旅游企业的认识，减少他们在购买旅游产品时的风险感。

2. 社会阶层

社会阶层是由具有相似的社会经济地位、利益、价值倾向和兴趣的人组成的群体或集团。社会阶层具有四个基本特征：一是处于同一阶层的人，行为大致相同；二是人们都依其社会阶层而占有优劣不等的社会地位；三是一个人处于哪一个阶层，不是由某一种因素决定的，而是由一系列因素决定的，如职业、收入、财富、教育、价值取向等；四是一个人在其一生中，其社会阶层并非一成不变，可能由高层跌入低层，也可能由低层进入高层。旅游企业了解这些特征，可以专门生产和经营适合某个或某些社会阶层所需要的旅游产品。

在中国，尽管已建立了以生产资料公有制为基础的经济制度，消灭了人剥削人的制度，但社会阶层还是存在的，只不过一般只反映劳动人民内部由于职业、收入、财产、教育程度等不同而形成的差别，例如，知识阶层与其他阶层，一部分先富起来的人与其他人在经济状况、价值观取向、兴趣、消费欲望和购买行为等方面是有一定区别的。研究分析表明，社会阶层在市场营销中的应用主要表现在以下4个方面：

（1）旅游产品的消费。不同社会阶层对于旅游产品和品牌的选择，存在着很大的差异。低收入阶层对中、远程旅游产品的购买就受到限制。教育程度的高低与文物古迹游、异域文化游的消费有很大关系。职业的好坏、带薪假期的多少与旅游产品的选择也有关系，职业环境较好的企业员工，一般来说，对高档次的旅游产品的追求会多些。

（2）旅游经营商的挑选。社会阶层的不同，其购买时所选择的旅游经营商也有很大的差别。例如，高收入阶层的人，喜欢在名气大的旅游经营商那里购买旅游产品。市场营销人员应根据其旅游产品销售对象所在的社会阶层，来确定销售其旅游产品的经营方式。

（3）媒体的接触和广告信息的接收。不同的社会阶层，有不同的媒体接触面，较高的社会阶层接触杂志及报纸较多，较低的社会阶层虽然也阅读报纸、杂志，但是他们多偏好报纸的体育版、电影杂志、爱情故事杂志。对于电视节目，不同的社会阶层也有不同的喜好，较高阶层多喜欢新闻节目和音乐戏剧节目，较低阶层则喜欢看喜剧片、武打片。此外对广告信息的接收，各阶层也有差异。例如，利用名人效应做广告对高社会阶层的人效果就不大，对低社会阶层的人效果较大，但对高社会阶层营销广告研究证明，采用单向的说服方式来说服消费者，教育程度低者比教育程度高者容易被说服。

（4）服务档次的选择。旅游消费者的购买行为往往要符合自己的地位和角色。大多数旅游消费品具有很大的地位上的象征意义，如选择星级宾馆、豪华舒适的交通工具、消费特定的旅游产品等，往往都代表着一定的社会地位和社会形象，对于高社会阶层的旅游消费者，旅游企业营销者要充分注意旅游产品的服务档次，使自己的旅游产品具有高社会地位的象征意义。

3. 家庭

家庭是消费品最基本的消费单位。在重视家庭亲情的现代社会，以家庭形式外出旅游的消费者越来越多。因此，对家庭的分析是旅游企业市场营销的重要内容。

（1）家庭对消费者购买行为的影响。家庭是社会组织中的一个基本单位，也是消费者的最重要的相关群体。对消费者购买行为的影响较大，人们的价值观、审美观、爱好和习惯多半都是在家庭的影响下形成的，在购买决策的参与者中，购买者家庭成员对其决策的影响是最大的。当然，对购买决策影响的大小，在不同类型的家庭和不同商品购买中是不同的。美国社会学家按家庭权威中心的不同，把家庭分为4类：丈夫决定型、妻子决定型、共同决定型、各自做主型。从中国目前情况来看，在核心家庭中，全家外出旅游，往往是夫妻双方共同做出决定。

在中国由于实行计划生育，独生子女家庭越来越多，孩子在家庭中受重视的程度越来越高，他们往往能说服自己的爸爸妈妈，甚至爷爷奶奶、外公外婆购买某些商品，满足他们的要求。随着孩子的成长，知识的增长和经济上的独立都会使他们在家庭中的地位有所提高，年轻人还有乐于接收新知识新观念、喜好旅游的特点，有时甚至会成为家庭购买旅游产品的主要决策者。因此，加强对年轻人进行旅游产品的营销活动，往往会起到事半功倍的效果。

（2）家庭文化素养与社会地位。家庭的消费模式受社会、群体和个人的文化环境、素养等因素的影响，形成不同的类型。有些家庭有很强的家庭观念，重视家庭和睦、友谊，致力于子女教育和家族的发展，恪守传统的文化、道德和伦理观念，它的消费是以家庭为中心的；有些家庭则有很强的事业心，家庭的支出，家长的精力和时间主要投放于事业的发展，因而它的消费是以事业为中心的；还有一些家庭，把同生活享受有关的商品、劳务支出、奢侈品支出和旅游支出摆在极重要的位置，这是以消费为中心的家庭。

一个家庭的社会地位和家庭成员的职业，对于家庭的消费方式也有重大影响。农民、工人、干部、科学家、教授等家庭的购买模式大相径庭。

以消费为中心的家庭、知识型家庭和高社会地位家庭应成为旅游市场营销的重点。

（3）家庭生命周期。家庭生命周期指以家长为代表的一个家庭生活的全过程，一般来说，家庭生命周期可以划分为以下 5 个阶段：①单身期。指没有结婚的青年，往往对时兴消费十分关注，对新的旅游产品的推出特别感兴趣。对他们进行旅游促销比较容易成功。②新婚期。指结婚登记后，家庭刚刚建立起来到生育第一个孩子以前。这时，新婚燕尔感情甜蜜，新婚旅游产品最易得到青睐。大连最近每年举行的水下婚礼游就是其中的一种。这是家庭旅游产品的重要购买阶段，新结婚的青年人是新婚旅游产品推销的重要对象。③满巢期。从孩子诞生到孩子离开家庭，这一阶段就称为满巢期。这时，家庭的购物活动开始围绕孩子进行，家庭旅游产品的购买往往发生在孩子小学升中学、初中升高中、高中升大学的那几年的暑期。因而，每年城市中考、高考的升学人数是家庭旅游产品营销的重要参考。④空巢期。指孩子长大，离家开始独立生活。这时，大部分人已经退休，夫妻身体都很健康，经济上已经没有太大负担，手头上显得很充裕，因而使家庭旅游出现增加现象。不过与单身期不同，这时的购买主要追求旅游服务的舒适性和高质量，而且倾向于品牌特征的旅游消费。这时，孩子已经长大，经济能力增长较快，往往为了尽尽孝心，鼓励支持父母外出旅游散心，甚至直接支付父母旅游费用。因而，这一时期的旅游营销对象不仅要面向没有子女负担的父母，还要面向中、青年的子女们。2013 年春，上海新推出的"爸妈幸福游"，就深受消费者喜爱，十分红火。⑤鳏寡期。老年丧偶，家庭进入完结阶段。已经进入老年，生活除子女照顾外，医疗和劳务方面的开支比较突出。这个时期对于旅游企业来说营销机会主要对医疗保健旅游的经营者来说是一个较好的发展时期。

旅游企业的营销人员应将自己的旅游产品与家庭所处的阶段对应起来，以创造出更多的营销机会。

三、个人因素

消费者的购买行为除了受到外在因素的影响外，更多地要受到内在因素的影响。旅游企业在从事旅游营销决策时必须考虑到旅游购买者的各种内在因素，有针对性地开展旅游营销活动。个人因素是影响旅游者购买行为的内在因素之一，它包括年龄、性别、健康状况、职业、居住地及个性和自我形象等。

1. 年龄

年龄本身对旅游购买行为并没有实际意义，但年龄的差别往往意味着生理状况、心理状况、收入及旅游购买经验的差异。因此，不同的旅游者会表现出不同的旅游购买行为。

年龄是人的生命周期阶段划分的主要依据。在一个人成长的每个阶段中，随着生理和心理的发展，会购买不同的旅游产品。一个人的生命周期与家庭生命周期也有很大的紧密关系。

由于不同年龄的旅游消费者在选择旅游产品的种类、品牌及在旅游过程中的购买行为也有很大差别。一般来讲，年轻人喜欢时髦的、刺激性和冒险性强的、体力消耗较大的旅游活动；老年人由于有富足的积蓄和足够的闲暇，更倾向于选择豪华型的旅游产品。

2. 性别

性别对旅游购买行为的影响大多产生于传统文化所赋予的性别角色行为，以及不同性别在社会结构中所处的地位和由此带来的就业和收入两个方面的差别。除此以外，性别差异也在纯粹的生理意义上对旅游购买行为产生一定的影响。

男性和女性购买者在感官功能上，如视觉、听觉及触觉等方面的某些差异，使旅游者对旅游刺激的反应有差别。男性对刺激、动感的旅游产品感兴趣，而女性多对购物、服饰、饮食感兴趣。

男性和女性在体力上存在较大差异，在体力上男性往往比女性更充沛，活动速度更高，因此两性在选择旅游项目上也有区别。

3. 健康状况

几乎任何一项旅游活动都需要耗费一定的体力和精力，因此旅游者的身体健康状况就成为旅游购买行为的直接影响因素。身患重病的人很难进行闲暇旅游活动，而健康状况不佳者也只能在体力允许的范围内选择旅程较短、耗时较少的旅游项目。健康状况不同，旅游者对交通工具、住宿设施及饮食的要求也有很大差异。例如，海南三亚的潜海游、高山蹦极等旅游活动就不适合有心脏病、高血压等身体状况不佳的旅游者。

生理健康状况有时也会影响心理状况，从而间接影响旅游购买行为的实现。

4. 职业

一个人的职业在很大程度上决定了这个人在社会机构中所处的地位和他的收入水平。

职业本身意味着购买者的工作性质和生活经历。不同职业的人，由于工作性质可能会促使其选择不同的旅游产品。例如，工作繁杂程度高、人际交往频繁、工作任务重的职业者可能更多地倾向于选择放松型的度假旅游。

职业也决定了一个人外出旅游的闲暇时间的多少。不同职业的人员，选择旅游产品的机会也不等。例如，教师和金融从业人员的旅游消费选择就不太一样，教师可利用寒暑假从容外出旅游，而金融业人员由于工作时效性强，就只能就近就便选择短途旅游。另外，一般与本职业相关的旅游活动，大多不受该职业群的人们欢迎。

职业还决定着个人的收入水平，收入水平则决定一个人的购买能力。可自由支配收入的增加是旅游购买力产生的必要条件。收入的多少直接限制了旅游者购买旅游产品的种类、品牌、购买方式、购买数量及购买频度。

5. 居住地

居住地因素对旅游营销人员有重要意义。一个地理区域的地形、气候、地貌及水文等特征是该地区居民生活经历中的重要部分。这方面的生活经历会促使旅游者寻找地理要素上存在差异的目的地。正如长期生活在平原的居民，喜好到大山、峡谷、草原中去旅行，而高原上的居民则渴望看看小桥流水人家的江南风光。

居住地的地理位置也意味着目的地和客源地之间的距离。距离对旅游地的选择既是推动力，也是阻碍力。远距离既给旅游者带来遥远感和吸引力，同时也带来交通、时间、价格上的问题。

居住位置还影响人们的旅游购买范围。人们倾向于在较近的范围内进行旅游咨询与预订。尽管现代化的通信技术使得居住位置及旅游销售地点的位置因素对旅游购买的制约程度有所下降，但旅游营销人员还是应力争使分销地点接近于旅游消费者的居住位置。

6. 个性和自我形象

（1）个性。个性是指个人特有的相对持久的个人素质，它由外向性和内向性、创造性和保守性、积极性和消极性等构成。通过这种素质，个人有自己一套适应环境的方式，因此一个人的个性，会影响个人对外界知觉的方式及行为。消费者的个性可以从其外在行为推测而得到。例如，你可能形容你的朋友"是一个相当敢作敢为的、非常固执己见的、好胜的、开朗的、诙谐的人"。你所形容的这些，是你朋友长期在不同场合中的行为表现。在这些对各种场合所做出反应的行为特征中，同样也包括了对市场营销策略所作出的反应。这就是营销人员对个性感兴趣的原因所在。

个性可以直接或间接地影响购买行为。例如，喜欢冒险的消费者容易受旅游广告的影响，成为新的旅游产品的早期使用者。自信的或急躁的人购买决策过程较短，缺乏自信的人购买决策过程较长。直接与消费者个性相联系的6种购买风格是：几乎不变换旅游经销商和旅游品牌的习惯型；经冷静、慎重地思考后购买的理智型；特别重视价格的经济型；易受外来刺激或他人劝说而购买的冲动型；感情和联想丰富的想象型；缺乏主见或没有固定偏好的不定型。

（2）自我形象。自我形象一般是指人的实际自我认识，即一个人怎样看待自己。除此之外，自我形象有时还指人的理想自我认识，即一个人希望自己成为怎样的人；或社会自我形象，即一个人认为别人如何看待自己。由于人们总希望保持或增强自我形象，并把购买行为作为树立自我形象的重要方式。旅游产品可以帮助树立更好的社会自我形象乃至社会地位。因此，旅游企业应研究目标市场上旅游消费者的自我形象，努力发展那些能够实现消费者自我形象、提高消费者社会形象的旅游产品和服务，特别在广告宣传方面，应努力使旅游消费者感到旅游产品符合其自我形象和社会阶层，从而扩大旅游企业的市场销售。

四、心理因素

心理活动是伴随旅游购买、旅游活动的全过程。如外出旅游前对旅游景点的憧憬、听罢导游讲解后产生的联想、酒店服务给自己留下的印象、实际观光过程中的感受、因突发事件使旅程受阻时产生的焦虑、旅程结束后的内心评价等。这些心理活动都会对本次旅游和下次旅游购买行为产生重要的影响。这些心理活动将涉及诸多心理因素，下面来详细分析一下。

1. 消费需要

人类的一切活动，包括购买行为，都是为了满足自身的需要。消费需要是消费者感到某种缺乏，形成期待的心理状态。一种尚未满足的需要，会产生内心的紧张或不舒适，当它达到迫切的程度，便成为一种驱使人行动的强烈的内在刺激，称为驱使力。这种驱使力被引向一种可以减弱或消除它的刺激物时，便成为一种动机。因此，能否正确地了解消费需要，关系到企业经营的成败。

在市场经济的条件下，在买方市场中，旅游企业的一切工作、一切活动都应围绕旅游消费者的需要这个课题做文章。这是因为，旅游消费者掌握着旅游产品的选择权，他们选择的标准归根结底就是一条，即能够满足自身需要。换言之，凡能满足其自身需要的，他们就购买；凡不能满足其自身需要的，他们就不买。

那么，人类的需要究竟包括哪些内容呢？根据美国著名人本主义心理学家马斯洛的阐述，人的需要表现为5种基本形态：生理需要，安全需要，归属和爱的需要，尊重的需要，自我实现的需要。

针对上述人类需要的基本状态，这里需特别注意的是，时代的不同、经济状况的不同、社会时尚的不同、所处的国家和地区不同，消费者需要的指向、满足的形式有很大差异。对这种差异的漠然视之，必将导致企业市场营销的全面失败。中国目前正处于由传统社会向现代社会的"转型"时期；由计划经济向市场经济的过渡时期；经济高速腾飞，人民收入逐年上升的时期。今日的消费者，其需求指向与满足方式大大有别于往日。随着社会经济发展水平的提高，人们对后3种的需求也日益高涨。旅游消费正是满足后3种需求的消费方式。有鉴于此，所有中国旅游经营商，包括欲在中国旅游市场上做生意的外商，都需对中国目前旅游消费者的特点、趋向、爱好、追求目标有深入的了解。这是搞好市场营销的基础或基本条件。

2. 知觉

知觉是感觉刺激变成有意义的个人经验的一种历程。消费者在购买商品前，必须对商品有一个从感觉到知觉的认识过程。消费者通过视觉、听觉、味觉、嗅觉和触觉形成对某一商品个别属性的反应，这就是感觉。随着感觉的深入，将感觉到的材料通过大脑进行综合分析，对商品的各种属性进行理解、整理，得到知觉。

心理学家认为，人的知觉是有选择性的，这就是说，感官感觉到的东西并不一定都形成知觉。知觉的选择过程如下：

（1）选择性显露或注意。在人们感觉到的刺激物中，真正引起人们注意的是少数，多数被忽视掉。一个在专心思考问题的人，往往对刺激物视而不见，听而不闻，触而不觉。心理学家发现，人们往往注意预期的刺激物和变化较大的刺激物。比如，某人在海边欣赏大海景色的时候，当他陶醉于大海的湛蓝时，他对岸边嬉戏的人群会视而不见。

（2）选择性曲解。人们在对感觉到的刺激物进行理解的时候，往往按照自己的想象去解释。怎样解释取决于人们的经历、偏好及当时的情绪。一则医疗保健型旅游产品广告，宣传此旅游有助于消化和睡眠功效的改善，失眠者可能只注意到第二个功效，而消化不良患者则可能只注意到第一个功效。

（3）选择性记忆。人们对所了解到的东西，不可能统统记住，而主要是那些符合自己信念的东西。例如，只记住自己所喜欢的旅游品牌的优点，每次需要再购买时，就想起了这个品牌而不提其他。这种心理机制，就是选择性记忆。旅游企业营销人员针对知觉的选择性注意和记忆，在设计广告时，应采用简明且有吸引力的词句，新颖的大幅广告画面，以富有幽默感和戏剧性的形式，反复多次进行旅游产品广告宣传，以便引起广大消费者的注意和便于他们记忆。

3. 学习

学习是在行动中由于经验而引起的个人行为的变化。如消费者在购买产品和服务的实践中，逐步获得积累经验并根据经验调整购买行为的过程。消费者的学习，是驱使力、刺激物、提示物、反应、强化诸多因素相互影响和相互作用的结果。例如，在寒风瑟瑟的冬天，几位朋友一起看到"海南春光游"的大幅宣传广告，椰风海韵使你不禁想要提前踏进春光里，感受春天的美好，于是就相约结伴同游海南，亚龙湾的绵绵细沙、热带的水果、摇曳的海风椰林、鲜美的海鲜大餐等，无不让你流连忘返。在这个例子中，躲避寒风、渴盼春天的欲望是一种驱使力，椰风海景是刺激物，而"海南春光游"的广告是提示物，掏钱购买是反应，旅游满意是正向强化，正向强化加深了对海南、"海南春光游"以及提供该旅游产品的旅游经营商的良好印象。

对于旅游营销人员来说，学习的理论实际价值在于：他们可以通过把学习与驱使力联系起来，运用刺激性暗示和提供积极的强化手段来建立对旅游产品的需求。因此，在旅游企业营销活动中：第一，要及时掌握本企业旅游产品（刺激物）与潜在购买者的驱使力的关系。也就是说，要运用旅游产品差异性策略，尽量将购买者购买旅游产品的决策权尽可能地移近卖主一方；第二，要善于适时地、有效地向消费者提供启发旅游需求的提示物；第三，要做好反复宣传工作，不断加深消费者对旅游产品和旅游企业的良好形象。

4. 信念和态度

消费者在购买旅游产品的过程中形成了信念和态度，这些信念和态度又反过来影响人们将来的旅游购买行为。

（1）信念。信念是人对于某一事物所持的一种看法和相信程度。消费者对产品的信念，构成了产品形象，也构成了品牌形象。人的行为也多少会受他们的信念的影响。因此，旅游企业非常关心消费者对其旅游产品和服务的信念。如果发现消费者对其产品的某些信念不正确，就必须马上设法消除消费者的这些信念。

（2）态度。态度是人对于某一事物所持较长期的评价、感觉及行动倾向。许多社会心理学家认为态度是由以下三个因素组成的：认知因素、感觉（感情）因素、行动因素，这三个因素是互相关联的，并且构成对某一事物的整体态度。①认知因素。是由个人对客观事物的信念和知识组成的，人对大多数客观事物都持有一定的信念。例如，某人相信某旅游企业是一家大公司，提供过很多旅游精品。这种信念反映了他对该旅游企业的看法。这种看法就是他对该企业所持有的态度的认知因素。②感觉因素。人对某一客观事物的感情或感觉的反应，即是态度的感觉因素。例如，一位消费者声称"我喜欢××旅行社"或"××是一家非常糟糕的宾馆"，就是反映了他对该企业进行感情评估的结果。③行动因素。消费者的一些行动，例如不购买某旅游企业提供的旅游产品，而向朋友推荐其他旅游企业的类似旅游产品，就是反映了他对该企业态度的行动方面。

人的态度是学来的，一旦个人形成某种态度之后，个人很难察觉其态度是怎么得来的，或是怎么形成的。不管个人的态度是根据客观的判断及实际资料而来的，或是个人强烈的情绪反应，个人的态度对个人的思考及行为均有很大的影响。人的态度能使得个人对于类似的各项事物表现出相当一致的行为。人对于所触及的每一事物，不一定每次均需有新的看法和反应。正因如此，一个人的态度往往是很难改变的。

（3）态度在旅游市场营销中的应用。①旅游企业在市场营销中，了解到旅游消费者对其产品或服务的印象良好，那么旅游企业就可以通过沟通系统的设计，来维持并增强消费者良好的印象。反之，假如消费者对旅游产品的印象不佳，则改变态度的过程是必要的。而且，对新的旅游产品而言，旅游企业必须面临创造良好态度的挑战。②旅游企业应设法使其产品配合消费者的态度，而不轻易决定改变消费者的态度。因此，旅游企业宁可针对新的购买者及具有更换品牌特性的人，去进行说服工作，也不改变那些使用其他旅游品牌的铁杆忠诚者的态度，因为那样做不仅成本高昂，还可能收效甚微。有时为了避免改变消费者对旧旅游产品的不良态度，干脆介绍新产品进入旅游市场，创造良好的态度。

第三节　旅游者购买决策过程

分析了支配和影响旅游者购买行为的各种因素以后，旅游企业还要进一步研究旅游消费者的购买决策过程，旅游者购买决策过程的步骤可分为认识需求、寻找信息、判断选择、购买决策和购后评价 5 个阶段。

旅游者的购买行为过程，也就是其购买决策过程。分析这一过程，市场营销人员可以针对每个程序中旅游者的心理与行为，采取不同的市场营销措施。下面分别加以说明。

一、认识需求

购买行为始于消费者对某一问题或需要的认识，也就是购买者感觉到实际状态与所希望的状态之间有差异。这种需要可因内在或外在的刺激而引起，就内在刺激而言，当人们的生理需要升高到某种水准时，人们就会根据以往的经验，主动寻找可以满足需要的产品。人们的需要也可以经由外在的东西（如 CD 唱盘等），而想见任贤齐，看到电视广告南戴河假期，而觉得心向神往……凡此种种，都是因为外在的刺激而激起的需要。

对于旅游营销人员而言，必须了解自己的旅游产品与品牌可以满足消费者哪些内在需要，可以通过哪些外在刺激，引发消费者对旅游产品的需求，如本市范围内的旅游固然可以满足人们来去自如的便捷需要，但同时就不能满足人们对社会地位、自我表现、刺激新奇等其他心理需求。若一种旅游产品可同时满足的心理需要越多，且通过适当的手段对旅游消费者加以刺激，就越可能成为人们梦寐以求的旅游产品。

二、寻找信息

寻找信息是购买决策的调研阶段。消费者认识到自己的旅游需求之后，就会对他所需要的旅游产品产生兴趣，因而有意识地寻找、收集有关信息，加深认识。一般而言，旅游消费者寻找信息有三个途径。

（1）通过个人的社会关系征询意见。即通过亲友、邻居、同事、同学等相关群体、参考群体，特别是消费过类似旅游产品的人群，了解他们的看法、对旅游产品的评价及消费后的满意程度等。

（2）通过商业来源寻找、收集信息。即从广告、橱窗陈列、展销会、推销员等方面寻找有关旅游产品的特点、品牌信誉、服务方式、价格档次等信息。

（3）通过公众性来源寻找、收集信息。即从报刊资料、广播电视、专题报道等收集旅游产品质量评比结果、旅游企业对消费者负责程度等信息；通过旅游消费者组织了解各种有关类似旅游产品的反应及服务情况的回馈信息等。一般来说，旅游消费者得到的旅游产品信息，大部分来自商业信息，而影响力最大的是私人信息。各种信息的资料对购买决策都有相当的影响，在正常情况下，商业信息主要起通知作用，而私人信息主要起评估作用。旅游营销者对不同旅游产品和不同的旅游消费者，还要具体地调查研究，依据调查结果拟订旅游产品宣传计划，设法扩大对自己有利资料的传播。

三、判断选择

这是对信息资料的评价、选择阶段。旅游消费者在收集到各方面信息后，要对这些信息进行整理、分析、评估，以形成自己的观念的意向。一般来说，旅游消费者较多地考虑、比较、评价以下几个方面：

（1）价格和优惠。旅游产品的价格是旅游消费者在品牌选择中最基本的评估标准之一。对于收入较低的旅游消费者，价格往往是他决定是否购买的主要标准。此外，有些旅游产品消费者无法准确地判断竞争品牌之间在质量方面的差异，因而他们经常利用可察觉的属性来判断该旅游产品不易察觉的属性。例如，把价格作为衡量产品质量的标准。价格能影响人们对旅游景点安排、交通食宿条件及旅游服务质量的看法，而且这种影响力是很大的。消费者在评价计算实际支付时，如能得到营销企业的价格优惠待遇及其他方便，就会得到一种心理的满足，给予该项旅游产品较高评价。这对于促成购买决策是很重要的。

（2）旅游产品的功能、特色。旅游消费者除了注意旅游产品设计的科学性、价格的公道性、服务的规范性，同时还重视旅游产品功能的大小，即不同的消费者，会根据自己的标准把所提供的硬件、服务功能和使用成本作比较，然后选择满意的一种。如果硬件和成本差不多，那么，哪种旅游产品能提供、满足旅游消费者更多的心理需求，谁就能被消费者选中。

（3）品牌形象和商标信誉。消费者经常把旅游品牌名称或商标信誉作为旅游产品质量的代指标。他们通常会将各种品牌旅游产品的声誉进行分析比较，一般会对名牌产品、获奖商标、著名企业给予更高的评价和更多的青睐。

（4）价值观念。一般来说，满足较低社会阶层的旅游产品，旅游消费者较重视价廉物美；在较高社会阶层上，则更多地重视旅游产品的社会象征性价值和自我实现价值。

四、购买决策

这是旅游消费者实际购买的决定阶段。经过信息评估后，旅游消费者已建立了一项购买意向，即已最后决定购买各方面都比较满意的某一种品牌的旅游产品，并具体做出花多少钱、在什么时间、到什么地点购买的决策。应当指出，到信息评估阶段，购买者只是形成了要购买旅游产品的大体方向，实际购买过程并未开始。如果在购买的实际行动阶段受到干扰，可能终止或推迟购买，这些干扰可能来自消费者本身，如经济收入的变化、购买标准的改变等；也可能来自社会方面，如亲朋好友的建议、时尚风俗的变化等。此外，购买风险也会影响消费者的最终旅游购买决策。

五、购后评价

购后评价是购买决策的"反馈"阶段。它是本次购买的结束，又是下次购买或不购买的开端。如果消费者觉得购买到期望的旅游产品和旅游服务，下次就会再购买该旅游企业的其他旅游产品或推荐其他亲朋好友来购买他所消费过的旅游产品；如果不满意的话，下一次可能就会购买其他旅游企业的旅游产品。因此，旅游企业营销应重视旅游者的购后感受。判断旅游消费者购后感受有两种基本理论：预期满意理论和认识差距理论。

（1）预期满意理论。这种理论认为消费者对产品的满意程度，取决于预期得到实现的程度。如产品符合买主的期望，购买后就会比较满意；期望与现实距离越远，买主的不满就越大。由于旅游企业的生产和消费的同一性原因，旅游产品的消费过程中往往存在着许多不确定因素，如天气恶劣、汽车抛锚、游客拥挤等突发事件，会造成服务质量的下降。因此，旅游企业对旅游产品的广告宣传要尽量实事求是，甚至留有余地，而不要夸大其词，否则消费者的期望不能兑现，就会产生强烈不满，影响产品在旅游市场上的信誉。

（2）认识差距理论。这种理论认为消费者购买商品后都会引起程度不同的不满意感，因为任何产品总有它的优缺点，消费者往往惯于用别的产品的优点同本产品的缺点相比较，而产生不满。这时，旅游企业的任务在于使旅游者的不满意感降到最低限度。旅游消费者对所购旅游产品不满时，往往做出相应的反应，比如：他可能收集更多的旅游消费情报，期望证实自己的旅游购买行为没有上当，从而获得某种安慰；他可能要求退出或终止旅游；他可能暗下决心，从此再也不买这种旅游产品，并要求亲朋好友也不要购买该产品；他可能利用法律手段上诉状告旅游企业。所以，旅游企业除了要向旅游者提供货真价实的旅游产品外，还要采取积极步骤，促使旅游者消除不满意感，使他们相信自己的选择是正确的。例如，赣州的旅行社推出分期付款旅游产品，在预订旅游产品时，首期付款全价的 70%~80%，旅游产品消费结束时，再根据自己的满意度，付清余款。这种旅游产品，不是为了减轻消费者的付款压力，而是靠分期付款来打消旅游者对旅游产品质量的顾虑，消除旅游者的不满意感。同时也给本企业提供旅游服务的员工制造一种工作压力，促使他们提供给旅游者满意的旅游产品。

案例 前景广阔的修学教育旅游市场

英国的一些学校和教育机构将安排外出和参观作为教育计划的一个部分，因而他们代表了一个重要的市场——教育旅游（或称为修学旅游）。随着学习型社会的来临，修学旅游市场将前景广阔。修学旅游市场有时会因为消费低，年轻的旅游者难以管理而不被重视，但它因人数众多而容量巨大，还可以带动二次旅游。例如，可以带动家庭旅游等。修学旅游的另一个优势是它可以安排在淡季。

针对修学旅游市场，需要考虑的关键问题主要有：

（1）大部分的修学和教育旅游将目的地选在离教育机构的 1~5 小时的车程范围内，持续时间一般 1~2 天。

（2）以下是老师和领导人在选择旅游目的地时考虑的主要因素：①参观的预期价值；②过去参观的良好经历；③目的地的员工能否很好地理解教育组织的旅游教育目的，并提供良好的服务；④旅途的安全保证；⑤可以承受的消费预算。

（3）在促销方法上，同事的口头介绍是最重要的方法。"眼见为实"也很有效，可以事先邀请老师去考察一下目的地和旅游企业的情况。

（4）参加的教育内容是很重要的。因此，要将参观的内容与相关课程相对应，可以向老师索要其工作计划。

（5）教育旅游有较高的价格弹性。在英国一般每个学生 5 英镑的参观费是可以接受的。

（6）一般 1 天以内的教育旅游市场主体是中小学生，1 天以上的教育市场主体大多是大学生。

案例讨论题：我国应如何开展修学教育旅游？

复习与思考

1. 根据购买目的的划分，旅游购买者有哪几种类型？
2. 旅游者旅游动机一般有哪些？
3. 旅游者的购买决策是怎样形成的？
4. 试述影响旅游者购买行为的主要因素。

第四章　旅游市场营销调研

内容导读

　　旅游市场的变化直接影响到旅游企业的营销活动和旅游者的需求，因而旅游市场营销调研作为掌握和分析营销环境的前提和基础是不可或缺的。本章阐述了旅游市场营销调研的必要性，介绍了获得信息的几种旅游营销信息系统，同时还提供了进行旅游市场营销调研的过程和步骤。

第一节　旅游市场营销调研的必要性

　　市场调研是英文（Marketing Research）的汉译，也叫市场调查或市场研究。美国市场营销协会（AMA）指出，"调研是对商品及服务市场相关问题的全部数据进行系统收集、记录、分析的过程"。现代营销大师菲利浦·科特勒也指出，"市场调研是系统地设计、收集、分析和报告与公司所面临的具体市场形势有关的数据和发现的过程"。

　　可见，旅游市场营销调研是指运用科学的方法、技术，有目的、有计划地搜集、记录、整理、分析和总结与旅游市场营销变化有关的各种信息的过程。

　　旅游市场始终处于不断变化之中，尤其是近年来以下一些因素的出现，使得市场的变化加大、加快，从而使旅游市场调研变得更为必要和重要。

一、市场地域的扩大

　　第二次世界大战结束后，随着生产力的迅速发展，社会经济结构发生了巨大的变化，旅游作为一种新兴的产业，在社会经济体系中占据了越来越重要的位置，有些国家和地区甚至把旅游业当成了整个国民经济的支柱产业，旅游市场得到了前所未有的扩大。

　　以世界旅游市场为例，第二次世界大战刚刚结束时，世界每年的旅游人次约2530万，年旅游收入仅为21亿美元。可是到了2012年，根据世界旅游组织的不完全统计资料显示，全世界每年参加旅游的人次达到50亿左右，其中国际旅游人次超过36亿，国际旅游所带来的收入超过了 43 万亿美元。

再以我国的旅游市场为例。改革开放以来，我国奉行独立自主、平等互利的外交政策，与世界各国特别是周边国家的外交关系处于新中国成立以来最好的时期，中国的国际形象正处于不断上升阶段，加之中国旅游资源的独特魅力，有力地吸引了外国旅游者，近年来我国入境旅游市场一直保持着较快的增长。2010 年，我国旅游业创外汇超过 430 亿美元，2012 年，外国旅游者来我国人次突破 9000 万。在 2001 年我国加入了世界贸易组织以来对我国旅游业的发展产生巨大的影响。可以预计，未来入境旅游仍会保持较大的增长。

中国在国际旅游迅速发展的同时，国内旅游也呈快速增长。根据国际经验，人均年收入达 1000 美元，国民将普遍产生旅游动机，1985 年以来，我国人均年收入已渐渐超过这一数值，2012 年人均年收入已达到 3500 多美元，城市居民达到 4300 美元以上。旅游业近三十几年的蓬勃发展，正是这一收入规律的作用。据国家旅游局统计，2012 年国内旅游总人数为 29.57 亿人次，国内旅游总收入达到 2.57 万亿元人民币。今后随着我国经济的继续平稳增长，人均收入的进一步提高，国家在消费制度和休假制度方面的进一步完善，我国的国内旅游市场还会进一步扩大。

二、旅游者的购买行为多样化

如前文所述，从宏观方面看，消费者购买行为受经济、社会、文化等因素的影响；从微观方面看，个人因素、心理因素都会对消费者购买行为产生影响。例如，个人因素中的年龄、健康状况、收入状况、旅游者出游的态度、旅游地印象、距离和审美感知、景观评价等心理因素，都会对旅游者的选择产生重要影响。

在现代社会，这些宏观因素和微观因素都已发生了许多变化，从而造成了旅游者购买行为的多样化。以消费者对我国旅游产品的选择为例，观光旅游历来是我国旅游业的基础和主体，是消费者选择的主要品种，但近年来这一产品一枝独秀的情况发生了变化，以下一些产品开始热门并占有越来越多的市场份额。

（1）商务旅游。经济一体化和我国外向型经济的建立和发展，商务旅游在我国已悄然兴起，许多旅游部门与经贸部门合作，"旅游搭台，经贸唱戏"，使得其发展已初具规模。

（2）会议旅游同商务旅游一样，它是国际交往扩大化和深化的产物，是一个急剧扩大的高消费专门市场，会议旅游目前已成为许多经营者激烈争夺的一个产品。

（3）度假旅游。近年来国际旅游市场发生的一个新变化就是度假旅游的兴起，在我国国内也是如此，以 2012 年春节 7 天假期为例，全国共有旅游者约 1.85 亿人次，旅游花费约 1014 亿元。

（4）特种旅游。这是一种以满足特定需求为主要目的的消费性旅游，如美食旅游、民俗旅游、宗教旅游、医疗旅游、冰雪旅游等，这一品种在目前也增长较快。

此外，旅游主体的变化也是造成旅游者购买行为复杂化的一个原因。个体旅游者、家庭及小群体只是旅游市场的一部分，组织机构由于其旅游购买越来越多，也成为旅游市场的重要组成部分，进行旅游购买的一般组织机构有如下几类：公司企业、政府机构及军事机构、大学、企业行业协会、各种专业协会、社交性俱乐部、会议机构，其中公司企业是进行旅游购买的最大客户。

三、旅游市场竞争的日益激化

自 20 世纪中叶以来，随着旅游市场地域的扩大，旅游新产品的不断出现，旅游市场竞争日益激烈，不少新产品投入市场后由于不符合旅游者的需求而很快夭折。在我国由于早年旅游业利润较高，加之缺乏严格的市场准入制度限制，结果造成许多单位和部门盲目办旅游的情况，造成旅游企业数量过多，更为严重的是这些企业经营品种也大多雷同，从而造成竞争加剧。

我国目前仅涉外旅行社就有一万多家，它们虽有国际旅行社和国内旅行社之别，规模、名称、地区各异，但除了个别地区、少数单位之外，其余绝大部分旅行社经营内容都是大致相同的观光旅游产品，卖相同的线路，这样必然要面向同一个市场，甚至是相同的客户，竞争激烈可想而知。

再以广州酒店业为例，据广州市旅游局提供的 2011 年 1~3 季度的广州旅游简报显示，广州酒店业在已经经历了近四年的大幅度滑坡后，2012 年经营业绩继续缩水。全市 700 多家星级酒店利润仅为 1.81%，其中五星级为 4.874%，四星级为 3.269%，在全市 1300 多家旅游住宿设施（含宾馆、酒店、旅店、招待所等）的营业总收入中，25 家五星级酒店占总营业额的 7.35%，46 家四星级酒店占总营业额的 11.64%，134 家三星级酒店占总营业额的 21.54%。从以上数据人们不难看出，广州虽有大大小小 1300 多家旅游住宿设施，但真正上档次的四星级、五星级酒店却只有不到 100 家，而酒店业的利润一般集中在高档商务店，所以广州酒店业的问题是档次没有拉开，是"假饱和"，中低档酒店竞争过度，高档酒店市场大有潜力可挖。

值得注意的是，旅游业激烈的竞争固然一开始使消费者得到一些好处，但竞争的恶性和无序，最终会使旅游企业处于微利甚至无利时代，从而导致消费者所购买的产品质量大打折扣，甚至无法保证质量，这也是近年来消费者在旅游方面投诉增多的一个原因。

四、市场环境变化越来越快

旅游市场营销是在一定的时空条件下开展的，这一时空条件就是旅游市场营销环境，旅游市场营销环境是旅游企业的生存空间，营销环境与企业经营活动既相辅相成又相互制约。一方面，旅游企业作为一个有机体不断与外界发生能量、信息和物质交换，营销环境及其正常变化为企业经营活动提供必要的场所和条件，企业的正常经营活动又促进营销环境的稳定；另一方面，营销环境的异常变化又可能超越企业的承受力，破坏企业的新陈代谢，企业的恶性经营又导致营销环境的进一步紊乱。

旅游市场营销环境中各因素的状态会随时间变化而变动，造成环境波动性。一是旅游需求会因为收入变化、闲暇时间的分布差异，易形成旅游流的时空波动；二是旅游目的地的旅游资源特征造成相对的旅游流季节波动；三是旅游业对环境变动的敏感性，如政治形势剧变、重大自然灾害、传染性疾病流行、重大旅游安全事故的发生等，这些都加强了其波动性特点。

此外现代技术的进步也会加大旅游市场环境的变化。一是捷运工具及设施的更新换代。高速公路向四面八方延伸，铁路在提速的同时，不断开辟新干线，增开直达旅游列车；航空工具不断更新设备、设施等，使旅游者得以更快、更舒适、更安全地进行旅游。二是计算机及互联网的出现。它对传统的旅游营销工作产生了巨大的冲击，利用计算机和互联网进行旅游产品展示、企业形象传播、广告促销、销售预定、信息、资源管理等越来越重要。

旅游市场营销环境越来越大的波动性，决定了旅游企业对环境的适应过程是一个动态过程，时刻监视和关注环境因素的变化，以及由此引起的对企业营销活动直接和间接的影响是十分必要的。

综上所述，搞好市场调研能及时探明需求变化的特点，掌握市场供求之间的平衡情况，为编制计划，制定科学的经营决策提供依据，使企业从宏观着眼，搞好微观经营。搞好市场调研，有利于企业改善经营管理，提高企业的经济效益，能够让企业了解消费者对其产品或服务质量的评价、期望和想法。搞好市场调研，能使企业与市场紧密相连，有利于开发更广阔的市场。因而，从某种意义上说，能否搞好市场调研，是关系到企业生死存亡的大问题。

第二节　旅游营销信息系统

旅游营销信息系统是指一个由旅游企业人员、设施设备、运作程序构成的相互作用的综合体，它使旅游企业能收集、分析、选择、存储并传输准确而及时的旅游营销信息，以供企业作营销决策使用。

旅游营销信息系统因素分析如图4-1所示。

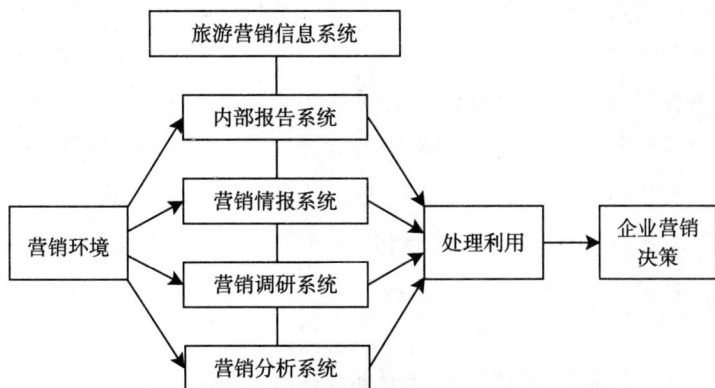

图 4-1 旅游营销信息系统流程图

图 4-1 表明，旅游营销信息系统处于营销环境与企业营销管理人员之间。营销信息由环境流至企业信息系统；营销信息系统将信息整理、分析后加以转换，传递给企业营销管理人员，作为营销管理的依据；由此形成的各种决策又通过流程影响环境。

旅游营销信息系统由 4 个子系统组成，这 4 个子系统分别是：内部报告系统、营销情报系统、营销调研系统、营销分析系统。

一、内部报告系统

内部报告系统是旅游企业的营销人员最先接触并经常使用的一个系统。它的信息由从旅游企业内部各部门收集的信息组成，用来评价营销业绩，指出营销存在的问题和面临的机遇。会计部门提供财务报表，并留有收入、成本和现金流量的详细报告；业务部门提供有关消费者的人口构成、心理状况和购买行为的资料；顾客服务部门提供有关消费者满意程度和服务问题的情况。

内部报告系统中信息、沟通的形式较多，可以作如下几种划分：

（1）正式沟通与非正式沟通。正式沟通是指在组织系统内，依据一定的组织层次所进行的信息传递与交流活动。它是按照组织明文规定的渠道进行的信息沟通，如汇报制度，定期或不定期的会议制度。正式沟通的优点是沟通效果比较好，约束力强，易于保密；缺点是层层传递，速度较慢。非正式沟通是在正式沟通渠道以外进行的信息传递和交流，它不受组织监督，自由选择沟通渠道。非正式沟通的优点是沟通方便，直接明了，速度快；缺点是传递的信息容易扭曲失真。

（2）单向沟通与双向沟通。所谓单向沟通指的是信息发送者以命令方式面向接收者，如发指示、下命令、做报告等都属于单向的信息沟通。所谓双向沟通，指的是信息的发送者以协商和讨论的姿态面对接收者。

（3）横向沟通与纵向沟通。横向沟通又叫平行沟通，它指的是在组织系统中层次相当的个人或部门之间进行的信息传递和交流，横向沟通可以使企业内部之间互相了解，信息互用。纵向沟通是与横向沟通相对应的，自上而下或是自下而上的一种信息沟通方式。

内部报告系统获得信息要比其他系统更快、更便宜，但也存在一些问题。因为内部信息是为其他目的收集的，所以对于制定营销决策来说就可能不够全面，或者形式不合适。而且，大公司产生的信息数量巨大，很难全面掌握。营销信息系统必须收集、整理、处理和分录这些信息，使营销者能更方便、快捷地得到信息。

二、营销情报系统

旅游企业的营销情报系统是旅游营销决策人员获取日常有关营销环境及营销活动进展的各种信息的来源。旅游营销情报系统应为旅游营销决策人员提供目前外部的各种信息。

获得外部信息，营销决策人员可以通过自己收集资料的方法获得。例如，阅读专业报纸杂志、收听广播、收看电视等，另外大量的信息，可以由企业的销售人员提供，由于销售人员往往是旅游企业中直接接触外部营销环境及顾客的人员之一，因此他们会接触到大量的营销管理人员接触不到的营销情报，而且他们也易于搜集外部信息，营销决策人员应使销售人员了解营销决策所必需的各种情报，并为他们提供撰写报告或与营销决策人员相互沟通的方法和时间。提供旅游营销情报的数量和质量应成为旅游企业营销管理者评估销售人员绩效的一个重要标准。

营销人员必须说服供应商、经销商和顾客提供重要情报，关于竞争对手的情报可以从竞争对手的年度报告、讲话、新闻报道及广告中获得。另外，从商业刊物和贸易展览中也可以获取竞争对手的信息。还可以观察竞争对手在做什么，分析竞争对手的产品，关注他们的业绩。

此外，实力雄厚、规模较大的公司往往拥有自己的信息中心。在这些信息中心里有专业人员搜集和摘录各种营销情报。此类信息中心往往编辑新闻简报传送给营销决策者。信息中心还能应旅游营销决策的要求进行特定营销情报的搜集和分析，这些提高了信息的质量。

三、营销调研系统

旅游企业营销人员不能总依靠营销情报系统所提供的零乱信息，他们常常要求对特定情况进行正式研究，在这样的情况下，营销人员需要进行营销调研。营销调研的定义是：系统地设计、收集、分析和报告与某个企业面临的特定营销问题有关的各种数据和资料。每个营销人员都需要作营销调研。营销调研者的活动范围极广，从研究市场机会和市场份额，到评价顾客满意程度和购买行为及研究定价、产品、分销和促销活动。

旅游企业可以用自己的调研部门进行营销调研，也可以借助其他公司进行营销调研。企业是否利用其他公司来调研取决于它自己的调研技术和资源。尽管许多大公司有自己的营销调研部门，但它们仍经常利用外部公司来做专项调查或研究，没有调研部门的企业就更需要从调研公司那里购买服务了。

利用调研公司来做调查有许多优点。例如，调研公司观察分析问题具有客观性，由于调研公司有许多调研专家，所以调研结果更具可靠性和权威性。此外调研公司有自己的一套较为完善的信息网络，其信息来源广泛，渠道通畅。旅游企业在市场调研过程中需要向调研公司提供的必要支持如下：

（1）提供充分的有关背景材料。

（2）说明是什么问题促使他们考虑要调研，即解释调研的目的。

（3）说明所需信息的类型，即解释需要什么样的数据。

（4）说明依据调研的结果可能要做的决策、选择或行动，即解释调研结果的作用。

（5）在考虑潜伏危险或花费的基础上，估计所获信息的价值。

（6）说明项目完成的时间要求及可能提供经费的一般水平。

四、营销分析系统

通过旅游企业营销情报和营销调研系统获得的信息常需要进行进一步的分析，而且营销人员在把信息应用到营销决策中时，也需要一定的帮助，所以许多大公司专门设计并建立独立的旅游营销分析系统，为营销决策人员提供营销信息的分析结果供其使用。旅游营销分析常用的技术包括统计库和模型库两个部分。

（1）统计库是从已获取的信息数据中提取有意义信息的统计方法的集合体，统计分析最常用的方法是计算综合指标（绝对数、相对数以及平均数）、时间数列分析法、指数法、相关和回归分析及因素分析等。利用这些先进的统计分析法可以研究数据的内在联系和数据的可信度。这些分析可以使营销人员克服数据中的偏差，以便解决市场、营销活动和效果方面的问题。

（2）模型库是专门设计出来表达现实中真实系统或过程的一组相互联系的变量及其关系。模型库是用以帮助旅游营销人员更好地进行营销决策而应用的模型的集合体，模型决策已经在许多大公司中得到应用。

旅游营销人员常用的分析模型主要包括描述型模型和决策型模型两种。描述型模型中主要常用的是马尔可夫过程模型和排队模型。马尔可夫过程模型用来分析预测未来市场份额变化的程度和速度。排队模型用来预计顾客的消费决策与等候的关系，决策型模型可以帮助旅游营销决策人员评估各种可行的决策，并力图寻找最优选择。决策型模型中常见的有最优化模型和启发式模型两种。最优化模型一般通过微分学、线性规划、统计决策理论及博弈理论来辨别不同决策方案的价值，力求从中进行最优选择。启发式模型应用启发式原则，排除部分决策方案，以缩短寻找合理方案所需的时间。

最后要强调信息的传递同样重要，通过营销情报系统和营销调研获得的信息必须在合适的时间提供给合适的营销人员。现在信息技术的发展使"信息传递"发生了巨大变革。由于近年来计算机、软件、电信技术的发展，许多公司分散了它们的信息系统。在许多公司，营销经理可以通过个人电脑和其他方式直接进入信息网络。在任何地方，他们都能通过电子通信方式从"内部记录"或外部信息服务中获得信息，利用统计方法和模型来分析数据，利用计算机语言和文件打印系统来制作报告，并通过网络与他人联系。由于分散公司的营销信息系统会更经济、更节约成本，所以这样的系统得到越来越多的应用。

第三节　旅游市场营销调研过程

一般而言，有效的旅游营销调研过程分为四步：明确问题和调研目标、制订收集信息的调研计划、实施调研计划、编写调研报告。

一、明确问题和调研目标

明确问题和调研目标是市场调研的重要前提，正如人们所说，良好的开端等于成功的一半。正式调研行动之前，必须弄清楚为什么调研、调研什么问题、解决什么问题，然后确立调研目标、调研对象、调研内容及调研方法。

并不是所有的调研主体或调研人员一开始就明白调研目标，这是因为每一个问题都存在多方面的事情需要研究。所以，调研人员必须明确问题的范围，并确定具体的调研目标，否则会盲目行事，或者得到许多无效的信息，并且耗费大量的时间和费用。

仔细确定了调研研究问题之后，营销人员与调研人员就必须设定调研目标。一个营销调研计划不外乎下列三种目标。探索性调研的目标是收集初步信息以帮助确定要调研的问题和提出的假设；描述性调研的目标是对诸如某一产品的市场潜力或购买某产品的消费者的人口与态度等问题进行详细表述；因果性调研的目标是检验假设的因果关系。营销者常以探索性调研为开端，而后会做描述性或因果性调研。

调研问题与目标的表述指导整个调研过程，有关人员应将这一表述做成书面材料，以确保他们对调研的目的和预期结果看法一致。

二、制订收集信息的调研计划

制订调研计划的目的使调研工作能够有秩序、有计划地进行，以保证调研目的的实现。它包括确定调研的信息范围、确定调研方法、组织机构设置、拟订调查进度表、调研费用预算等。

1. 确定调研的信息范围

要适应确定的目标，就要求有一定的信息范围，整个调研活动的效果与准确性、误差大小均直接与此有关，就大多数调研活动来说，收集的信息可分为一手资料和二手资料。

（1）一手资料。一手资料又称原始资料或实地调研资料，是调研者为实现当前特定的调研目的专门收集的原始信息资料。大多数的营销调研项目都要求收集一手资料。一手资料的主要来源首先是消费者，其次是中间商和旅游企业内部资料信息。收集一手资料的有三种方法：观察法、访问式调研法和实验法。

1）观察法。观察法是指旅游调研人员到调研现场或借助仪器设备观察有关调研对象和事物的研究方法。例如，旅游酒店的营销调研人员可以在餐厅总台及其他消费场所观察住店客人的消费行为，从而间接了解顾客对该酒店服务设施及服务质量的评价和意见。

观察法的特点是旅游研究人员以旁观的形式代替对调研对象的询问，避免了与被调研者的直接互动关系，往往能够获得更加客观的调研结果。

2）访问式调研法。访问式调研法是指利用调研人员和调研对象之间发生语言文字交流来获得信息的调研方法。它是用得最多的获得原始资料的方法。访问式调研法有以下一些基本类型：①面谈调研。面谈调研可以是个人面谈、小组面谈和集体面谈三种形式，也可以是入户访问或拦截访问等。②电话调研。电话调研可以在顾客离开之前，打电话到顾客房间，或是给经常惠顾的老主顾的办公室打电话，征询旅客对消费需求的满足程度和对服务质量的建议或意见。③邮寄调研。邮寄调研法是指将设计好的正规问卷邮寄给被调研者，请他们答好后再寄回，从而收集信息的方法。④留置调研。留置调研是指将调研问卷当面交给被调研者，说明填写的要求并留下问卷，请被调研者自行填写，由被调研者定期收回的一种调研方法。⑤网上调研。网上调研与互联网突飞猛进的发展相对应，利用互联网进行市场研究，自20世纪90代以来尤为热门，有关调研显示，网上调研是调研方法中增长最快的一种方式。

在我国，面谈访问和邮寄问卷最多，电话访问较少，近年来，网上调研越来越为更多商家所选用。这三种主要访谈方式可用列表4-2方式，从如下几个方面加以比较。

3）实验法。实验法是指通过改变某些变量的值而保持其他变量不变，以此衡量这些改变的变量的影响效果，从而获得市场信息的第一手资料的调研方法。

实验法的特点是改变一些环境变量来收集信息，例如某旅行社对一条旅游路线实行试探性降价，然后收集信息，了解消费者、中间商和竞争对手的态度。常见的实验法有两种：实验室实验和市场试销。

表4-1　几种主要访问方式的比较

评论标准	面谈	邮寄	电话
处理复杂问题能力	很强	差	较强
收集大量信息能力	很强	一般	较强
敏感问题的准确度	一般	好	较好
调研员对其影响的程度	大	小	较大
对样本质量控制程度	很好	一般	较好
所花费时间长短	较长	稍长	较短
调研灵活程度	很灵活	不灵活	灵活
所花费的成本	贵	便宜	较贵

（2）二手资料。二手资料又称文案资料，它是指为其他目的已收集到的信息。大多数旅游营销研究人员是从收集第二手资料入手的，第二手资料往往能为营销研究人员提供一条省时、省力而且费用低廉的资料收集途径。如果通过第二手资料的收集能够全部或部分地回答旅游营销问题，那么就可以免去为收集第一手资料而付出的高昂的经费、时间及人力的代价。二手资料的主要来源包括：

1）内部来源。内部来源是指来源于该旅游企业内部的资料，包括公司盈亏表、资产负债表、销售资料、销售预测报告、库存记录及以前所做的报告。

2）外部来源。它包括：政府出版物，包括政府的公开调研统计报告、年鉴、研究报告。期刊和书籍，各种有关的书刊，特别与开展业务关系密切的书刊。商业性资料，有关市场调研公司等提供的调查资料。

获取二手资料的优点是收集成本低，而且可以立即使用。但二手资料中可能没有调研人员所需的资料。或资料已明显过时、不准确、不完整或不可靠。

2. 确定调研方法

确定市场调研方法，关键是要解决两个基本问题：一是调研的访问方式问题，二是抽样问题。

（1）调研的访问方式问题。不同的调研方法，调研结果会有不同，有时会有很大差别。调研的访问方式有面谈法、电话访问、邮寄调查、留置调查、座谈会、网上调研等方式，这些前面已介绍过，不再重复。

（2）抽样问题。抽样调研因为费用低、速度快、准确度高而成为市场调研采用的主要方式。但在选择抽样方法时，选择不同，调研结果会有明显的差异。选取样本的方法很多，比如是否按概率抽样可以分为随机抽样和非随机抽样。在随机抽样中又有简单随机抽样、系统抽样、分层抽样、分群抽样等方法，在非随机抽样中有判断抽样、方便抽样和配额抽样等方法可供选择。

在一个具体项目的市场调研中，要确定采取什么样的抽样方法，主要考虑的因素是：①调研对象总体规模大小及其特征是否容易确定，调研对象总体规模较大，应该采取多级抽样方法，调研对象总体特征如果不太容易确定，可采用非概率抽样的一些方法，如果能够确定，应该尽量采用概率抽样的方法。调研对象总体的差异程度，比如说差异小，在概率抽样下可采取简单随机抽样；差异大，可采取分层或系统抽样等。②研究的经费也是抽样方法的选择要考虑的重要方面，非随机调研可以节省经费。③对调研结果的精确度要求高，应该在随机抽样的各种方法中进行选择。

3. 组织机构设置

组织机构设置包括旅游市场调研活动部门负责人员的选择与配置，调研活动的主体的选择是利用外部调研机构还是由本单位进行调研。调研活动的人员选择和配置是旅游市场调研活动成败的关键。计划方案的制订，整个调研活动的进行，都取决于市场调研组织的决策者和管理者，以及调研人员的素质。所以，调研人员必须具备善于沟通的能力、敏锐的观察与感受能力，以及丰富的想象力、创造力、应变能力，而且调研人员还应具备基本的统计学、市场学、经济学、会计财务知识等。

选择外部市场调研机构，首先由调研活动负责人或部门对外部调研机构进行选择。选择的标准如下：①调研机构能否对调研问题进行符合目标的理解和解释。②调研人员的构成，其中包括其资历、经验以及任务分工。③调研方法是否有效，并且具有创造性。④过去类似的调研经验、调研事项及调研成果。⑤调研时间及调研费用是否与本单位要求相符合。

4. 拟订调研活动进度表

拟订调研活动进度表主要考虑两个方面的问题：一是考虑信息的时效性，二是考虑调研的难易程度，在调研过程中可能出现的问题。根据经验，从确定调研目标到交出调研报告的过程中花费时间的工作大致有以下几个方面：①问卷设计时间；②问卷印刷时间；③抽样设计时间；④访问员的招聘、培训时间；⑤预调查时间；⑥问卷修正、印刷时间；⑦调研实施时间；⑧资料的编码、录入和统计时间；⑨数据的分析时间；⑩完成调研报告的时间；⑪上鉴定、论证、新闻发布会；⑫调研结果的出版。

最后两个部分并不是每项调研所必需的，但前面的几项内容是必不可少的。要注意所有这些要花的时间并不是简单的相加，有些活动可以同时进行，其时间计算是以同时进行时花的时间长的那部分工作时间计算。

5. 调研费用预算

旅游市场调研依调研项目和调研内容不同而不同。一般来说，旅游市场调研所需的费用包括以下几个方面：方案策划费、抽样设计费、问卷设计费、印刷费、邮寄费、访问员劳务费、差旅费、被调研者的礼品费、统计处理费、报告撰写制作费、电话费、市内交通费、鉴定费、新闻发布会及出版印刷费用等。

旅游市场调研预算定额确定的方法较多，最常见的有：

（1）固定比率法。它是按照一定时期内旅游企业经营业务量的大小来确定预算的一种方法。

（2）投资报酬法。此法是把旅游营销调研开支当作一般投资来看，根据同量资金投入获得同量报酬的原则，但此法计算难度较大。

（3）量入为出法。此法是按照旅游企业的财务状况，根据财政可能支付的金额来确定调研费用预算。

（4）项目费用总计法。在进行预算时，要将可能需要的费用尽可能考虑全面，以免将来出现一些不必要的麻烦而影响调研的进度。当然，没有必要的费用就不要列上，必要的费用也应该认真核算做出一个合理的估计，切不可随意多报乱报，因此既要全面细致，又要实事求是。

通过费用—效益分析的结果或是得出设计方案在经费预算上应是合算的，或是认为不合算而应当中止调研项目。通常情况下一般并不中止调研，而是修改设计方案以减少费用。

三、实施调研计划

旅游营销调研过程的第三步就是将计划付诸实施，它包括信息收集、信息整理和信息分析。

1. 信息收集

前面已经介绍了信息收集的几种主要方法。下面谈谈调研问卷的设计，这也是关系信息收集成败的一个关键。

（1）问卷的基本结构。问卷的格式一般是由问卷的开头部分、甄别部分、主体部分和背景部分四个部分组成。

1）开头部分。开头部分主要包括问候语、填写说明、问卷编号等内容，不同的问卷所包括的开头部分会有一定的差别。①问候语。问候语也叫问卷说明，其作用是引起被调研者的兴趣和重视，消除调研对象的顾虑，激发调研对象的参与意识，以争取他们的积极合作。一般问候语中的内容包括称呼、问候、访问员介绍、调研目的、调研对象作答的意义和重要性，说明回答者所需花的时间、感谢语等。②填写说明。在自填式问卷中要有详细的填写说明，让被调研者知道如何填写问卷，如何将问卷返回到调研者手中。③问卷编号。问卷编号主要用于识别问卷、调研者及被调研者姓名和地址等，以便于校对检查、更正错误。

2）甄别部分。甄别部分也称问卷的过滤部分，它是对被调研者进行过滤，筛选掉非目标对象，然后有针对性地对特定的被调研者进行调研。通过甄别，一方面，可以筛选掉与调研事项有直接关系的人，以达到避嫌的目的；另一方面，也可以确定哪些人是合格的调研对象，通过对其调研，使调研研究更具代表性。

3）主体部分。主体部分也是问卷的核心部分，它包括了所要调研的全部问题，主要由问题和答案所组成。

4）背景部分。背景部分通常放在问卷的最后，主要是有关被调研者的一些背景资料，调研单位要对其保密。该部分所包括的各项内容，可作为对调研者进行分类比较的依据。一般包括：性别、民族、婚姻状况、收入、教育程度、职业等。

（2）问题设计的方法。问题设计的方法有许多种，下面主要介绍旅游营销调研中常用的问卷问题设计的方法。

1）开放式问题和封闭式问题。

①开放式问题是指对所设计的问题未提供任何具体的答案，由被调研者根据自己的想法自由做出回答，属于自由回答型。

例如，"您最喜欢去的旅游胜地是哪里？""您对本酒店的服务有何评价？"等。

②封闭式问题是针对问题事先设计出了各种可能的答案，由被调查者从中选择。

例如，您对我旅行社的服务满意吗？

很满意

满意

无所谓

不满意

很不满意

2）二项选择法。二项选择法又称是非回答法，回答问题的答案分为"是"与"否"，或者"有"与"无"两种，由被调研者选择其一。

3）多项选择法。多项选择法是指一个问题可提出三个或更多的答案，由被调研者从中自由选择一个或几个答案。

4）排序选择法（顺位法）。它要求被调研者从所列的多项答案中，按照一定标准进行先后选择或排序。

5）李克特法（意见程度选择）。对所提出的问题设定几种程度不同的态度，要求调研对象选择一种，以探测其意见程度。

2. 信息整理

信息整理是指运用科学方法，对调研所得的各种原始资料进行审核、检验和初步加工综合，使之系统化和条理化，从而以集中、简明、清晰的方式反映调研对象总体情况的工作过程。

信息的整理包括问卷的登记和检查、编码、数据录入、拟订统计—分析计划、统计运算等步骤，如图4-2所示。

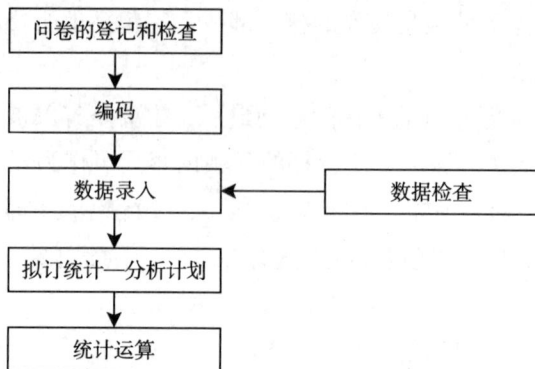

图 4-2 信息的整理流程

（1）问卷的登记。将所收集的资料汇总在一起，以便进行统计处理。在汇总的过程中，为了避免信息损失及评价访问员的工作成绩，有关旅游营销人员要先对资料进行登记分类。登记分类的依据可以是地区、访问员等。在登记过程中分别记录各地区、各访问员交回的问卷数量、交付时间、发问卷数量、丢失问卷数量等情况。

（2）问卷的检查。对于收回的问卷，全部都要进行质量检查，对有疑问的、缺省数据的问卷进行记录，以便进行特殊的处理，并剔除无效问卷。一般来说，出现以下情况的问卷被视为无效问卷：①调研对象不符合要求。例如，问卷回答者属于调查问卷甄别部分需要排除的对象。②不符合作答要求。例如，单项选择的问题回答者选择了许多答案。③问卷答案前后矛盾或有明显错误。例如，在前面问题中回答自己没有小孩，但在以后的问题中说出自己小孩的年龄等。④答案选择高度完全一致。例如，不管什么提问项目，回答者总是选择第一个答案，就有敷衍的嫌疑。⑤缺损问卷。它是指问卷不完整，个别页码丢失。⑥答案模糊不清的问卷。例如，字迹看不清楚，把"√"打在两个答案之间等。

（3）编码。编码是指把原始资料转化成为符号或数字的资料简化过程，通过编码将资料输入计算机进行统计，简单有效。同时，编码是统计计算和结果解释的基础。原始信息一般可分为两类，即数字信息和文字信息。数字信息可以直接录入计算，文字信息则根据分组情况进行编码，即将文字转化成数字信息。例如，一般将男性用 01 代替，女性用 02 代替。

可依据编码过程发生在调研实施之前或之后分为事前编码和事后编码。事前编码是指在编写问卷题目时就给予每一个变量和可能答案一个符号或数字代码；事后编码则是指研究者在调研已经实施，问题已经作答之后，给予每一个变量和可能答案一个符号或数字代码。通常封闭性问卷的调研研究采用事前编码，而开放性问卷由于事先不知道有多少可能的答案，因此常常采用事后编码。

（4）数据录入。目前我国大多数市场调研的数据都是键盘录入，即由电脑员通过计算机终端直接把原始数据录入统计软件的数据库。

在数据分析之前，还要先检查数据录入的准确性，以免今后返工浪费人力、物力和财力。检查错误的方法，一种是进行数据的二次录入，然后将两次录入结果加以比较，对不同的数据原始问卷资料进行核对。但这种方法比较费事、费力。另一种方法是逻辑查错，即先对一些变量进行频次、频率的分析，根据分析结果来判断是否存在错误。这种方法只能查出不符合逻辑的错误，无法判断符合逻辑的错误，而且该方法只能对一些变量进行检查，难以对所有变量都作检查。

（5）拟订统计—分析计划。要准确、客观地描述资料的特征，采用适当的统计方法十分重要。在选择统计方法时，要考虑下列两个因素，即调研问题的性质和数据资料的性质。

1）调研问题的性质。市场调研的问题一般可分为两大类问题，描述性问题和关系性问题。对于描述性问题，一般是想了解所调研问题的现状，如某产品的知名度大小，被调研者对某种产品价格的看法，不同教育程度对某产品的偏好差异等。描述性问题一般用描述性分析方法进行分析。对于关系性问题，主要是探讨两个变量之间有无关系及其关系的程度。关系性问题可分为相关关系和因果关系。关系性问题主要用相关分析、方差分析、回归分析等方法进行分析。

2）数据资料的性质。各样本的调研资料的数据可以分为数量标志和品质标志。对于数量标志，几乎所有的统计方法包括描述性统计、相关分析、回归分析、方差分析等都可以加以运用。对于品质标志，在统计方法的运用上比较受到限制，一般不能采用频率分析、非参数检验等进行处理。但在一些情况下，数量标志的资料可以转化成品质资料，品质资料也可以转化为数量资料。

（6）统计运算。统计运算就是根据统计分析计划要求，对计算机下指令，让计算机输出结果。通常统计运算计算时，首先要对有关变量进行数据转换，产生中间变量。中间变量可以由某一原始变量经过数据转换生成，中间变量还可以通过加减或运用一定的统计方法运算生成。其次，中间变量生成之后，计算机操作人员就可以依据统计分析计划要求，对计算机下指令，让其执行。最后，计算机自动把结果输出来，在所有结果都输出来后，资料的统计处理就可以宣告完毕。不过，有时输出的结果不能满足数据分析要求，可以再次进行统计运算。

3. 信息分析

旅游市场调研分析是指根据一定的调研目的，应用一种或数种科学的方法，对通过调研的资料进行研究，找出所调研事物或现象的本质及规律性，进而指导实践的过程。市场调研分析所运用的科学方法有很多，如统计学、哲学、逻辑学、数学等。人们进行分析除了要了解各因素对总体影响外，还要看到各因素之间的相互关系，哪些是重要的影响因素，哪些是次要的影响，这样才能为企业提供科学预测和决策的依据。

（1）旅游市场调研分析的原则。①客观性原则。要求旅游市场调研人员以客观事实及调研的资料为依据，不能一味迎合旅游企业领导的某种主观意愿，或不恰当的个人主观认识，否则，会造成误导。②全面性原则。旅游产品与其他服务性产品相比较，需要满足人们在旅游过程中行、住、食、游、娱等多方面的需求。因此，旅游业提供的产品是综合性产品，这就决定了旅游市场调研分析是一项综合性很强的工作，在分析过程中切记不能孤立地看问题，应把影响问题的因素尽可能地都考虑到，不要有遗漏。③组合性原则。市场调研分析的方法很多，但没有一个方法是可以通用的，各有优势和局限性，各有其适用的范围。所以，要对各种方法特点及作用准确把握，将必要的方法组合起来，形成一套较优的方法体系，取长补短，互相配合。④趋势性原则。在进行市场调研分析问题时，不仅对某领域市场的现状进行研究，更要分析各因素的变化趋势，一定要注意用发展的眼光、动态的观点来把握事物的发展规律，应掌握好各种预测方法，并能加以科学运用。

（2）市场调研分析的内容。①对调研目的的分析。对旅游市场调研所得到的资料进行分析，要对调研的目的进行更深入的再认识。这样才能有针对性地对所搜集的资料进行更充分的利用。②对所采用调研方式的分析。调研方式在设计调研方案时已经确定下来，但在调研实施过程中可能要根据实际情况对调研方案中涉及调研方式和调研样本进行适当的调整。在分析中就必须对这些样本的变动进行研究，并用适当的方式处理，如对不同样本给予不同权重，以保证分析结果不会受到大的影响。③对调研资料可靠性及代表性的分析。由于所选择调研样本的实际情况与设计阶段的设计可能存在出入，就要对所调查资料的可靠性和代表性进行重新分析。发现问题及时采取补救措施，以保证整个调研质量。④对调研资料的分析是市场调研分析的重点和难点部分，此间所涉及的具体分析方法，将在后面详细介绍。⑤综合分析在对调研资料进行分析的基础上，综合前面三个步骤的分析结果，同时考虑相关背景资料所反映的问题，最后得出较全面的分析结论。

（3）市场调研分析的方法。

1）定性分析。定性分析是对不能量化的现象利用哲学思想进行逻辑判断及推理，得出对事物的本质、趋势及规律性的结论。常用的定性分析方法有如下几种：①归纳分析法。归纳分析法又分为完全归纳法和不完全归纳法。不完全归纳法又分为简单枚举法和科学归纳法。②演绎分析法。它是把调研资料的整体分解为各个部分、方面、因素，形成分类资料，并通过对这些资料的研究分别把握特征和本质，然后将这些分类研究得到的认识联结起来，形成对调研资料整体认识的逻辑方法。③比较分析法。它是把两个或两类事物的调研资料相对比，从而确定它们之间相同点和不同点的逻辑方法。④结构分析法。它是通过分析某现象的结构和各组成部分的功能，从而进一步认识这一现象本质的方法。

2）描述性统计分析。在市场调研的定量分析中，常用的是那些普通而又简单的基本统计分析方法即描述性统计分析。描述性统计分析是指对调研总体所有单位的有关数据作搜集、整理和计算综合指标等加工处理，用来描述总体特征的统计分析方法。

描述性统计分析，经常用制表或制图的方式将结果直观地表示出来。例如，某酒店2013年旅客源的构成如下：商务旅游者占45%，度假旅游者占16%，探亲、寻根旅游者占13%，会议旅游者占11%，体育团体占10%，其他占5%，将其用圆形图直观地表示，如图4-3所示。

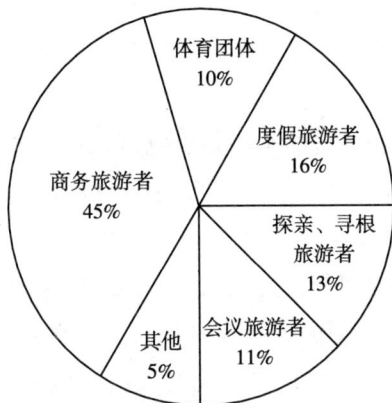

图4-3　某酒店2013年旅客构成统计

3）解析性统计分析。它是指通过统计分析，对数据本身所包含的隐性的事物本质及其规律进行深入研究的方法汇总。解析性统计分析技术主要是指多元统计分析方法，主要包括：①数据结构的简化处理；②数据的归类或分组；③变量之间的相依性分析；④多元统计量的分布理论和假设检验；⑤统计方法的实质—计算方法；⑥抽算技术。

四、编写调研报告

调研数据经过统计分析之后，只是为我们得出有关结论提供了基本依据和素材，要将整个调研的成果用文字形式表现出来，使调研真正能服务于企业，解决旅游企业的问题，则需要撰写调研报告。调研报告是调研结果的集中表现，能否撰写出一份高质量的调研报告是决定调研本身成败与否的重要环节。

1. 调研报告撰写的特点

（1）针对性，包括两方面。

1）调研报告在选题上必须强调针对性，做到目的明确、有的放矢，围绕主题展开论述，这样才能发挥市场调研应有的作用。

2）调研报告还必须明确阅读对象。阅读对象不同，他们的要求和所关心的问题的侧重点也不同。

针对性是调研报告的灵魂，必须明确要解决什么问题，谁是读者等，针对性不强的调研报告必定是盲目的和毫无意义的。

（2）科学性。市场调研报告不是单纯报告市场客观情况，还要通过对事实作分析研究，寻找市场发展变化规律。这就需要作者掌握科学的分析方法，以得出科学的结论，适用的经验、教训，以及解决问题的方法、意见等。

（3）时效性。市场调研报告对市场情况作反应，要迅速及时，以适应瞬息万变的市场变化，市场调研滞后，就失去其存在意义。因此，市场调研报告的价值有一定期限，调研者要随市场情况变化而不断对市场作调研分析研究。

（4）新颖性。市场调研报告要紧紧抓住市场活动的新动向、新问题，提出新观点。

2. 市场调研报告的类型

由于分类标准不同，调研报告的类型划分也是多种多样。一般最常用的分类如下：

（1）根据调研报告的内容及其表现形式将其分为两大类。

1）纯资料性调研报告是以对问题的简单描述为主要目的，它通常以公布调研所得的各项资料为主，不加以任何解释。大型调研多是以这种报告方式为主。

2）分析性调研报告则以资料的分析和研究为主，它通常以文字、图表等形式将调研过程、方法及分析结论表现出来，目的是使人们对该项调研及结论有一个全面的了解。我们通常所说的调研报告主要是指分析性调研报告。

（2）根据旅游企业的需要，可将市场调研报告分为七类：①旅游市场需求的调研报告；②旅游市场与消费潜量的调研报告；③旅游资源状况的调研报告；④旅游服务商的调研报告；⑤旅游产品价格的调研报告；⑥市场竞争情况的调研报告；⑦企业经营效益的调研报告。

3. 市场调研报告的结构

市场调研报告的结构，一般是由题目、目录、摘要、正文、结论和建议、附件等几个部分组成。报告的结构不是固定不变的，不同的调研项目、不同的调研者或调研公司、不同的用户及调研项目自身性质不同的调研报告，都可能会有不同的结构和风格。

（1）题目。题目包括市场调研标题、报告日期、委托方、调研方等。标题是画龙点睛之笔，标题必须准确揭示报告的主题思想，做到题文相符。标题要简单明了，高度概括，具有较强的吸引力。

（2）目录。提交调研报告时，如果涉及的内容很多，页数很多，为了便于读者阅读，把各项内容用目录或索引形式标记出来。目录包括各章节的标题、页码等。

（3）摘要。摘要是市场调研报告中的内容提要。摘要是报告中十分重要的一部分，写作时需要注意以下几个问题：

1）摘要只给出最重要的内容，一般不要超过2~3页。

2）每段要有个小标题或关键词，每段内容应当非常简练，不要超过三四句话。

3）摘要应当能够引起读者的兴趣和好奇心去进一步阅读报告的其余部分。摘要包括的内容主要有：①调研目的。②调研对象和调查内容。例如，时间、地点、范围、对象、调研要点及要解答的问题等。③调研研究的方法。如问卷设计、数据处理是由谁完成，问卷结构，有效问卷有多少，抽样的基本情况，研究方法的选择等。

（4）正文。正文是市场调研报告的主要部分，正文部分必须正确阐明全部有关论据，包括问题的提出到引起的结论，论证的全部过程，分析研究问题的方法等。正文包括开头部分、论述部分和结语部分。

1）开头部分。开头部分的撰写一般有以下几种形式：①开门见山，揭示主题，文章开始就交代调研的目的或动机，揭示主题。②结论先行，逐步论证。先将调研的结论写出来然后逐步论证。③交代情况，逐步分析。先交代背景情况、调研数据，然后逐步分析，得出结论。④提出问题，引入正题。用这种方式提出人们所关注的问题，引导读者进入正题。

2）论述部分。论述部分必须准确阐明全部有关论据，根据预测所得的结论，建议有关部门采取相应措施，以便解决问题。论述部分主要包括基本情况部分和分析部分。①基本情况部分，包括对调研数据资料及背景做客观的介绍说明，提出问题、肯定事物的一面。②分析部分，包括原因分析、利弊分析、预测分析。

（5）结论和建议。结论和建议应当采用简明扼要的语言，好的结语，可使读者明确题旨，加深认识，启发读者思考和联想。结语一般有以下几个方面：

1）概括全文，经过层层剖析后，综合说明调研报告的主要观点，深化文章的主题。

2）形成结论，在对真实资料进行深入细致的科学分析的基础上，得出报告的结论。

3）提出看法和建议。通过分析，形成对事物的看法，在此基础上，给旅游企业提出建议和可行性方案。

4）展望未来，说明意义通过调研分析展望未来前景。

（6）附件。附件是指调研报告中正文包含了或没有提及，但与正文有关必须附加说明的部分。它是正文报告的补充或更详尽说明，包括问卷、技术细节说明、原始资料背景材料、统计输出部分结果显示等。

4. 撰写调研报告应注意的问题

在撰写调研报告时，主要注意以下几个方面的问题：

（1）考虑谁是读者。报告应当是为特定的读者而撰写的，他们可能是领导、管理部门的决策者，也可能是一般的用户，不但要考虑这些读者的技术水平、对调研项目的兴趣，还应当考虑他们可能在什么环境下阅读报告，以及他们会如何使用这个报告。

（2）力求简明扼要，删除一切不必要的语句。调研报告应该是精练的，任何不必要的东西都应省略，不过也不能为了达到简洁而牺牲了完整性。

（3）行文流畅，易读易懂。报告应当是易读易懂的。报告中的材料要组织得有逻辑性，使读者能够容易弄懂报告各部分内容的内在联系。

（4）内容客观。调研报告的突出特点是用事实说话，应以客观的态度来撰写报告，行文时，应以向读者报告的语气撰写，不要表现出力图说服读者同意某种观点或看法。此外，调查报告的结论，不能有任何迎合管理决策部门期望的倾向。

（5）选用不同类型的图表，具体说明和突出报告的重点内容。用表格、图表、照片或其他可视物品来补充正文中的关键信息是十分重要的，可以增强报告的明了程度和效果。

（6）报告中引用他人的资料，应加以详细注释，这一点是大多数人常忽视的问题之一。通过注释，指出资料的来源，以供读者查证，同时也是对他人研究成果的尊重。

（7）打印成文，字迹清楚，外观美观。报告的外观是十分重要的，最后呈交的报告应当是专业化的，应使用质量好的纸张，打印和装订都要符合规定。

（8）切忌将分析工作简单化。分析工作过分简单，会严重影响读者的信任感，也使调研结论的科学性、可靠性不足。

案例　强调市场调研的马里沃特公司

马里沃特先生非常理解"倾听客户需求"的重要性。他亲自阅读来自于快速扩大的连锁旅馆中客户的抱怨卡片，这说明马里沃特是以市场营销为导向的。公司遵循马里沃特的理念来发展事业，使用市场营销调研来指明新的市场营销机会，是市场营销研究的一个经典实例。

在 2010 年以前，马里沃特公司调研了成千上万的人，以确定旅馆业的扩充空间。在亚特兰大开始建造庭院旅馆前，马里沃特建造了一个墙壁可以移动的旅馆客房，并向所选择的旅游者展示不同的构造形态，然后调研他们对不同的房间构造的观点。它使用了四级初级信息的采集方法：实验（通过在亚特兰大建造庭院旅馆来检验市场营销情况）、观察（观察客户对于模拟居屋的反应）、调研（包括对主要的市场细分部分的研究和使用聚类分析来调研客户所喜欢的产品特征）以及模拟（房屋模拟）。

经过几年的研究和分析之后，马里沃特得出了主要结论，那就是市场需要新型的旅馆。经常性的旅行者愿意住在这样的旅馆中，比如有一个比较大的前厅，食物和饮料种类广泛，有较好的客房，多居所的"感觉"等，哪怕因此多支付一些额外的费用也可以接受。

马里沃特继续进行其他的旅馆概念的研究检测和介绍，包括马里沃特套房、小间客房旅馆和平价客栈，它们都是以经济实惠为定位的旅馆概念。后来，从自身所进行的全国性调研结果中得到启示，开始着重促销周末的旅馆包装。调研表明，来美国的73%的旅行者只停留三天或更短的时间，这些短期旅行将近60%是在周末进行的。基于这些调研结果和其他的发现，公司开始推出"两份早餐"的服务，马里沃特大部分旅馆，平均每个房间每晚的费用低到 69~89 美元，这包括周末连续两个早晨为两个人准备的整套早餐。马里沃特的研究证实，美国人的生活方式已从传统的两到三周的度假转变成时间更短、更频繁的旅行。马里沃特也从市场调研中抓住了更多的市场机会，取得了巨大的成功。

案例讨论题：中国旅馆业可以从马里沃特的市场调研做法中借鉴哪些经验？

复习与思考

1. 旅游企业经营过程中，为什么要重视市场营销调研？

2. 一般旅游营销调研过程有哪些步骤？

3. 如何开展旅游营销信息调研工作？

4. 撰写旅游营销调研报告应注意哪些问题？

第五章　旅游市场细分与目标市场策略

内容导读

旅游营销战略构成的基本内容是选择目标市场和制定相应的营销组合。旅游市场细分是目标营销、市场定位的前提和基础。在选择目标市场基础上，才能采取相应的市场营销组合，即制定出正确的旅游产品策略、价格策略、渠道策略及促销策略，以满足旅游消费需求，实施旅游市场营销战略。

第一节　旅游市场细分

一、旅游市场细分的定义与作用

1. 旅游市场细分的定义

旅游市场细分是旅游市场营销管理人员根据旅游消费者对旅游产品需求的差异性，将旅游市场划分为若干具有不同需求特征的子市场的过程。

现代市场就其需求的倾向性而言，具有以下三种类型：

（1）同质型市场。该市场上所有消费者的爱好大体相同，不存在自然差别市场，所以也就不存在进一步分割的必要。在这类市场上，消费者对产品的需求不存在显著的差异。因此，不同的生产者只要提供相同或类似的产品和服务，就可以吸引所有的消费者。

（2）分散型市场。该市场上消费者的需求偏好很不集中，呈分散状态，极端的情况是任何两个消费者的需求都有差异。对于这种市场，细分是不可能的，生产者只有生产某种产品去吸引少数甚至个别消费者。

（3）群集型市场。该市场各类消费者的需求呈现几种基本状态或类型，彼此有明显的差别。在同类消费者内部，需要将具有类似需求的消费者加以归类，这样就形成若干细分市场，这是生产者将设法占据的基本领地。

现代市场实际上相当复杂，既有分散型市场，也有同质型市场，在这两极之间还有很多过渡类型。如食盐、糖等产品，其市场需求基本上没有太大的差异，而绝大部分市场是属于需求有明显差异的市场，这种市场称为异质市场。旅游市场就是一个十分典型的异质市场。随着国际上社会经济的发展，各国间政治、经济往来日益频繁，旅游活动也越来越普及。特别是大众旅游的发展，人们对旅游的需求也日益复杂，对旅游业的需求类型增多、数量增加。这就要求旅游管理者针对不同旅游爱好者的需求提供相宜的旅游项目。

2. 旅游市场细分的作用

实践证明，实行市场细分，可以给企业带来以下好处：

（1）有助于发现营销机会。通过市场细分，旅游企业可以发现哪些消费者群的需要尚未得到满足，这样企业就会考虑提供这些细分市场需要的产品和服务，来增加销售量和利润。

（2）有助于制定和调整营销因素组合。企业通过营销调研，集中了解目标市场的需要和欲望，就能更好地确定营销因素组合，采用市场细分策略的企业较易了解目标市场的反应，可根据市场变化情况，及时调整营销因素组合。

（3）有助于提高旅游企业的竞争能力，取得投入较少，产出较高的经济效益。这是因为，一方面，市场细分能够增强旅游企业的适应能力和应变能力。在较小的细分市场上开展营销活动，增强了市场调研的针对性，市场信息反馈较快，企业易于掌握旅游消费需求的特点及其变化，这就有利于及时、正确地规划和调整旅游产品结构、产品价格、销售渠道和促销活动，使旅游产品和服务保持适销对路，并迅速送达目标市场，扩大销售。另一方面，建立在市场细分化基础上的旅游企业营销，避免了在整体市场上分散使用力量，企业有限的人力、财力、物力资源能够集中使用于一个或几个细分市场，扬长避短，有的放矢地开展针对经营，不仅费用低，竞争能力也会因此而得到提高。再一方面，进行市场细分，易于看清楚每一个细分市场上各个竞争者的优势和弱点，有利于企业避实就虚地确立自己的目标市场，这也有利于增强竞争能力，提高经济效益。

（4）有助于旅游企业确定市场覆盖策略，大型企业往往会提供多种旅游产品和服务，最大限度地吸引旅游消费者，小型企业因资源有限，往往会集中全力吸引某一细分市场，避免与大型企业直接竞争，如果其旅游产品和服务更能适应这个细分市场的需要，小型企业就能获得一定的收益。

市场细分作为一种策略，蕴含着这样的思路：不是满足于整体市场上好歹占一席之地，而是追求在较小的细分市场上取得较大的市场占有率这样一种价值取向，不仅对大、中型企业开发市场具有重要意义，对小型企业的生存与发展尤为重要。小企业资金有限、技术薄弱，在整体市场或较大的细分市场上缺乏竞争能力。通过市场细分，则往往能够发现大企业未曾顾及的某些尚未满足的市场需求，从而能够在这些力所能及的较小的或很小的细分市场上推出相宜的产品，取得较好的经济效益。一些小企业以见缝插针之长、拾漏补遗之利，在竞争激烈的市场上也能生意兴隆、兴旺发达，甚至还能在某一方面独占鳌头，其奥秘就在于此，而这正是正确运用市场细分策略的表现。

二、细分旅游市场的程序

细分市场是一个复杂而细致的工作过程，它要求有较科学的程序，要有条不紊地按一定的步骤进行。细分市场通常要经过下列程序来完成：

（1）整体市场识别。整体市场是旅游产品和服务的总体市场，规模庞大，要求复杂。旅游企业进行整体市场识别，其实就是选定产品和服务的市场范围。换言之，就是进入什么市场，提供什么产品和服务。产品和服务的市场范围应当以顾客的需求来确定，而不是以产品和服务本身的特性来确定。

（2）列出选择的市场范围内所有潜在消费者的全部需求。

（3）分析可能存在的细分市场。企业应通过了解不同消费者的需求，分析可能会存在的细分市场。分析时，旅游营销管理人员应根据自己的营销经验，做出估计和判断。

（4）确定在细分市场时所应考虑的因素。旅游企业应分析哪些需求因素对各个可能的细分市场是重要的，然后删除那些对各个细分市场都是重要的因素。例如，物美价廉可能对所有潜在消费者都很重要，但是这类共同因素对企业进行细分市场的工作来说，却并不重要。

（5）确定细分市场的名称。旅游营销管理者根据各个细分市场消费者的主要特征，为各个可能的细分市场确定名称。

（6）深入了解各个细分市场的需求和购买行为。通过调研取得各个细分市场的消费者需求特性和购买行为特点的相关资料。

（7）评估细分市场。运用某种标志对市场进行细分所形成的结果需要进一步予以分析，明确每一细分市场的不同需求与购买，了解影响细分市场的各种因素，判断细分市场的潜力和变化趋势，衡量各细分市场的营销费用和效益，最后形成对各细分市场综合价值的评估。

三、旅游市场细分的方法

市场是由消费者组成的，而每个消费者都有许多特点，如收入水平、居住地区、购买目的、购买习惯等方面有所不同，这些变数都可用来对旅游市场实行细分。所以，旅游市场细分是一个包含许多变量的多元化过程，而且不同类型的市场有不同的特点。一般来说，旅游市场细分有以下方法可供企业选择：

1. 市场规模细分

要识别市场，就要了解市场的规模，即了解购买者人数。旅游管理者可以根据销售量，也可以根据营业额来判断市场的规模，有时也可根据购买者人数或家庭一类的购买者单位数来判断市场的规模。但在分析市场规模时，最常用的方法并不是要判断市场的总人数，而是要判断各企业的市场占有率。

2. 人口地理分布细分

旅游企业的接待对象来自于世界各个地区，旅游营销管理人员不仅应根据客源区域、国家和地区来划分市场地区，而且应当将主要客源国划分若干地区市场。这就要求管理人员研究划分地区市场的方法。

客源地区与旅游企业所在地的距离是营销管理人员应分析的一个因素，旅游企业营销管理人员可把旅游者划分为远距离旅客与短距离旅客两个细分市场。远距离旅客这里主要指欧洲和北美国家。这些国家，本身旅游业较发达，经济收入可观，而且工休假期较长（据有关部门统计，到中国来旅游的远距离游客，相当部分都属退休阶层，根本不存在假期问题）。一般来说，他们在我国逗留的时间较长，花费也较多，能为国家和旅行社创造较好的经济效益和社会效益。对于这部分客源，中国与他们本土的文化差异、不同的社会制度、美丽的山川风光、各地的风土人情，都将导致不同程度的猎奇心理，触发旅游动机。人们在更新旅游产品、开放新产品的时候，应充分考虑旅游者的这一情况，创造出新、特、奇、异的旅游产品。虽然短距离旅客在旅游中的支出较少，但旅游企业较易吸引这类旅客。因此，如果旅游企业把邻近地区市场作为营销重点，往往可取得事半功倍的效果，这是因为：

（1）决定出国旅游的一个重要因素是金钱。短距离旅游可大大减少交通费用等开支。

（2）决定出国旅游的另一重要因素是假期。短距离旅游一般所需假期短，便于安排。

（3）文化的共性可能是吸引短距离旅游客人的关键。

在同一地区，由于历史上各种文化的相互渗透、传递，旅客的语言障碍不是很大，对文化上的差异也较容易理解，所以吸引这部分客源，相比之下，就容易得多。地理因素是一种相对稳定的因素，比较容易辨别和分析。但是，从同一国家或同一地区来的旅客在需求上也有很大的差别。因此，企业营销管理人员还要考虑其他因素，才能选择最佳的目标市场。

3. 人口特点细分

旅游市场可根据消费者年龄、性别、家庭规模、家庭寿命周期、收入水平、职业、文化程度、宗教、民族、种族等人口因素进行细分，由于消费者的愿望、偏爱和使用频率常和人口因素有着密切的联系，这些人口特征方面的因素又比较容易衡量。因此，根据人口因素细分市场是最常采用的方法。

（1）年龄和生命周期。消费者的需求和消费能力随着年龄的增长而不断变化，各个年龄阶段的人，旅游行为也会有很大的差别。因此，人们可以根据旅游者的年龄结构，将旅游市场细分为老年人市场、成年人市场、青年人市场等。

（2）性别。在旅游环境中，男性旅游者和女性旅游者的需求也表现出一定的差别，在不同的国家中男女的社会地位也不同，但随着社会文明程度的提高，女性就业的机会增加，这对旅游市场的影响很大。一方面，由于妇女就业，家庭收入增加，可任意支配的收入也增加，参加娱乐旅行的妇女人数不断增加；另一方面，公务旅行的妇女人数也不断增加。因此，旅游营销管理者必须重视不断发展的女性旅游市场，并对这个细分市场的需求进行深入的研究。

（3）家庭单位。家庭是社会的细胞，也是消费者基本单位。一个国家或地区的家庭数和家庭平均人口的多少，对市场的影响很大。

世界上，目前家庭结构出现了以下几种变化：①晚婚的人数增加；②出生率下降，儿童人数减少；③家庭人口数明显下降，小家庭日益明显地取代了大家庭，无子女家庭增多；④离婚率增高；⑤双职工家庭增多；⑥单身家庭增多（单身家庭指未婚者、离婚后独居者、分居者和鳏寡居者的家庭）；⑦同居者增多。

一般说来，没有子女的家庭参加旅游活动的可能性更大，旅游支出也较高；双职工家庭比单职工家庭更可能去旅游；新婚夫妇常会去蜜月旅游；子女已年满 15 岁的家庭去旅游的可能性比 15 岁以下小孩的家庭大；有子女的家庭，子女往往对家庭旅游目的地的选择、旅游时间、活动内容等产生间接的影响。

旅游企业可根据不同的家庭对旅游的不同需求来细分市场。例如，风景区旅馆常设法吸引蜜月旅行者、老年夫妇；娱乐场所常设法吸引有子女的家庭；等等。

（4）经济收入和支付能力。家庭收入和旅游能力之间存在着直接的联系。家庭收入越高，旅游的可能性也就越大。因此，旅游企业的营销管理者应重视高收入的家庭。

（5）社会阶层和文化程度。人们的社会阶层、职业和文化程度不同，在需求上也各有特点。一般说来，大学毕业生喜欢环境变化，他们比较好动，更愿意到不太熟悉的地方去旅游。在西方企业中，大多数管理人员接受过高等教育，他们比较喜欢旅游，而且有较多公务旅游的机会。

接受过中等教育的西方人是劳动者，这些人的社会地位较低，收入较少。近年来，这批人也常设法积聚一笔钱，希望能去旅游。但是，他们旅行的机会较少。因此，他们喜欢到比较熟悉的地方去旅游，并希望旅途安全。这一人群较大，是旅游企业不可忽视的潜在市场。

只接受过初等教育的人社会地位低下，经济收入有限。他们几乎不会参加旅游活动，即使去旅游，他们的旅游方式也很可能一成不变。此外，他们不大会到不太熟悉的地方去旅游。

4. 旅游目的细分

根据旅游目的细分市场是广泛使用的一种方法。一般说来，旅游目的有以下 5 种：

（1）度假旅游。据世界旅游部门的统计，度假旅游占了国际旅游市场的 25% 左右，是外出旅游的一种主要形式。以这个为目的的消费者，经济水平不等，可以是豪华享受型的游客，也可以是大众化的游客，也有相当数量是属经济型的年轻人。年龄、性别、职业情况、社会地位均不同。据欧洲的旅游情况看，这个客源层次的游客，极为重视环境，其口号是"回到大自然去"，所以常选择污染少，环境宁静，原始气息好，气候温和的地方。选择这一旅游形式的客人几乎不受时间的约束，主要以休息为主，并强调健身锻炼、登山、滑雪，乐在其中。在选择酒店住宿时，对网球场、高尔夫球场、游泳池和其他健身设施也很重视。

（2）观光旅游。采用这一形式出国的旅游常常包括学术界、文化界、科技界、艺术界、体育界、医务界、法律界、宗教界、大专院校、协会、社团、俱乐部和一些专业团队的组织。

他们进行旅游的目的往往是寻求和了解异国风光、文化、风俗、习惯。大多数观光者喜欢新鲜事物，主要以增长见识为目的。

国外游客到中国来，主要是看长城、故宫、兵马俑坑、桂林山水、西双版纳风情等，他们对各地的名胜古迹、风土人情很感兴趣。这些人不同于一般的度假旅游者，观光者在做出购买决策前，对目的地的资源，特色要作详细的了解。一般来说，他们对宾馆、住宿也有相当的要求，但更为关心的是目的地的资源情况和风土人情状况。在观光旅游市场里，专业性旅游有较大的比例。根据中国资源特点，吸引欧美人、日本人、东南亚人来参加这一形式的旅游，吸引我国港澳台地区的同胞来怀古，都有相当的潜力，有的市场潜力还很大。

（3）会议、商务旅游。据有关方面资料表明，商务旅游每年以 10%~20%的速度递增，已成为较主要的旅游形式。商务旅游在亚太地区发展最快。会议、商务旅游之所以发展迅速，主要是因为商务、会议旅游者通常是由协会、公司支付费用，个人的旅费支出又能免交所得税，航空公司向会议、商务旅游者提供特别优惠价，其中包括家属的优惠价。会议、商务旅游中，家属占相当比例，原因即在于此。

商务旅游一般对其目的地的选择特别注重。对会议的设施（如通信、影布、同声翻译、展览场所）、住房条件（需要宽敞、明亮、多单间、套间）和抵离交通条件（与国际交通网络的连接）都是会议、商务旅游的考虑重点。此外，会议费用和会前、会后旅游安排及会议地点的名气，也是考虑的重要因素。

（4）奖励旅游。奖励旅游在旅游业的发展中是个新的形式，但从发展的趋势看来，其潜力很大，正在得到越来越多的旅游目的地组团社的重视。

奖励旅游一般采用包机、包船的形式，客源集中，比较而言组织联络程序比较简单。组织者一般为大的公司、全国性的协会、俱乐部和专业团队，这些组织为奖励员工的努力而组织活动，所以费用全由组织者支付，而且旅游者的消费高于一般游客。组织奖励旅游对住宿条件较重视，一般要求一流的饭店、一流的餐食和富有特色的参观游览节目。组织奖励旅游通常采用包机、包车和特殊的安排，所以对一般的交通压力较少，而且往往可以解决旅游淡季经营的困难。

（5）探亲访友旅游。目前中国市场的主要客源来自东南亚诸国及我国港澳台地区，这个市场的人数众多，市场极为可观。他们往往在境内逗留时间较长，对住宿、交通等要求不是很苛刻，容易接受中国的国情，对现阶段中国旅游的兴起和发展，起了极为重要的作用。尤其在旅游淡季，如元旦、春节及一些中国古老的传统节日，探亲访友旅游的数量更加可观。参加这种旅游的一部分人是所在国和地区的企业家、侨领和其他有影响的人物。因此，这一旅游市场的发展对中国改革开放、搞活经济起到了重要的作用。

5. 旅游者的心理细分根据旅客的心理因素细分市场，通常可根据生活方式、个性特征等来划分

（1）生活方式。指消费者在一定社会环境中逐步形成和发展起来的各种生活方式。一般可以用下面三个尺度来测量消费者的生活方式，即①活动，如旅游消费者的工作、业余消遣、休假、购物、体育、款待客人等活动；②兴趣，如消费者对家庭、服装的流行式样、食品、娱乐等的兴趣；③意见，如消费者对自己、社会问题、政治、经济、产品、文化教育、未来等问题的意见。

以生活方式作为细分市场的标准，人们往往同时考虑到人口因素。美国斯坦福研究所提出的价值和生活方式将 16 岁以上的成年人划分为以下三种类型：

其一，需求促使者。这类人可分为：

1）幸存者。指那些处于社会最低层的人，饥寒交迫，几乎无法满足自己的基本要求。

2）维生者。比幸存者的处境略好，这些人也非常贫困，大多数人比较年轻。

其二，根据外界标准行事者。指那些在生活中根据他人看法行事的人，这些人包括：

1）从属者。这类人人数最多，他们尽力使自己的价值标准和生活方式与自我否定、辛勤劳动等传统观念相符，这些人的收入较低，文化水平亦较低。

2）模仿者。这类人年轻，抱负大，生活浮夸，希望往上爬，追求地位，收入较高，生活水平较高。

3）成功者。这类人追求成就，讲究实利，收入高，文化水平高。

其三，根据自我意图行事者。这类人根据自我意愿行事，包括：

1）自我中心者。这类人大部分是二十岁左右的人，比较冲动，喜欢时尚，容易自我陶醉。

2）实验者。这类人的年龄为二三十岁，文化水平较高，希望精神生活丰富，能直接经历某种事物，追求享乐，喜欢标新立异。

3）关心社会者。这类人有中等以上的收入，文化水平较高，关心社会问题，追求内心发展。

除上述三种类型外，还有一种综合型，这类人既有根据外界标准行事者的某些特点，也有根据自我意图行事者的某些特点，这类人人数很少，他们通常是各自领域中的上层人物，有较高社会地位。

属同一生活方式的人，收入和年龄不一定相同，而且大部分人的生活方式在人的一生中，也会发生一定的变化。

（2）心理需求。从旅游者的心理需求角度细分市场的学者认为，传统的以人口特征作为细分市场标准，必然会导致错误的结论。他们认为，旅游者之所以旅游，是由于具有各种不同的旅游动机，一般来说，以旅游者的心理需求作为细分市场的标准，可将旅游市场分为以下几种：

1）上层阶层。这些人是旅游者最富有的阶层，他们希望假日旅游能反映出他们的日常生活水平，希望通过旅游改变生活环境，提高生活质量，但不是改变生活方式。他们通常是传统主义者，喜欢到同一目的地重复游览。

他们希望得到他人的认可，喜欢和具有同样社会和经济地位的人一起旅游。从这一类人的生活方式来看，高尔夫球是不可缺少的一种活动，近年来，他们也打网球，他们非常讲究衣着，旅游方式以家庭式为主。

2）追求舒适者。这类人的旅游要求是"舒适"，他们不仅追求舒适的设施，而且追求心理舒适、社交舒适和环境舒适。他们希望与其他追求舒适者交往，喜欢和有相同社交兴趣和个人兴趣的人一起旅游。他们喜欢参加团体观光和娱乐活动。衣着方面，他们常穿便服。这些人最需要的是安全，他们不会到政治、社会不稳定的地方去旅游，更不会主动去探险。

这类人喜欢旅馆餐厅和鸡尾酒会，常到旅游目的地购物、参观博物馆、游览教堂和古迹，而不会到陌生的环境中去闲逛。他们常是重复旅游者，即使改变旅游目的地，他们仍选择环境大致相同的旅游目的地。

3）探险者。这类消费者喜欢到陌生的地方去接触异族，在新奇的环境中获得激动人心的感受。政治和社会不稳定的地区对他们中的某些人具有极大的吸引力。

探险者喜爱大自然，喜欢野营，甚至会到沙漠、密林和山区去游玩。他们希望在较长的一段时间内，避开日常生活环境和卫生条件。探险者有与陌生人、农民、导游、猎人、渔民和商店服务员等交往的强烈愿望。他们设法克服语言障碍，了解当地的风俗习惯。

4）冒险者。这类消费者喜欢观看新事物，渴望接受新思想和新信息，希望在旅游中受到教育。他们爱到陌生的地方去旅游，愿意承担一些风险，忍受一些不舒服、不方便。

冒险者不愿参加团体旅游，有时他们也和有相同兴趣的人一起旅游。他们有意识避开大多数人必经之路，不愿到他人推荐的餐馆去就餐，不喜欢到旅游书籍介绍过的地方去旅游。他们在旅游目的地东跑西窜，希望得到意外的经历，结交新朋友。

冒险者要求服务人员热情，环境气氛新奇，但对服务上某些欠缺却不很在乎。他们要求基本卫生条件，但并不苛求。

5）不随俗者。这个细分市场人数最少，但他们在旅游中常发挥特殊作用。他们不大注重目的地的选择，但很重视旅伴的选择。他们的旅游目的很简单，即亲眼观看与让人家看见，回家后可与气味相投的人谈论他们在旅途中接触了些什么人，做了些什么事，到过什么地方。

不随俗者是个人主义者，有时很浮夸。他们喜欢艺术、戏剧、音乐和电影，爱到作家及专栏作家去过的地方去旅游。他们不大计较旅游支出多少，而要求优质膳宿和旅游服务。他们对新风景区的开发做出了极大的贡献。他们向其他旅游者介绍新风景区，并为其他旅游者树立了模仿的榜样。

6）有各种癖好者。这类人为了满足自己的癖好，会到遥远的地方去旅游。这个细分市场的人群主要包括历史迷、烹饪迷、工艺品迷、文物迷、戏剧迷、音乐迷、节目活动迷、城堡迷和嗜酒者等。他们往往是常客，旅游动机早已存在。因此，对他们的营销方法主要是引导。

7）野外活动爱好者。这类人把野外活动看作是休息娱乐的方式。他们喜欢野营、野餐、徒步旅行和垂钓等。

8）活动分子。目前旅游中的一个重要趋势是旅游者对活动地兴趣日益浓厚。活动分子不仅关心体育运动，而且要求参加各种活动，学习并丰富自己的生活。他们通过旅游，了解异国文化、人民、音乐、历史，学习新技艺语言。他们特别喜欢网球、潜水等运动。他们通过活动来休息，活动比舒适和食品质量等更重要。如果在休假期间做了些事，他们才会感到满足。要适应他们的需求，旅馆就必须提供各种活动设施和场所。

9）不安宁者。这类人旅游是为了找点事做，主要是老年人，他们常感到孤独，希望通过旅游，获得某种经验，结交朋友。他们很少会有业余爱好，也不希望成为某一领域的专家。他们是人数在不断增加的潜在旅游市场。

10）便宜货寻求者。这类人喜欢便宜货，但这并不等于说他们无力支付更多的钱。

6. 旅游者的行为细分

根据旅游者不同的行为来细分市场谓之"行为细分"。旅游者的行为变量一般包括旅游者进入市场的程度、使用量、购买频率、偏好程度、待购阶段和追求利益等。

（1）旅游者进入市场的程度。根据旅游者进入市场的程度，我们可将市场分为经常旅游者、初次旅游者和潜在旅游者等不同群体。一般来说，大的旅游企业实力雄厚，市场占有率高，因而特别注重吸引潜在的旅游者，使他们成为本企业的初次旅游者，进而成为经常旅游者，以不断扩大市场阵地；小型旅游企业资源有限，无力开展大规模的促销活动，着重于吸引、保持住一部分经常旅游者是上策。

（2）旅游者的使用量。根据旅游者对某种产品或服务的使用量，可以将市场细分为大量使用者、中量使用者和少量使用者等。大量使用者指经常旅行的那些人，通常指常客。他们在市场总人数中所占的比重也许很小，但他们的使用量却占了很大的比重。显然，任何一个企业都希望能吸引大量使用者这一细分市场。旅馆可使用人口特征、地理分布和其他细分市场的方法来识别旅游产品和服务的大量使用者。

（3）旅游者的购买频率。旅游者的购买频率是指旅游者购买某种产品或服务的次数。购买频率和使用质量之间常有一定的联系。一般来说，大量使用者的购买次数也较多。

（4）旅游者的偏好程度。旅游者的偏好是指旅游者对某种牌号产品的喜爱程度。根据旅游者的偏好程度，可将旅游者市场细分为：

1）极端偏好：永远只到某一旅游公司组织的旅游活动。

2）中等程度偏好：偏好两三个旅游公司组织的旅游活动。

3）偏好变动者：原先偏好某一旅游公司，现在转向偏好另一个旅游公司。

4）无偏好者：并不偏好任何旅游公司。

在市场细分过程，旅游企业通常会同时考虑使用量、购买频率和偏好程度三个因素，了解三者之间的关系。通过这一研究，就有可能识别本企业的最佳细分市场。但是，单纯分析旅游者的偏爱情况，企业还不一定能够识别目标市场。某些旅游者看起来是本企业的忠诚者，但他们之所以偏爱本企业的产品或服务，或是由他们的习惯所决定的，或是由他们的消费能力决定的或是因为他们无法从其他企业得到同类产品或服务。因此，企业在分析旅游者的偏爱程度时，应同时考虑到其他细分市场的标准。

（5）旅游者的待购阶段。在某一时刻，总有一些旅游者根本不知道某种产品或服务的存在，有些旅游者详细了解并有兴趣；有些旅游者想购买；有些旅游者准备购买等。

显然，对企业来说，准备在不久之后就购买的旅游者要比未确定是否要购买或不准备购买的旅游者更为重要。我们可以把待购阶段看成一条直线，一个极端是永远不想购买的旅游者，另一个极端是有强烈购买意向的旅游者。企业应设法了解各种旅游者，吸引处于不同待购阶段的旅游者。如对不了解本企业的产品或服务的旅游者，应作大量广告，但广告词应简明扼要，以便引起他们的注意；对已经了解的旅游者，广告要强调产品或服务所能给予他们的利益，促使他们进入"想买"阶段；对打算购买的旅游者，企业应告诉他们购买方法和地点。

（6）旅游者的追求利益。购买同种产品的旅游者，不见得会购买同样的牌号，旅游者也不会到同一目的地去，乘坐同一交通工具，住同样的旅馆。这是由旅游者所追求的利益不同而引起的。因此，有些营销学家认为应当根据旅游者所追求的利益细分市场。他们指出，把旅游者所追求的利益与其他一些因素结合起来，就能深入地了解各个细分市场。他们认为，其他各种细分市场的方法都存在着内在的缺陷，即企业只能在旅游者的购买行为发生之后，才能收集有关信息，用于分析市场，而这些事后的信息常无法用于判断旅游者未来的购买行为。

旅游者追求的各种利益是一个整体，虽然人们对各种利益的重要性会有许多不同的看法，某种利益对某一细分市场有特殊的吸引力，另一种利益对另一细分市场更有吸引力，但旅游者总是希望获得尽可能多的利益。

根据旅游者追求的利益来细分市场，对旅游企业来说是一种挑战。这需要旅游企业的管理人员研究旅游者追求些什么利益，要求满足哪些需要，希望避免哪些问题。因此，采用这种标准细分市场，就必须把企业的营销研究和产品研究工作与经营工作、产品和服务工作密切地结合起来。如有一个宾馆，为了提高周末客房出租率，进行"周末休假"促销活动，同时吸引蜜月旅行者和家庭式旅游者。蜜月旅行者希望有轻松愉快的气氛，获得终生难忘的经历，他们尽量避免到接待许多儿童和参加会议者的宾馆去住宿；而带小孩旅游的家庭，希望活动、刺激，追求另一种利益。为了满足这两类不同旅客的需求，避免相互干扰，这个宾馆安排家庭式旅游者住在靠近游泳池、咖啡室和娱乐活动室的客房里，让蜜月旅行者住在高层楼面，把客饭送到他们住宿的客房里，并安排他们到远离咖啡室的高档餐厅用餐。这样，两类旅客都很满意。

四、有效细分市场的条件

旅游企业实施市场细分化策略，必须注意市场细分的实用性和有效性。事实上并非所有的市场细分都有效或有用。那么，怎样才能实施有效的市场细分呢？

1. 差异性

在该旅游整体市场中确实存在着购买与消费上明显的差异性，足以成为细分依据。

2. 可衡性

这是指细分市场的规模及其购买力可衡量程度的高低。亦即细分出的旅游市场不仅范围比较清晰，而且也能大致判断该市场的大小。

3. 可接近性

这是指细分的旅游市场是企业营销活动能够到达的市场，亦即细分出来的市场应是企业能够对顾客产生影响，产品能够展现在旅客面前的市场。这主要表现在两个方面：一是企业能够通过一定的广告媒体把产品信息传递给该市场的众多的旅客；二是产品能够经过一定的销售渠道抵达该市场。考虑细分市场的可接受性，实际上就是考虑企业营销活动的可行性。显见，对不能进入或难以进入的市场进行细分是没有意义的。

4. 效益性

这是指细分市场的容量能否保证企业获得足够的经济效益，如果容量太小销售有限，得不偿失，则不足以成为细分依据。

第二节　旅游目标市场的选择

在市场细分化的基础上，旅游企业根据自己的资源和目标选择一个或几个细分部分作为自己的目标市场，这样的营销活动，就称为目标营销或市场目标化。由此可见，目标市场就是旅游企业营销活动中所要满足的市场需求，是旅游企业决定要进入的市场。企业的一切营销活动都是围绕目标市场进行的，选择和确定目标市场，明确企业的具体服务对象，关系到旅游企业任务、目标的落实，是旅游企业制定营销战略的重要内容。

一、旅游目标市场的条件

旅游企业经过市场细分后，选择的目标市场必须具备一定的条件，概括起来讲必须具备三个条件：

一是有一定的购买力，有足够的营业额。只有这样，旅游企业才能实现自己预期的营利目标。

二是有尚未满足的需求，有充分发展的潜力。

三是有可能进入市场，有可能占有一定的市场份额。

假如旅游企业所选择的目标市场，旅游企业经过努力后，仍不能与竞争对手抗衡，那么，该市场不能作为旅游企业的目标市场。因此，旅游企业所选择的目标市场必须同时具备以上三个条件，才能长久地占领市场，制定正确的营销组合，从而实现旅游企业的经营目标。

二、旅游目标市场的范围选择策略

运用市场细分化策略的旅游企业，在选择目标市场时，可采用的范围策略归纳起来有五种，如图 5-1 所示。

（1）产品—市场集中化。其具体内容是：企业的目标市场无论从市场或是从产品角度，都是集中于一个细分市场。这种策略意味着企业只有一种旅游产品，只供应某一游客群。较小的旅游企业通常采用这种策略。

（2）产品专业化。这是指旅游企业向各类游客同时供应某种产品。当然，由于面对

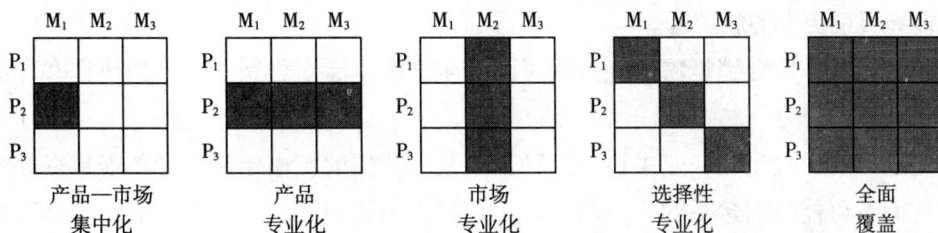

图 5-1　市场覆盖的五种模式

着不同的游客群，产品在档次、质量等方面会有所不同。

（3）市场专业化。这是指旅游企业向同一顾客群供应企业的全部产品。

（4）选择性专业化。这是指旅游企业决定有选择地进入几个不同的细分市场，为不同的顾客群提供不同特征的产品，采用这种策略应当十分慎重，必须以这几个细分市场均有相当的吸引力，亦即均能实现一定的利润为前提。

（5）全面覆盖。旅游企业决策全方位进入各个细分市场，为所有顾客提供他们所需要的特征不同的系列产品，这是企业为在市场上占据领导地位甚至力图垄断全部市场而采取的目标市场范围策略，它们为"每一个人、每个钱包和每种个性"提供各种产品。

三、目标市场策略

旅游企业选择目标市场范围不同，营销策略也不一样。一般可供旅游企业选择的目标市场策略有三种：无差异性营销策略、差异性营销策略和集中性营销策略，如图5-2所示。

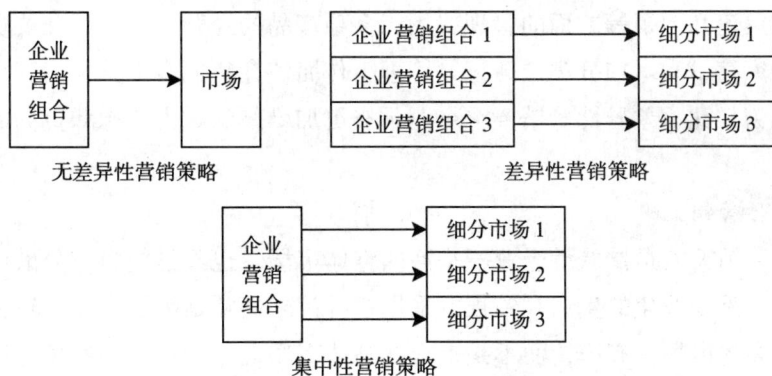

图 5-2　三种不同的目标市场策略

1. 无差异性营销策略

无差异性营销策略是企业将整体市场看成是同质市场或只考虑市场上旅游者需求共同点或相似处，向整个市场提供单一的旅游产品，运用一种市场营销因素组合策略，尽可能地吸引更多的旅游者。

采取无差异性营销策略的优点是可降低生产成本、广告费用、营销研究和产品管理费用。

但是，对于大多数企业来说，这种策略是不适用的，由于旅游者的需求存在着差异，他们不可能长期接受同一产品。许多营销人员认识到，如果本企业的产品企图吸引所有的旅游者，那么在每一个旅游者的心目中，本企业的产品就不会是他的第一选择。此外，采用这种策略的企业往往会设法吸引较大的细分市场。当许多同类企业都采用这种策略时，在大的细分市场里，竞争就会极为激烈，而较小的细分市场的需求却无法得到满足。

2. 差异性营销策略

差异性营销策略就是旅游企业把整个市场划分成若干细分市场，从中选择两个以上乃至全部细分市场作为自己的目标市场，并为每个选定的细分市场制订不同的市场营销组合方案。同时多方位或全方位地分别开展针对性的营销活动。

采用这种策略的旅游企业吸引数个细分市场，尽力满足几个旅游者群的需要，因此，就有可能增加企业的营业收入，深化企业在旅游者心目中的形象，导致旅游者对企业的"忠诚"，增加重复购买数量和次数，增强企业在目标市场的竞争力。因此，采用差异性营销策略的企业数在不断增加。

差异性营销策略也有其缺点，主要是经营成本较高，做出这种策略选择会受到旅游企业资源条件的较大限制。对于一个旅游企业来说，差异性营销必然要提供更多种类的旅游产品，每种旅游产品的批量相对较少，这会增加产品的研制、开发的费用，提高了产品的单位成本；企业对不同的目标市场制定实施营销规划，会增加市场调研、预测、选择渠道和促销等方面的管理费用；多项产品的经营，会由于需要保持每一种产品的安全库存量和增加分类、簿记等管理工作而使存货成本上升；引起促销费用的增加。正因为如此，差异性营销要求企业具有更加雄厚的财力资源和更高的经营管理水平。

3. 集中性营销策略

集中性营销策略是指旅游企业不是面向整体市场，也不是把力量分散使用于若干细分市场，而是专业化的生产和销售。采用这种策略通常是为了在一个较少的细分市场上取得较高的市场占有率，而不是追求在整体市场上占有较少的份额。这种策略适用于力量较小的旅游企业。小企业无力在整体市场或多个细分市场上与大企业抗衡，而在大企业未予注意或不愿顾及的某个细分市场上全力以赴，则往往能够取得经营上的成功。

当然，这种营销策略也有其缺点，其中最大的缺点是市场风险大。因为目标市场比较狭窄，万一市场情况出现意外变化，如顾客爱好转移，价格猛跌，或出现强大竞争对手就可能使企业陷入绝境。所以，许多旅游企业除非有特别的把握，否则宁可将目标市场分散些，学狡兔营造三窟，以防止倾覆的风险。

四、目标市场策略的选择

一个旅游企业究竟采用何种目标市场策略，要受到多方面因素的影响和制约，具体来说，企业选择目标市场策略应考虑下列因素：

1. 企业资源能力

企业实力雄厚，管理水平较高，可考虑采用差异性营销策略或无差异性营销策略。资源有限，无力顾及整体市场或几个细分市场的企业，则宜于选择集中性营销策略。

2. 产品特点

同质性产品，消费需求差异较小，产品之间竞争主要集中在价格上，适用于无差异性营销策略。差异较大的产品，适宜采用差异性营销或集中性营销策略。

3. 市场特点

如果旅游者需求、购买行为基本相同，对营销策略的反应也大致相同，即市场是同质的，可实行无差异性营销策略。反之，则就采用差异性或集中性营销策略。

4. 产品寿命周期

如果企业向市场投入新产品时，竞争者少，宜采取无差异性营销策略，以便了解和掌握市场需求和潜在顾客；当产品进入成长期或成熟阶段后，就可采用差异性营销策略，以开拓新的市场，或实行集中性营销策略，设法保持原有市场，延长产品生命周期。

5. 竞争对手的营销策略

如果竞争对手实行无差异性营销策略，企业一般就应当采用差异性营销策略与之相抗衡。如果竞争对手已经采取差异性营销策略，企业就应进一步细分市场，实行更有效的差异性营销策略。当然，当竞争对手较弱时，也可以实行无差异性营销策略。

第三节　旅游市场定位

旅游企业在选定目标市场营销策略后，还必须制定和实施市场定位策略。也就是说，旅游企业不管采取何种目标市场策略，都必须进一步考虑在拟进入一个或多个细分市场中推出具有何种特色的旅游产品，应当作何种努力使旅游与营销组合在旅游者心目中占据特定的位置。这是关系到旅游企业产品能否为旅游者认可接受，旅游企业能否搞出经营特色，站稳脚跟，求得发展的重要战略问题。

一、市场定位及其重要性

市场定位理论是营销学中的一个十分重要的概念。根据这一理论，旅游者对市场上各种旅游产品进行比较之后，会形成对某一旅游产品的各种属性的看法。旅游者对某种产品的看法，就是这一旅游产品在市场中的地位。市场定位则指旅游企业为了使自己的产品在市场和目标旅游者的心目中占据明确的、独特的、深受欢迎的地位而做出的各种决策和进行的各种活动。

市场定位有利于建立企业及其产品的市场特色。在现代社会，同一市场上有许多同一品种的产品出现的情况大量存在，这给生产这些产品的企业造成了严重的威胁。企业为了使自己生产或经营的产品获得稳定的销路，防止被别家产品所替代，唯有从各方面为其产品培养一定的特色，树立一定的市场形象，以期在顾客心目中形成一种特殊的偏爱，也就是说，进行市场定位。

二、旅游市场定位的步骤

市场定位的主要任务，就是通过集中企业若干竞争优势，将自己与其他竞争者区别开来。市场定位是一个企业明确其潜在的竞争优势、选择相对的竞争优势及显示独特的竞争优势的过程。

旅游市场定位的具体步骤如下：

1. 明确潜在的竞争优势

明确潜在的竞争优势，要求一个旅游企业从以下三个方面，寻找明确的答案。

（1）目标市场上的竞争者做了什么，做得如何？包括对竞争者的成本和经营情况，做出确切的估计。

（2）目标市场上的足够数量的顾客需要什么，他们的欲望满足得如何？必须认定目标顾客认为能够满足其需要的最重要的特征。因为市场定位能否成功的关键，在于企业能否比竞争者更好地了解顾客，对市场需求与其服务（包括产品、价格、渠道与促销各个方面）之间的关系有更深刻和独到的认识。

（3）本企业能够为此做些什么？同样必须从成本和经营方面进行考察。

2. 选择相对的竞争优势

相对的竞争优势是一个旅游企业能够胜过竞争者的能力，有的是现有的，有的是具备发展潜力的，还有的是可以通过努力创造的。简言之，相对的竞争优势是一家旅游企业能够比竞争者做得更好的工作。

3. 显示独特的竞争优势

选定的竞争优势不会自动地在市场上显示出来。旅游企业要进行一系列活动，使其以独特的竞争优势进入目标顾客的脑海。它应通过自己的一言一行，表明自己的市场定位。

（1）树立与市场定位相一致的形象。

1）让目标顾客知道、了解和熟悉企业的市场定位。一个旅游企业树立形象，首先必须积极、主动而又巧妙、经常地与顾客沟通，以期引起顾客的注意和兴趣，并保持不断的联系。

2）使目标顾客对企业的市场定位认同、喜欢和偏爱。认同是目标市场对企业有关市场定位的信息的接受和认可，是顾客对这一市场定位的意义和合理性的承认。喜欢则是一种更为积极的情绪，是在认同的基础上产生的一种心理上的愉悦感。偏爱则是建立在喜欢的基础上的一种特别的感情。

（2）巩固与市场定位相一致的形象。

1）强化目标顾客的印象。印象来源于认识顾客对旅游企业的市场定位及其形象的认识，是一个持续的过程，即不断地由浅入深、由表及里和由偏到全的深化过程，有明显的阶段性。

2）保持目标顾客的了解。一个旅游企业必须有较强的应变能力，始终保持与相关环境之间的动态平衡。在这个过程中，纵然企业的市场定位无须调整，但构成其市场定位的相对优势在内容、形式上，则可能发生变动。只有促使顾客的认识与这些变化同步发展，始终保持他们对企业及其市场定位的了解，其形象才能巩固。

3）稳定目标顾客的态度。态度反映人们对某种事物所持的评价与行为倾向，并使一个人的行为表现出某种规律性。态度的形成要有一个过程，一旦形成则将持续相当长的时间而不轻易改变。所以，树立形象之后，还应不断向顾客提供新论据、新观点，证实其原有的认识和看法的正确性，支持企业的市场定位防止顾客的态度向中间或反向转化。

4）加深目标顾客的感情。顾客对一个企业及其市场定位的认识，不会是一个冷漠无情、无动于衷的过程，必然充满鲜明的态度体验和感情色彩。在认识的同时，顾客会做出自己的价值判断并据以确定其反应倾向。因此，引导顾客的感情倾向，增加其感情的浓度，并提高顾客感情的效能，无疑会大大有利于企业市场定位及其相应形象的巩固。

（3）矫正与市场定位不一致的形象。许多时候，目标市场对旅游企业及其市场定位的理解会出现偏差，如定位过低或过高、定位模糊与混乱，易造成误会。旅游企业在显示其独特的竞争优势的过程中，必须对这种与市场定位不一致的形象加以矫正。

案例　瞄准"X一代"的 Contac 假日公司

Contac 假日公司是一个旅游批发公司，它提供了有关市场细分和定位的大量实例。Contac 旅游主要是为 18~35 岁的年轻人设计的，这是使用人口统计资料作为细分依据的一种细分形式。2012 年 Contac 假日公司的客户每年达到 60000 人，旅游次数 2000 次，旅游地主要集中在欧洲、澳大利亚、新西兰。

Contac 假日公司的每一个旅游成员的年纪都在 18~35 岁，甚至连导游和司机的年龄也在这个范围内。旅游团的平均年龄大约 24 岁，将近 1/3 的人来自于美国。Contac 的现代汽车队配有飞行器式的靠椅、全景的大玻璃窗、电视屏幕、立体声系统及淋浴室。许多活动都是在车上或车外进行的，游客可以从活动和游览单中自选项目。

Contac 假日公司提供三种旅游：奢华旅游、简朴旅游和露营旅游。奢华旅游提供高水准的住宿条件；简朴旅游则住在便宜的旅馆中；露营旅游则两人合住一个帐篷，并可以享受露营地的全套服务。

Contac 假日公司的美国办公室通过旅行社将主要的努力集中在贸易促销上，并将消费市场定位在大学生、年轻的专业人员和大学生的父母身上。为了支持美国分部对大学生的市场营销，公司推出了硕士信用卡，拥有信用卡的学生可在与 Contac 假日合作的航空公司中买到打折的飞机票，而且还能获得货币券，Contac 假日公司并以此进一步给予优惠。

Contac 假日公司想使它的名字在它所服务的国家的市场中与"年轻人旅游"同义。全世界大约有 12 个旅游营运公司，瞄准了 18~35 岁的年轻人旅游市场，但只有 Contac 公司向全世界销售它的旅游项目，这种多国籍组合的旅游队伍是 Contac 假日公司的竞争优势之一，在任何一次旅行中，都有来自多个不同国家的旅行者结伴而行。

为了进一步将自己创成年轻人旅游市场中的首席旅游营运公司，Contac 公司将它的重点从贸易广告转成了消费者广告，包括在消费者杂志中刊登广告，在以年轻人为导向的音乐电台中播出商业广告及在大学报纸中开展广告活动。

在现代的市场营销术语中，Contac 假日公司在美国的客户都被称作"X 一代"，即那些 18~35 岁的年轻人群体。据调查，美国有将近 4000 万这一年龄结构的年轻人，每年在商品和服务上花费 1250 亿美元。"X 一代"的大部分都是在籍大学生，这给 Contac 假日公司提供了许多瞄准这一市场的机会。

Contac 假日公司与特定的目标市场建立了长期而稳定的商业关系，有 30% 的客户会再进行 Contac 度假旅游，游客数和旅游次数在稳步增长，这个公司清楚地证实了在激烈竞争的旅游营运中，遵循"特定范围"的市场营销原则会带来成功。

案例讨论题： Contac 假日公司的旅游有何特色？它是如何向目标群体促销的？

复习与思考

1. 简述现代竞争条件下旅游市场细分的意义。
2. 旅游市场细分可采用哪几种方法？
3. 旅游企业如何选择适合自身的目标市场策略？
4. 旅游企业在进行旅游市场定位时应注意哪些问题？

第六章　旅游产品策略

内容导读

　　市场营销活动固然包含着许多知识和技巧，但所有的知识、技巧都必须围绕产品来应用，都必须以产品为依托和载体，产品是旅游企业开始经营活动的起点。因为企业在制定营销组合策略时，首先必须决定发展什么样的产品来满足目标市场的需求。其次，如何制定合理、有效的旅游产品策略，直接决定着价格策略、销售渠道策略和促销策略的制定。最后，产品策略既是旅游企业开展市场营销活动的首要策略，也是旅游企业整体市场营销组合战略的基石。

第一节　旅游产品概述

一、旅游产品的定义及组成要素

1. 旅游产品的定义

　　从广义的视角看，旅游产品涵盖了旅游企业提供旅游者所消费的一切有形产品与无形产品，因此旅游产品实际上包含了实物形态的产品以及服务与实物的组合形态的产品。

　　菲利普·科特勒指出："实体产品实际上是向我们传达服务的工具。""营销者的任务是推销产品实体包含的效用（利益）或是提供的服务。"因此，要想严格地把有形产品同无形服务区分开来，显然是十分困难的。李斯特（Levitt）认为，每一个行业都渗透着服务，它们的区别只是在于包含的服务成分的多少。对于旅游业来说，服务是这一行业的主体，仅用实物形态的产品来定义旅游产品（狭义的定义），显然不足以反映旅游业的行业特征。因此，本书采用广义上的旅游产品定义。

　　按照现代市场营销学的理念，一切产品的核心都应该是其基本效用与性能，从本质上看，消费者需要的无非是生产者提供的产品所包含的效用和服务。对于旅游业来说，这一核心体现尤为明显，旅游产业的特性决定了服务在旅游产品构成中的核心地位，旅游服务是旅游业的灵魂。

现代旅游活动是一种综合性的社会、经济、文化活动，通过旅游活动可以满足旅游者物质、精神等多方面的需要，由于旅游者在旅游活动中要涉及衣、食、住、行、游、购、娱等方面的活动，因此旅游产品必然是丰富多样的、综合性的组合产品。这种综合性不但表现为物质产品的综合性，而且表现为生产和向旅游者提供旅游产品的众多部门、行业和企业，如旅馆业、餐饮业、交通业、工农业、商贸业等。

就消费者或潜在顾客的立场角度，其旅游消费的，不仅仅是目的地景物与环境，还有线路设计，到达目的地方式，食宿安排，导游服务等，追求的是一种心理上的感受和精神上的满足，这种感受以旅游过程中所接触的各种事物和获得的服务为基础。就旅游供给者而言，其所提供的线路设计、交通、住宿安排、导游、导购也无一不渗透着大量的无形服务，其价值和效用是单纯的实体产品所无法达到且无法比拟的，只有当具体的旅游景点、景观等有形产品与卓越的、足够的服务相组合与匹配时，才可能实现价值效用的最大化。

为了正确理解旅游产品这一整体性的概念，本书将其定义为：旅游经营者为了满足旅游者物质和精神的需要，向旅游者提供的、以目的地活动为基础的各种有形和无形要素的组合。

2. 旅游产品的组成要素

（1）目的地景物和环境。目的地景物和环境在很大程度上决定着顾客选择并影响到未来购买动机的主要因素。这些因素主要包括：名胜古迹、自然景物、人造景物、文化及景物（历史和民俗，宗教和艺术，戏剧、音乐、舞蹈和其他娱乐活动，博物馆等）、社会吸引物（风土人情、语言、社交方式等）。

（2）目的地设施和服务。目的地设施和服务是目的地拥有的或者是与目的地相联系的一些因素，这些因素使得游客可以在这里停留，并通过其他方式享受和融入到景物中去，这些因素可包括：住宿设施、餐馆、酒店、交通导游服务、体育活动、娱乐设施、零售场所以及其他设施与服务。这些因素中有一些因素，作为吸引物和作为设施的区别可能很模糊。例如，古城扬州的美食很可能本身就是吸引物和一些游客选择该目的地的首要原因，但是它的首要功能显然仍是提供设施与服务。

（3）目的地的可进入性。这是影响游客到达目的地费用、速度和便捷性的因素。这些因素可包括：线路设计、基础设施、运载设备、经营性因素（如价格等）、政治性因素（如签证、安全环境等）。

（4）目的地形象和印象。顾客对产品的态度和印象强烈影响着他们的购买决策。目的地形象并不一定是以经历和事实为基础的，但在旅游业中它们却左右着人们的动机，形象与对旅游经历的预期在潜在顾客的心目中是紧密联系在一起的。如海滨城市大连，近几年来其特殊的城市生态建设经媒体介绍已广为人知，这一形象的建立对潜在购买者的预期必然产生巨大影响。

（5）提供给顾客的价格。任何一次对目的地的访问都有一个价格问题，这个价格是用于旅行、住宿和有选择性地体验当地景物提供的一般服务的费用总和。由于多数目的地提供的产品丰富多彩，吸引的细分市场多种多样，因此旅游业中的价格也各不相同，不同的价格又意味着不同旅游产品组合的供给。

二、旅游产品的特征

旅游产品是一种特殊的产品，虽然它也是一种为卖出而生产的产品，但它与别的产品相比有明显的不同，具体表现在：

1. 服务的主体性

从根本上说，旅游经营者主要是通过提供各种各样的旅游服务来满足旅游者的需求，即使在景区、旅游区也是如此，单纯的景物风光仅仅是初始产品，只有众多的、齐全的配套服务与之组合，才能形成符合市场需求的最终产品。由于整体上的旅游产品具有服务主体性特征，因此它便部分地或整体地具有了服务产品的一般属性。例如，无形性、不可转移性、易逝性、后效性等，服务主体性是旅游产品的基本特征。

2. 文化内涵性

尽管从整体上看，旅游产品种类丰富，形态各异，所满足的旅游需求也各不相同，但就其深层次来说则具有强烈的文化性。旅游者需求多样、动机各异，旅游消费行为也各不相同，但驱使他们花费一定时间、金钱和精力进行旅游的根本动机是一种对精神文化的追求。这就是通常所说的旅游是为了满足一种高层次的精神文化需求。旅游产品之所以能满足这种高层次的精神文化需求，就在于它具有丰富的文化内涵，提供了人们追求的文化目标，旅游产品的文化特征源于自然环境与历史演进的不同，形成了国家（地区）、民族之间在经济、政治、人文、自然等方面的差异，从而使旅游经营者能够据此提供具有深刻文化内涵的旅游产品。

3. 效用上的审美与愉悦性

产品能被生产出来并被人购买是因为它有效用、有使用价值，旅游产品效用就是满足人们审美和愉悦的需要。旅游产品的这一功能，其实与音乐、绘画、影视节目等并没有什么不同。旅游者购买旅游产品，也是通过愉悦感官求得心理的美感享受，陶冶性情，旅游者面对真山、真水、奇观、异境，面对热情、周到的服务，所产生的审美和愉悦与他幽居家中读名人书画、观看风光影视节目时的感受相比，除了强度、深度和广度有所差异外，恐怕不会有本质的不同。当然，仅就这种程度上的差异，也足以促使人们离家远行了。

4. 生产与消费的不可分割性

旅游产品的生产（经营）和消费常常发生在同一个时空背景条件下，密不可分往往是一个过程的两个方面：旅游产品在生产开始的同时消费也即刻启动，消费结束时生产也不再进行。这不管对核心旅游产品还是对组合旅游产品都是如此。这个特性使旅游产品与一般消费品表现出巨大的差异，并深刻地影响着旅游企业管理原则的建立和管理方式的选择。

一般消费品从生产到消费往往要经过一系列的中间环节，包括储存与运输。由于生产与消费在时空上可能存在的差异，就允许企业在生产过程结束后动员各种技术手段对产品的质量进行检验，凡不合格的产品，为确保企业的长期声誉，企业都会将其予以剔除，杜绝劣质商品进入市场。然而，旅游产品的生产与消费过程几乎同时在同一空间进行，生产者与消费者直接发生关系，旅游者（顾客）只有而且必须加入到生产的过程中去才能最终消费到旅游产品。这无疑给旅游企业的管理人员提出了更为严峻的挑战。

首先，在旅游产品的生产过程中，由于旅游者参与旅游产品生产过程的事实，迫使旅游企业的管理人员正视如何有效地引导顾客正确地扮演他们的角色，如何鼓励和支持他们参与旅游产品的生产过程（旅游的体验过程），如何确保他们获得足够的旅游知识以达成生产与消费过程的和谐进行。事实上，旅游企业所提供的追加利益越多，就越需要关注旅游者的参与过程。

其次，旅游企业服务人员与顾客的互动行为也极大地影响着旅游产品中所包含的服务质量，以及旅游企业与顾客的关系。一方面，由于旅游服务要按照旅游者的要求及时生产出来，这就使一般在生产车间进行质量管理的办法变得不适用了。另一方面，客人的需要存在着自然的差异，对旅游产品的质量评价因人、因时、因地而异，这样提供旅游服务的员工是否有足够的应变能力，以确保旅游服务能达到每一个旅游者所期望的质量水平就非常重要。服务员与顾客在沟通中出现的任何误会，所提供的服务有任何不可接受的缺陷，都可能影响客人对旅游产品的评价，甚至使企业就此失去这位顾客。他们的服务质量和营销水平的高低，都会成为旅游者是否重复购买的决策依据，并在一定程度上影响着旅游的消费水平。因此，旅游企业要对员工进行认真的挑选、培训和控制，即加强内部营销管理，以提高旅游产品的质量。

5. 生产与销售的易波动性

旅游产品与一般产品相比较而言，产品价值的实现受多种因素的影响制约，这是由旅游产品本身的不可储存性和不可转移性等特点决定的。

旅游企业应加强内部各组织成分之间及旅游业与其他行业之间的协调发展。否则，某一部分出现问题，便会影响旅游产品的销量。此外，旅游需求的季节性波动和旅游者收入水平、闲暇时间、性格爱好和流行时尚的变化，影响旅游产品生产与销售的各种政治、经济、社会及自然因素，都会对旅游产品的供给与需求产生作用，从而影响旅游产品价值的实现。旅游企业应针对这些不可控因素进行周密的市场调研，进行市场环境分析，以便做出正确的产品经营决策。

三、旅游服务传递方式和旅游服务水平

旅游服务是旅游产品的核心，是整个旅游活动的灵魂。它体现在旅游的全过程和旅游各部门的所有工作之中，从一定程度上说，正是旅游服务决定了旅游业的生存、发展和繁荣。旅游业的文化品位寓于旅游服务之中，各旅游企业只有不断丰富旅游服务的内涵，提高服务水平，才能在日趋激烈的市场竞争中脱颖而出。

1. 旅游服务传递方式

由于在旅游活动中，旅游经营者向旅游者提供旅游产品中包含着各种各样的服务，因此人们一般所谓的旅游产品所具有的"服务性"和"无形性"等特征，也主要是由旅游服务所引起和决定的。旅游服务从其满足旅游者的消费需求角度分，包括导游服务、住宿服务、餐饮服务、交通服务、娱乐服务、购物服务、旅游线路设计和编排服务、其他服务（邮电、卫生、金融、会议、商务信息服务等）；从旅游服务的内容角度分，包括服务观念、服务态度、服务项目、服务技术、服务价格等；从旅游服务的形态角度，可分为可视旅游服务和非可视服务。下面，我们对可视服务与非可视服务作进一步分析。

可视旅游服务是指向旅游者和公众（潜在的旅游者或市场）展示的服务。可视旅游服务包括三个部分：静态的可视服务、动态的可视服务和面对面的服务。

静态的可视服务内容十分广泛，凡是以服务于旅游者为目的而设计的静态形象物，凡是能够体现旅游企业服务理念和宗旨的可以看得见的形象物，都可以算作静态的可视服务的内容。例如：旅游企业名称、旅游品牌标志、旅游企业象征图案、旅游企业营销口号、旅游景区景点的标示牌和路标及警示板、旅游指南等。

动态的可视服务主要指能够体现旅游企业服务宗旨和理念的各项可以看得见的活动。这些活动都是旅游企业主办或与有关部门合办，面向旅游者和潜在旅游者的服务活动。例如：旅游问询处、旅游展览会、旅游促销活动、旅游新闻发布会等。这些活动，拉近了旅游者—消费者和旅游企业—生产者的距离，使消费者对旅游企业及它的商品有了更多的了解。

面对面的服务主要指旅游企业的工作人员主动与旅游者接触，为他们提供良好的服务。这种服务是最直接，也是最易被察觉和感受的服务，是最为重要的一种可视性服务。这种服务的主要内容应包括真诚的态度、礼貌用语和娴熟的服务技巧三个方面。这三个方面是互相联系的，缺一不可。无论缺少哪一方面，服务都是不完整的。常常由于面对面服务的精彩，可能弥补其他旅游商品的不足。

非可视旅游服务是指消费者、旅游者在一般情况下看不见却能感觉到的一种服务，这种服务可以分为两大部分：旅游企业的服务理念和宗旨、旅游企业内部为完善旅游

服务而设置的组织和举办的各项活动。

旅游企业的服务理念和宗旨—决定旅游企业的发展方向和命运，也直接影响到旅游商品的质量，最好的理念和宗旨应当是带有浓重的人情味的理念和宗旨。因此，旅游企业应该树立"尊重每一个顾客"的服务理念。

旅游企业内部为完善旅游服务需要设置的组织和举办的各项活动多种多样，这些组织包括管理、教育、培训等，而活动更是丰富多彩，旅游企业力图通过有趣的文化活动，提高工作人员的素质，潜移默化地完成培训任务，使所有的服务人员都能一心为旅游者服务。

这里，我们可以通过图示进一步说明（见图 6-1）。

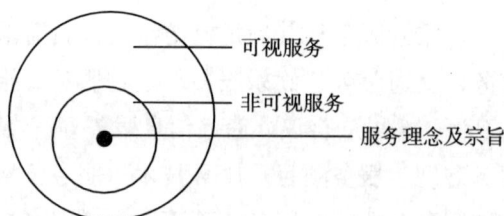

图 6-1　旅游服务示意图

旅游服务作为旅游产品的核心，它不同于实体产品，它不能脱离旅游生产经营者而单独存在，不可能完全像其他有形产品的生产企业那样，通过批发零售等物流渠道，把服务产品从生产、经营者手中直接送到顾客手中，而只能借助于特定的分销渠道和服务产品中间商。因此，旅游企业面临着如何使其产品接近到目标消费者并为其接纳的问题。

可供旅游企业选择的途径是以企业整个价值链传递服务。正如：IBM 宣称"IBM=服务"一样，旅游企业的职能就是提供相关服务。旅游企业由内到外的一切经营活动，组织管理、文化理念都应全方位、系统地贯穿服务精神，进行全员营销和服务，使企业在顾客高度满意中获利并树立良好形象，以求得企业长远发展。

人们已经知道，旅游产品有生产与消费同时性这一特征。因此，旅游企业在其经营过程中，在其提供服务过程中，无论是直接销售，还是间接分销，都必须重视与旅游者的沟通与互动，做好面对面的服务工作，通过企业及其员工热情周到的服务凸显旅游企业的服务理念。

2. 旅游服务水平

旅游服务水平是一个与服务理念、服务意识、服务质量紧密相关的概念。它能反映一个旅游企业的经营管理能力和营销水平，旅游企业的服务水平不仅通过其提供的经济、适当的产品得以表明，而且还通过其员工（如导游人员）热情、周到、灵活自如的服务得以体现，还通过企业或员工特定的风格得以展现，并进而转化为又一重要的旅游资源。

一流的服务实实在在能够吸引游客，使旅游者心情舒畅，难以忘怀，愿意再来享受这种服务。如果一位导游不仅能讲一口流利的外语和普通话，而且是一位和蔼可亲的人，时时想到旅游者的需求；在介绍各处风景名胜和风土人情时，能体察旅游者的心理，适时使用风趣幽默的语言，引人入胜，并能正确回答别人的提问；对老年人或病人能体贴入微，诚心诚意地关心他们，帮助其解决实际困难；在旅游者打算购物时，能够当好参谋，使他们买到称心如意的物品。这样的服务，会使旅游者长久不忘。在这里，优秀的服务变成了另一种旅游资源。再以餐厅服务为例，餐厅内的布局、灯光、陈设、餐具和服务人员的衣着打扮格调统一，而服务员的言谈举止又反映出餐厅特定的时代气氛和民族特色，加上服务人员殷勤好客和彬彬有礼，饭菜多样又可口，服务项目广泛又热情，自然会使人留恋向往。这样的酒店会有大量的回头客，这样的服务也成了吸引人的资源，服务贯穿在旅游者消费的全过程。正是这种热情、周到及时的服务，才使旅游者有一个美好难忘的经历，才算买到一个称心如意的旅游商品。优质的服务可以构成一种声誉，能产生巨大的磁力。服务好的旅游地区或单位或景点，享有好的声誉。这种看不见、摸不着的"好名声"，具有巨大的吸引力，在消费者的心目中早已成为一种资源，使他们"慕名而来"。因此，服务构成了旅游业的主体和灵魂。

第二节　现有旅游产品分析

一、旅游服务部门的基本概况

旅游服务部门大致包括旅行社业、交通运输业、住宿业、餐饮服务业等几个方面，世界各国基本相同。现将它们的分工、基本业务等基本状况介绍如下：

1. 旅行社业

一个人要外出旅游，需要购买各种服务，无论是预订一张机票、一间客房还是购买一次观光旅游，这些产品都可以从旅游产品的营业部门——旅行社预订。由于工作的繁忙等原因，现在人的生活节奏已相比以前有较大的变化，忙碌了很久的人们为了放松身心，似乎更习惯于打个电话到旅行社预订一下，接下来的事便是等旅行社的通知。

（1）旅行社性质。①由旅行社提供的产品是由相关的旅游生产者生产的，旅行社只是预售这些服务和服务组合。这些服务也可以由生产者直接出售，但是通过旅行社出售是一种更为经济合理的选择。旅行社是中间商，是沟通旅游产品生产者与消费者的重要流通环节，而不是生产性企业。②旅行社是通过提供旅游中介服务获取收益的企业。根据我国 2005 年修订的《旅行社管理条例》的规定，旅行社是指有营利目的、从事旅游业务的企业。

（2）旅行社基本业务。在不同的范围内，旅行社不论在经营规模、经营方式、经营职能、业务范围还是具体运作方面均有较大差异。但是，不同旅行社在业务内容上却有不少的共性。一般而言，作为旅游的中间商，旅行社最具代表性的业务主要有五项：

1）组合产品、设计线路。旅行社的经营活动主要是围绕旅游产品的组合和旅游线路的设计而展开的。换言之，组合旅游产品、设计旅游线路是旅行社经营活动的起点，它直接影响着旅行社其他业务的顺利开展，尤其是关系到旅行社经济利益的获取。

2）促销产品、传递信息。旅行社对其产品进行促销，旨在刺激目标市场的旅游者做出更快更强烈的购买反应，以促进和影响旅游者的购买行为。因而，旅游产品具有的基本特点只有经过各种促销活动，才能使目标消费者得以保持，熟悉到认同、接受，该产品长期旺盛的市场需求才能得以保持。

3）销售产品、招徕客源。旅游产品的销售渠道主要有直接和间接两种基本形式，前者是旅游生产者不通过任何中间环节，将旅游产品直接出售给旅游者，后者则是旅游生产者通过旅行社（中间商）转手，将其产品提供给旅游者。人们出于各方面的考虑，一般都是通过旅行社购买旅游产品和服务。

4）组织协调、安排客源。旅行社无法做到向旅游者提供全方位的服务，它必须与交通部门、参观游览部门、住宿部门、餐饮部门、购物商店、娱乐部门、保险公司及相关的旅行社等企业进行协作。

5）实地接待、提供服务。旅游产品与服务的无形性，生产与消费的同一性，使得旅行社与旅游者双方在旅游产品交易完成之后，仍然保持着一定的关系，而且这一关系一直持续到旅游者旅游活动结束时才会终止，这意味着旅行社向旅游团（者）预售产品并安排各项服务事宜之后，在该旅游团（者）到达之后，还要继续为其提供向导、讲解和旅途照料等相关的旅游接待服务。

2. 交通运输业

旅游与交通是密不可分的，随着旅游的增长，对交通部门的附加需要也越来越多。不难发现，在世界范围内，各种不同的旅行方式占有不同的位置。在中长距离旅游中，航空旅行占了绝对的统治地位；私人驾车旅行在短距离旅行中占了主要的地位，也是世界范围内旅游中最受欢迎的旅行方式；铁路旅行的分量比过去少了很多，高速列车的发展将有助于提高铁路旅行的交通量。公共汽车连接着没有其他公共交通方式的社区，但它的总体交通量很小。乘船旅行越来越受欢迎，成为增长最快的旅游方式，但总量还很小。

旅游造成交通量的增长，给交通设施带来了压力，在世界各地（各个地区、国家、州、省等）状况都有所不同，但总体来看，都存在相同的问题。

（1）拥挤。严重的拥挤影响着旅游者的交通方式，拥挤意味着延迟，这种延迟将会严重地浪费时间和能量。

（2）安全。确保交通安全是旅游的一个基本需要。

（3）环境。如果一个地区没有可以容纳一定旅游者的承载力，增加的交通将会危害环境。交通的规划应同时考虑经济、社会、文化和自然资源的成本。

（4）季节性。旅游需求的季节模式造成了特定时间的交通拥挤；相反，在其他季节的利用率相对较低。在旅游高峰期，拥挤、安全和环境问题显得更为严重。

3. 住宿业

世界旅游组织的报告表明，全世界旅馆客房的增长率每年约为 3.8%，各地的入住率不同，但平均水平达到 66%。像曼谷、夏威夷、拉斯维加斯及我国香港等地区的入住率较高。

住宿业发展的一个明显趋势是从独立拥有和经营向连锁和特许联营转化；另一趋势是大的宾馆酒店在管理合约下经营。投资者（如保险公司）通常买断宾馆酒店的拥有权，然后将酒店移交给连锁公司或独立法人去经营。这些业主拥有资本资源，而实际管理者拥有名望和有效管理宾馆酒店的经验。

4. 餐饮服务业

餐饮服务业是较大的商业活动，虽然大部分的活动是地方性的，但它是旅游者消磨时间的重要方式。如果没有了旅游者市场，餐饮业将会面临生存和发展的困难。在美国，面向旅游者的餐饮销售额每年达 840 亿美元。在旅游者，特别是海外旅游者进行旅游消费的过程中，餐饮消费仅次于交通费排在第二，约占总体消费的 1/3。

餐饮服务业包括了餐馆、旅行食品服务、零售及合约性机构食品服务（Contract Institutional Food Service）。地方性餐馆则包括了快餐店、咖啡店、特种餐饮、家庭餐饮、自助餐厅及完全服务的餐馆等。旅行食品服务包括酒店旅馆内部的餐饮服务，面向小汽车旅行者的路边餐饮服务，以及在飞机、火车、轮船上的所有餐饮服务。

近一二十年内，餐饮业迅速发展，尤其以快餐业的发展最为引人注目。快餐业的快速发展，又进一步便利了旅游活动，方便了旅游消费者。

二、现有旅游产品的基本形态

现代市场营销理论认为，旅游产品的形态是指旅游产品的存在形式和表现类型。第二次世界大战前的传统旅游产品形态主要有观光旅游产品、文化旅游产品、商务旅游产品、度假旅游产品等。战后至今，这些传统旅游产品不仅依然存在并有所丰富和发展，而且为适应旅游者的新需求，又逐渐产生了一些新兴的旅游产品。它们主要有以下几种：

1. 观光旅游产品

观光旅游产品是以满足旅游者观赏游览自然风光、城市风光、名胜古迹等为目的的旅游产品。世界上传统观光旅游产品种类很多；在第二次世界大战后世界旅游市场竞争日益激烈的情形下，世界各国为适应旅游市场的需求，竞相开发新的旅游产品，各种新的观光旅游产品不断涌现，其中主要有微缩景观、"外国村"或"外国城"、"仿古村"或"时代村"、国家公园和主题公园、野生动物园、海洋观光等。上述传统观光旅游产品及战后新发展起来的观光旅游产品，构成了世界观光旅游产品的主要部分。

2. 文化旅游产品

这种旅游产品是满足旅游者了解旅游目的地文化需求的旅游产品。世界文化旅游产品种类繁多，其中主要有博物馆旅游、艺术欣赏旅游、民俗旅游、怀旧旅游、宗教旅游等。文化旅游产品通常蕴含着较为深厚而丰富的文化内容，产品吸引对象一般都具有相当高的文化素养和造诣。

3. 商务旅游产品

商务旅游指人们外出旅游是为了经营洽谈、会晤或交流信息等。商务旅游的过程是商务旅游者花钱购买旅游产品和服务的综合消费过程。早期的传统商务旅游产品只能为商务旅游者提供客店及其餐饮服务。随着现代旅游经济的发展，商务旅游产品还包括会议旅游、奖励旅游、大型商业性活动等，不仅商务旅游越来越频繁，而且商务旅游设施和服务也向现代化方向迅速发展。

4. 度假旅游产品

度假旅游指旅游者利用假期进行休养和消遣的旅游方式。世界上深受度假旅游者所喜爱的传统旅游产品有海滨旅游、乡村旅游、森林旅游；新兴再现的度假旅游产品有度假村或度假中心、野营旅游等。

5. 健康旅游产品

作为一种新兴的旅游产品，健康旅游产品包括体育旅游和保健旅游，体育旅游主要有健身旅游、高尔夫球、漂流、海滨滑水、探险等；保健旅游主要有健身旅游、疗养旅游、考察森林、湖泊、山地、花卉、鸟兽等。健康旅游者的康健动机较为突出，对旅游目的地特殊的要求，通常需要一定的设施、器材和场地等条件。

6. 享受旅游产品

与其他社会活动相比较，旅游被视为一种享受。为满足人们的享受需求，世界上许多国家陆续推出了享受旅游产品。目前主要有豪华列车旅游、豪华游船旅游、美食旅游、超豪华旅游等。享受旅游也被人们称为"花大钱"的旅游，通常具有下述特点：一是费用特别高；二是可以自己安排旅游路线及住宿地点；三是可以自由地参加各种娱乐活动；四是有专业的服务人员。

三、我国旅游产品现状分析

我国旅游业经过 20 多年的发展，形成了一些国际知名度较高的热点城市和风景区，也形成了一些明星产品。"九五"期间是我国旅游业发展最快的时期：旅游生产力快速发展，旅游业产出水平大幅度提高，旅游产品结构调整取得了阶段性成果。但是，就形成的明星产品看，主体上仍然存在着以文化性资源为主，以观光式为主，以热点城市为主的现象，即产品层次单一、参与性不强及廉价倾销的趋势仍然是目前旅游市场的问题。

1. 旅游产品结构单一

在旅游产品中除观光旅游开发较好外，相关旅游产品的吸引力未能发挥出来。旅游产品的构成虽日趋多样化，但产品构成仍然以传统的观光旅游、探亲为主；会议旅游、专项旅游、康体旅游发展仍然较慢。

2. 度假旅游产品的开发存在误区

度假旅游产品不仅是建筑设施，很多景区把度假旅游产品简单理解为度假的旅游设施——度假别墅，这样虽然该地的度假建筑单元不少，但是服务跟不上，度假区品位不高，缺乏精品。

3. 旅游产品构成有趋同化现象

在旅游产品开发过程中，出现了旅游产品趋同化现象。旅游产品结构的趋同化必将使游客分散、竞争加剧。这一现象在人工景点方面尤为突出。

4. 旅游产品开发缺乏合理规划，盲目开发时有发生

这一现象在人文旅游资源、自然旅游资源的开发过程中同时存在。由于近年来旅游在各地都得到重视，形成一拥而上的局面，造成旅游产品与服务始终脱离不了旧的模式，难以形成较为驰名的旅游产品。

5. 旅游产品构成中，过分强调产品数量，而较少考虑产品质量

旅游产品的核心是服务，仅靠旅游产品的数量是不足以在当前的竞争中取得优势的，服务质量的提高才是根本。

认真分析我国旅游产品与服务的状况，可以使各旅游企业增强意识，不断改进和更新旅游产品，全面提高服务质量及水平。对旅游产品的经营与开发，必须有通盘的考虑。各旅游产品的生产与经营者应该不断完善现有观光旅游产品及服务，提高其效益；开发独具特色的度假休闲型旅游产品；大力开发专题旅游和特种旅游产品，如商务旅游、饮食文化旅游、民俗风情旅游、猎奇旅游等。同时，必须清醒地认识到当前世界上旅游产品结构的主要特点：生态旅游盛行，康体度假旅游、乡村度假旅游日趋时兴，海滨与城市度假仍然是热点。针对这一特点，旅游企业必须有足够的准备。

第三节　旅游产品组合策略

所谓旅游产品组合是指旅游企业经营各种不同品种的产品之间的组合和量的比例。它包括三个因素：产品线的宽度、深度和关联度。这三个因素的不同组合构成了不同的产品组合。

产品线是指在技术上、结构上满足同一类需求、密切相关的产品。一个企业所有产品线的数量称为产品线的宽度，产品线数量越多，其宽度就越大。产品线的深度则指每种产品线中不同等级、规格的产品的多少。各种产品线之间在生产条件、生产渠道或其他方面可以存在某种联系，也可以互不相干。产品线之间的关联程度就是产品组合的关联度。

旅游产品的组合策略实质上就是针对目标市场，对产品组合的宽度、深度及相关性进行选择、决策以使组合最优。

一、扩大或缩小产品组合的策略

所谓扩大产品组合就是扩大产品组合的宽度，增加旅游路线数量，扩大旅游企业经营范围，增加产品组合相关性大的旅游产品品种。

旅行社可以经营多种产品线，推向多个不同的市场。例如，旅行社经营观光旅游、度假旅游、购物旅游、会议旅游等多种产品，并以欧美市场、日本市场、东南亚市场等多个旅游市场为目标市场。企业采取这种组合策略，可以满足不同市场的需要，有利于扩大市场份额，但经营成本较高，需企业具备较强的实力。

所谓缩小产品组合即缩小产品组合的宽度，使之成为较窄的产品组合，缩小经营范围，求精求专，实现旅游生产的专业化，淘汰已过时的旅游路线及项目。

旅游企业可以向某一特定的市场提供所需的产品，如旅行社专门为日本市场提供观光、修学、考古、购物等多种旅游产品，或者以青年市场为企业的目标市场，开发探险旅游、青年新婚旅游、女青年购物旅游等适合青年口味的产品。这种策略有利于企业集中力量对特定的目标市场进行调研，充分了解其各种需要，但由于市场单一，规模有限，企业的销售量会受到限制。

旅游企业也可以只经营某一类型的产品，面向多个不同的目标市场的同类需要。例如，旅游企业生产经营的文化观光旅游产品（如三峡精品游、秦始皇兵马俑、张家界自然景观等），可同时面向欧美、日本和东南亚市场。这种方式产品线单一，旅游企业便于管理，经营成本少，可以不断地完善和改进某一产品，树立明确的企业形象；

但同时，产品类型的单一也带来了旅游企业经营风险的加大。

二、高档产品和低档产品策略

旅游产品是满足旅游活动所需要的各种产品的总和，它内容丰富、构成复杂，一个单位旅游产品的生产要涉及酒店、餐馆、交通、游览、娱乐等多种性质不同，功能各异的行业，这些行业的经营都围绕着旅游需求的总目标进行，对旅游企业来说，在原有的旅游产品路线中增加高档产品和低档产品的项目，均有利于提高同类旅游产品的知名度和企业的形象，增加销售量。

实行高档产品策略可以吸引一部分高消费人群，旅游产品本就是一种高层次的精神消费品，像其他高档消费品一样，具有一定的消费群，适当提高旅游产品和服务的档次，适当地提高价格，可以使旅游者有更好、更舒适的享受，达到放松或观光的目的。如旅游企业为旅游者提供统一某一品牌的物品，在登山旅游后安排高档宾馆食宿等。

低档产品策略是在已具有一定高档产品的路线中增加低档产品项目，使旅游产品趋向大众化，可利用高档产品的声誉吸引消费能力有限的低层次旅游消费者，从而扩大旅游者的范围和数量，加大旅游产品的利用率和利用范围，也有利于扩大旅游产品的市场占有率。

三、产品差异化和产品细分化策略

面对竞争激烈的现代旅游市场，任何旅游目的地或旅游企业都很难设想能以单一的旅游产品适应不同国家或地区的各旅游者互有差异的各种旅游需求，同时也很难设想，能以自身有限的资源和力量，设计各种不同的旅游产品组合，全面满足各类旅游者的各种旅游需求。因此，现在越来越多的旅游企业都力图在整体性的旅游市场上充分发挥自身优势，找准对自己最富吸引力的某一或某些客源市场，用最能适应这部分市场需求特征的旅游产品组合为之服务，即专门选择经营好一定需求范围的目标市场，以此在激烈的市场竞争中赢得自身立足之地，求得企业更好地发展。

故旅游企业在确定本企业的旅游产品的组合时，必须针对不同目标市场的需求提供不同的旅游产品组合。例如，对欧美市场提供观光度假旅游产品，对日本市场提供修学旅游产品，对东南亚市场提供探亲访友旅游产品；或者经营探险旅游满足青年市场的需要，经营休养度假旅游满足老年市场的需要。

四、发展新产品策略

新产品的开发是旅游企业长期生存的必要条件，不断开发出旅游新产品是企业生存活力的标志，是提高企业形象和声誉及提高旅游企业市场竞争力的重要手段。

那么何为旅游新产品，如何发展旅游新产品就成了各旅游企业生存和发展所必须解决的问题。

1. 旅游新产品

旅游新产品泛指凡是旅游产品综合体中任何一部分的改革与创新。旅游新产品可分为以下几类：

（1）完全创新的产品指原来没有出现过的产品，如开辟一条新的旅游路线，开发一个新景点等。旅游新产品一般开发周期长，资金、人力投入大，风险也大。

（2）换代新产品指在原有产品基础上进行较大改革后生成的新产品。

（3）改进新产品指对原有产品不作重大改革，只进行局部的改变。如客房服务增加早餐服务等。

（4）仿制新产品指企业模仿生产旅游市场上已有的产品，也称为本企业的新产品。

2. 旅游新产品开发的要求

为了使开发的旅游新产品尽可能成功和迅速发展，在制定新产品开发计划时必须采取科学的态度，使新产品符合以下基本要求：

第一，要有市场。这是最基本的前提条件，必须准确测定市场需要，研究适销对路的旅游新产品。

第二，要有特色。新产品有特色，才会有竞争力。

第三，要有能力。新产品开发要量力而行，适应旅游企业供给能力，旅游资源条件，旅游设备容量和销售条件。

第四，要有效益。新产品销售要保证旅游企业目标利润的实现。

3. 旅游新产品开发策略

在旅游新产品开发中，有四种主要因素影响到开发策略的选择，它们是：产品与市场、开发目标、开发途径和控制协调。企业在选择策略时应审时度势，根据具体情况，选择切合实际的策略。

（1）长短结合策略。这种策略也称储备策略，既考虑到企业的短期利益，更考虑企业的长期利益，着眼于企业长期、稳定、持续地发展。采取这一策略，旅游企业应有四档产品：一是企业生产和销售的旅游产品；二是正在研制或研制成功等待适当时机投放市场的产品；三是正在研究设计的产品；四是处于产品构思、创意阶段，开始市场开发、调研的旅游产品。

（2）主导产品策略。任何企业都应有自身的主导旅游产品。主导产品是资源条件与客源市场双向驱动的产物，在一定时期内相对稳定。根据我国资源特征和市场竞争情况，我国主导产品应选择垄断性、高品位观光产品，如长城、兵马俑等，和已成熟又有特色的少量非观光产品，如保健、修学、文化、探险、烹饪等。通过主导产品树立东方旅游大国的独特形象。

（3）高低结合策略。指高档产品与低档产品相结合，以满足不同消费层次的需求，提高企业经营的覆盖面。

（4）以旅游企业经营目标为导向的策略。这类策略包括：进入市场策略、扩大市场策略和保留市场策略。

（5）不同革新程度的策略。全部创新策略、拿来策略、模仿改进策略。

（6）掌握开发时机策略。抢先开发策略、紧跟开发策略、后发制人策略。

第四节　旅游产品生命周期

一、产品生命周期理论

所谓产品生命周期是指一件新产品自开发过程结束，从投入市场开始到被淘汰为止的一个投入、成长、成熟到衰老的过程。它暗示着旅游区域、旅游线路（如历史文化旅游线）、旅游产品项（如纪念公园）也像其他工业品一样会经历一个"从生到死"的生命周期。产品生命周期理论包含以下几方面含义：

（1）任何产品都有一个有限的生命，大部分产品都经过一个类似"S"形的生命周期。

（2）每个生命周期的时间长短常因产品的不同而不同。

（3）产品在不同生命周期阶段的产品利润高低不等。

（4）对不同生命周期阶段的产品，需采取不同的营销组合策略。

产品生命周期也称产品寿命周期，它与产品的使用寿命是不同的概念。产品的使用寿命是自然寿命，是指产品的具体物质形态的变化。产品生命周期或市场寿命则是指产品在市场上演变，说明一种产品的销售量和利润边际在整个周期内可能变化的特征。它对于企业分析产品在市场中的地位和发展趋势及开发新产品，淘汰过时产品，制定相应的市场营销策略具有重意义。

二、旅游产品生命周期的各个阶段及其特点

旅游产品的生命周期，理论上可分为投放期、成长期、成熟期和衰退期四个阶段，如图6-2所示。

旅游产品生命周期的不同阶段会呈现不同特点：

（1）投放期。投放期又称导入期，是指旅游产品投放市场的初始阶段，具体表现为新的旅游景点，旅游酒店、旅游娱乐设施建成，新的旅游路线开通，新的旅游项目、

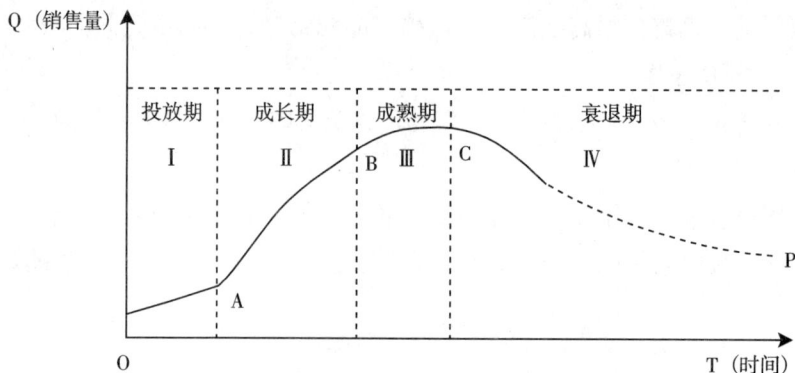

图 6-2　旅游产品生命周期曲线

旅游服务推出。旅游产品的生产设计还有待于进一步改进，基础设施急需配套、完善。吃、住、行、游、购、娱六个基本环节有待于进一步协调、沟通，旅游产品的知名度不高，因而销售额增长缓慢且不稳定。对外宣传、广告费用较高，旅游企业利润率较低，甚至亏损。

（2）成长期。新的旅游产品日渐被消费者接受，旅游产品的生产设计已基本定型，主题明确，基础设施已趋完善，六大基本环节相互之间联系紧密，处于正常运转状态，服务人员劳动熟练程度提高，服务趋于标准化，质量大幅度提高，旅游产品知名度逐渐提升，产品销售额稳步上升，企业利润提高。同时，新的企业参与市场，展开竞争。

（3）成熟期。这一时期是旅游产品的主要销售阶段，旅游产品成为名牌或老牌产品，产品销售额渐达高峰而趋于缓慢增长，旅游企业生产能力发挥到最大，产品市场占有率高，但这一市场已日趋饱和，供求基本均衡，但企业间竞争日趋激烈。

（4）衰退期。衰退期是旅游产品逐渐退出市场的阶段，这一时期，更为先进的旅游新产品层出不穷，而现有旅游产品基础设施老化，六大环节不能协调，员工流失率很大，旅游产品已不能适应人们不断变化的消费需求，许多旅游企业已转入新的产品竞争领域。

在周期的每一阶段，预期市场成长、市场份额占有率、竞争激烈程度和利润都有所不同。因此，在不同阶段要求有不同的营销和管理策略。通过表 6-1 我们可以直观地了解。

表 6-1　不同阶段的特征与相关策略

	导入期	成长期	成熟期	衰退期
旅游者人数	少	高速增长	低速增长	负增长
部门利润	低	达到最高水平	保持	下降
资金流动	反向流动	中度流动	大量流动	流动减少
旅游者	开拓型/探险型	大众市场（开拓者）	大众市场（跟随者）	保守型
竞争对手	很少	增多	竞争者众多	竞争者减少

	导入期	成长期	成熟期	衰退期
策略	全方位推销	市场渗透	提高市场占有率	转、改、撤
中心战略	拓宽市场	进行市场渗透	保持市场份额	重新定位市场
营销费用	增长	达到最高	下降	保持一定水平
营销重点	树立形象/灌输	建立偏好/通知	建立品牌忠诚	保护品牌忠诚
分销渠道	独立的	通过旅游部门	通过旅游部门	通过旅游部门
价格	高	渐低	低	最低
产品	初级产品/非标准化	产品升级/标准化	产品多样化	开发新产品
促销	无	人员推销/广告/公关/公共关系	人员/广告/公共关系	人员/广告/公共关系

三、旅游产品生命周期的营销策略

1.旅游产品生命周期各个阶段的营销策略

旅游产品生命周期各阶段具有不同的特点。旅游企业只有针对不同阶段的特点，采取不同的市场营销策略，才能提高企业的经济效益。

（1）投放期的市场营销策略。旅游企业在投放期制定营销策略时，要以尽快打开市场销路，尽快回收资金取得效益为宗旨制定营销策略。一方面要认识到新产品的优势、特色，敢于在促销方面投入；另一方面对竞争带来的风险、压力要有足够的估计，果断迅速地采取措施，促使它较迅速地进入成长期。旅游企业应敏锐地把握市场变化，不失时机地适应消费的需要，抢先占住市场，同时应继续改进产品，提高管理水平和服务质量，建立健全各项管理规章制度。

在这个时期，旅游企业应进行大量的广告宣传工作，运用各种促销手段，宣传产品特性及给旅游者带来的利益；应充分利用宣传品，使旅游者及中间商认识和了解产品，在分销方面，导入期的旅游产品适于用全方位推销策略，有利于迅速扩大市场面，使产品较快进入成长期。大多数旅游产品在投入期采取高价策略，以弥补高生产成本和推销费用。

从定价和促销的角度来考虑，旅游企业在产品导入期采取的策略有四种如图6-3所示。

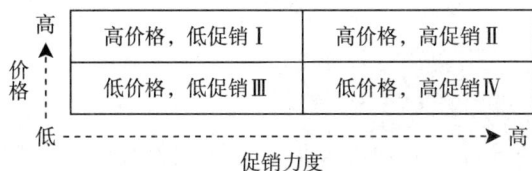

图6-3　旅游产品投放期产品促销策略

1）缓慢撇脂策略——高价低促销。以较高的价格树立产品的形象，以此来弥补在

111

促销力度上的不够，从而把旅游产品投放到市场。高价格的目的在于获取更大的盈利。低促销则是降低新产品的销售费用，旨在通过高价格来提高旅游产品的知名度。这种策略应用的条件是：①产品规格档次高，服务质量好，基础设施齐全；②旅游市场规模小；③旅游市场已基本了解这类产品；④潜在的竞争对手少，使旅游产品具有很大的垄断性。

2）迅速撇脂策略——高价高促销。以较高的价格树立旅游产品的市场形象，同时支出大量的促销费用，加大促销的力度，在市场树立质量的形象，弥补高价格的不足，从而扩大对市场的占有率。这种策略适应于以下类型的市场：①产品的知名度低；②人们消费水平较高，市场上有一批重质量而轻价格的成熟消费者；③旅游产品更具个性化、趣味性和健康性，与同类产品比较，具有明显的优势。

3）缓慢渗透策略——低价低促销。企业以一种低姿态进入旅游市场，目的在于促使市场尽快接受这类产品，随着产品知名度的打开，慢慢地提高产品的价格，以收回企业的投资。采取该策略应具备的条件有：①市场上对该产品的价格弹性较大；②市场有较大的开拓余地；③基础设施能稳步配套建设；④市场有一定的潜在竞争者。

4）迅速渗透策略——低价高促销。以较低的价格加上较高的促销，全力推出该产品，这种策略使产品在最短的时间内进入市场，迅速提高产品的市场占有率。采取该策略的原因是：①市场规模较大；②旅游消费者大多对价格敏感；③存在潜在竞争的威胁；④旅游产品因规模生产或引进的新技术而使生产成本大大降低。

（2）成长期的市场营销策略。这一时期旅游人数高速增长，经营部门利润达到最高，但竞争者也在逐渐增多。这一阶段的中心战略是进行市场渗透，通过旅游部门分销旅游产品并逐渐降低价格。

成长期旅游产品的销售应包括两个方面：一方面巩固已有的销售成果；另一方面进一步扩大市场的占有率，尽快提高销售量。企业在成长期的销售策略具体为：

1）加强市场促销，提高产品的知名度、美誉度。这一举措包含：一方面，要开拓新的销售渠道，加强销售渠道的管理，搞好渠道成员之间的协调，以此扩大销售范围，采取多种销售形式，增加新的销售渠道。另一方面，借助于媒介，对外宣传重点由介绍旅游产品转为树立产品形象，宣传产品特色，提高产品的知名度，走名牌产品的销售策略。

2）改进旅游产品，提高产品质量和服务质量，进一步完善基础设施的配套建设，提高旅游地的可进入性。密切各行各业之间的协调，增强企业的接待能力。同时，根据旅游者的信息反馈，增加特色产品与服务，以吸引更多的潜在旅游消费者。

3）开拓新市场。在分析市场价格发展趋势和竞争者价格策略的基础上，努力提高旅游产品的规模生产能力，以此降低单位产品成本，可适当降低原有价格，以吸引对价格敏感的潜在购买者，以此积极主动地寻找新的市场并占领它。

（3）旅游产品成熟期营销策略。这一时期旅游产品已基本定型，市场营销也日趋成熟，市场趋于饱和状态，产品销售量已基本稳定，而同类产品的生产企业也不断增加，由此市场竞争异常激烈。这时企业在产品成熟期的市场营销策略重点应突出一个"占"字，即着力于提高市场占有率。为此可考虑采取以下一些措施：

1）继续提高产品质量和服务质量，力争创名牌、保名牌，并尽量设法提高旅游产品和旅游企业在旅游消费者心目中的形象。

2）努力寻找和开拓新的目标市场，向市场需求的深度和广度发展。对此，具体有三种方法：一是刺激重复购买。例如，通过提高产品质量，改进广告内容，举行节庆活动等方法，进一步挖掘市场潜力，把现有产品进一步渗透到市场中去，以增加销售量。二是市场改革策略。设法开辟新市场，在深度和广度上争取更多的顾客。如果旅游市场的青年人市场已饱和，可考虑一下是否可以去中老年人中开拓市场。三是产品改革策略，即改进现有产品，重新树立产品形象，以争取更大的客源市场。通过产品改革策略，可使产品形象更加光彩，使产品生命周期中的成熟期延长。

3）改进和进一步开发分销渠道，扩大旅游产品的销路。

4）适当降价或改进服务来吸引顾客。

5）改进广告宣传，适当修改广告内容，突出产品质量、特色和吸引力。

（4）衰退期的市场营销策略。产品一旦进入衰退期，已形成的大量生产能力和日益减少的销售之间矛盾突出，企业经营陷入困境。这时往往出现两种不同的错误态度：一是仓促丢弃，二是不肯割爱。这样都会造成不可避免的损失，即丢掉不该丢掉的效益。因此，这个阶段的市场营销策略应注意以下几点：①通过扩大产品用途和增加产品特色等来寻找新的市场；②集中力量于最有利的细分市场和销售渠道上，力求保持份额和经济效益；③设法降低成本，利用廉价来争取更多旅游购买者，有时可用折扣价、优惠价等方法来争取游客；④积极着手产品的更新换代，一旦老产品的销售量和利润下降到最低限度，应当机立断，立即撤出市场。

在衰退期，企业应尽可能地缩短产品的衰退期，其主要策略有：

1）立刻放弃策略。如果旅游产品市场价格和销售量急转直下，甚至连变动成本也无法补偿，则应采用此策略。

2）撤退和淘汰疲软产品。对于疲软产品，企业应甩掉这个阻碍企业发展的包袱，使企业的人力、财力及时得到转移和更新开发。

3）逐步放弃策略。企业应缩短战线，并改善具有潜力的滞销旅游产品。因此，企业在产品的衰退期应把握好"转"、"改"、"撤"三个基本原则；同时，着手新产品的投放，以完成旅游产品的更新换代。

2. 产品生命周期的战略转移

产品生命周期不同阶段呈现出各不相同的特点，因而各有相应的规律，企业应恰到好处地掌握四个阶段的转折时期，如图 6-2 所示，A、B、C 则分别为产品生命周期的转折点，而成熟期至衰退期的转折点 C 则成为企业的战略转移点，对企业的市场经营至关重要。

如果老产品在市场上处于衰退期，新的换代产品又不能及时问世，从而会使企业错过 C 点继续下滑，这时，其他企业会乘虚而入，抢夺市场，造成旅游企业推出新产品的机会损失。同理，如果新老产品替代时机较早，老产品市场销售还没有滑至 C 点，新产品就已投放，则会对老产品产生排挤，不能充分发挥其经济效益。

案例　方兴未艾的节庆会展旅游

上海《财富》论坛和海南《博鳌》论坛的成功举办产生了轰动性的效应。仅各自会议期间的广告收入就将达到一亿元以上。云南昆明召开的 99 世界园艺博览会在中国大地上也引起了震撼。1999 年 1~7 月，云南共接待海内外游客 2300 万人次，旅游总收入 115 亿元，同比增长 44%，旅游外汇收入 1.76 亿美元，同比增长 36%。世博会的巨大成功强烈刺激了中国的节庆会展旅游。据国际大会和会议协会（ICCA）统计，每年全世界举办的参加国超过 4 个，参会外宾超过 50 人的各种国际会议有 40 万个以上，会议、咨询开销超过 2800 亿美元。因而，这是一个庞大的旅游市场。

排在世界节庆会展旅游业前五位的法国，其首都巴黎，每年接待的国际会议达 300 多次，连续多年居世界各大国际性城市之首。这些会议中约 60% 是与会人数超过 500 名的大型会议，国际会议每年给巴黎带来的经济收益达 7 个多亿美元。

中国的节庆会展旅游才刚刚起步，但起点高，规模大，呈现出欣欣向荣的喜人气象。较有影响的节庆会展旅游活动有：大连国际服装节、青岛啤酒节、上海国际电影节、北京国际旅游文化节等。大型现代化展馆也跟随市场需求拔地而起，就上海一地，已经建成了国际展览中心、世贸商城、农展中心等高水准展馆，目前定期在上海举办的较有知名度和影响力的专业性、国际性会议达 40 多个。

旅游企业与节庆会展活动有紧密联系。旅行社和旅游酒店应抓住节庆会展旅游发展的大好机会，配合开展宣传促销活动，并主动出击，承揽会议，扩大业务范围，做好组织工作；许多会议就是在酒店中举行，酒店要了解这一专门市场的特殊需求，提供专业化服务，配合做好接待工作；旅游企业要充分争取旅游管理部门和政府部门的支持，力求扩大接待量和接待次数。

案例讨论题：你认为针对方兴未艾的节庆会展旅游，旅游企业应采取哪些适应性措施？

复习与思考

1. 旅游产品与一般产品相比有哪些区别？

2. 目前我国旅游产品有哪些类型？主要存在哪些问题？

3. 如何进行旅游新产品的开发？

4. 怎样实施旅游产品差异化策略？

5. 旅游产品导入期应采用怎样的营销策略？

第七章　旅游品牌营销

内容导读

　　品牌作为一种有特殊信息意义的集合体，以最精练的方式向消费者传递有关产品或服务的信息，从而成为一种重要的识别工具。但品牌意识在经营无形商品的服务业中却显得慢了几拍，特别是旅游业，品牌意识十分的淡薄。在旅游业的三大核心产业（旅行社业、酒店业和景点）中，品牌的建设显得尤为重要，它在很大程度上影响着消费者的购买行为。"消费者忠诚的是品牌，而不是生产者"，从这一点上来说，谁拥有了著名的品牌，谁就掌握了"点金术"。

第一节　品牌与旅游品牌

一、品牌

　　"区别专业的营销者的最佳方法也许是看他们是否拥有对品牌的创造、维持、保护和扩展的能力"，可见品牌的重要性。

　　1.品牌的定义

　　对品牌的定义很多，但都大同小异。下面选择两个比较权威的定义加以分析：

　　（1）德奇尔纳通尼和麦克唐纳德给品牌下的定义是：一个成功的品牌是一种可以辨识的产品、服务、人物和地点，通过使买主和使用者能正确感知的手段，增加大量符合消费者需求的独特附加价值。更进一步说，品牌的成功来自于在面对竞争时能够维持这些附加价值。

　　这一定义强调了消费者购买已经确定品牌的商品，比无品牌或利益性产品所能得到更多的价值。这些附加价值可能在于对品牌商品质量的放心，可能在于地位方面（品牌形象带给消费者的），也可能是便利性（更容易找到）。

　　（2）菲利普·科特勒将品牌定义为一种名称、术语、标记、符号或设计，或是它们的组合运用，其目的是借以辨认某个销售者或某群销售者的产品或服务，并使之同竞争对手的产品和服务区别开来。

该定义指出品牌的具体构成要素，其功能主要是区别。

2.品牌的作用

以上两个定义指出品牌的作用，辨别和带给消费者附加价值，总的来说可以分为两个部分：对消费者带来的利益和对厂商带来的好处。具体来讲，品牌具有多种功能（见表7-1）。

表7-1　品牌的几大功能

功能	解　释
所有权标志	品牌曾经是一种显示由谁操纵该品牌的市场营销活动的手段。其目的是保护产品的形式化，在这种情况下，知识产权保护是无能为力的，同时它也能使顾客知道他们所购买的是生产商还是零售商的品牌
差别手段	著名品牌无疑与相似产品有着差别，但仅拥有一个著名品牌的名称不够，产品本身也需要一定程度上的与众不同；品牌形象是将差异传达给顾客的购物沟通手段
功能手段	建立品牌可以用于传达功能特征。换句话说，品牌向顾客传递了其质量和预期表现的形象
象征手段	某些品牌可以表达消费者自己的信息。成功男士在选择领带的时候往往会选择"金利来"。因为该品牌可以向别人传递他是成功男士的信息
风险降低器	消费者在购买商品的时候都会冒一定的风险，而购买强势品牌的产品可以使消费者减少风险
速记手段	品牌可以把产品的有关信息以标签或图像的形式加在消费者的记忆里。可以减少选购的时间，同时也有利于企业进行品牌的延伸
法律手段	由于包装设计和品牌名称可以受到法律保护，而（通常）产品形式却不能。品牌将给予生产商一定的法律保护，建立强势品牌可以为企业的知识产权提供一些保护
战略手段	构成品牌的资源可以得到确认和管理，以使品牌维持和建立在其所代表的附加值

3.品牌的构成

品牌是一个复杂的符号，一个品牌能表达出6层意思：

（1）属性。一个品牌首先传达给人特定的属性。如麦当劳传达给人们的属性是快捷、卫生、标准化的服务。

（2）利益。这是属性带给顾客的实惠。如快捷、卫生、标准化服务，带给消费者的利益是省时（包括选择的时间和购买的时间）和健康。

（3）价值。品牌体现了企业的某些价值感。如麦当劳的大"M"则传递了企业关爱儿童的价值感。

（4）文化。品牌也是企业文化的一种表现。如强生品牌传递的企业文化是通过完美的制造工艺来保障儿童的健康。

（5）个性。品牌还代表了一定的个性。如沙宣体现的是一种另类，而飘柔则体现一种温和的个性。

（6）市场。成功的品牌体现了购买和使用这种产品的是哪一类消费者。林肯汽车的使用者是老成持重且声名显赫的男士，而法拉利的购买者往往是意气风发的追风少年。

二、旅游品牌

或许是因为品牌的作用，最早是在一件件具体的商品上体现出来且最为明显，所以品牌意识在那些生产具体商品的企业中觉醒得最早，而在一些经营无形商品的服务行业中则显得慢了几拍，特别是旅游业，品牌意识十分淡薄。虽然近年来各类旅游企业有意识或无意识地开始了品牌经营，但相对于旅游者的品牌化需求，这些旅游企业可提供的品牌产品，尤其是名牌产品，却远远未能满足日益增长的需要。

1. 旅游品牌的定义

旅游品牌（Tourism Brand）是旅游商品的一种名称、标记、符号或它们的综合运用。旅游品牌有的是旅游企业的名称，有的则是旅游企业标识性的产品。因此，创造旅游品牌可以通过创造旅游产品品牌（Tourist Product Brand）和旅游企业品牌（Tourist Enterprise Brand）来实现。

2. 旅游品牌对旅游业的意义

从品牌的作用和旅游业特征来看，品牌对旅游业有着特殊的意义。

首先，从旅游产品特性看，旅游业产品具有非物质性、不可转移性、不可储存性及生产和消费的同时性。这就决定了消费者在购买旅游产品之前无法像购买其他物质产品一样，预先了解产品的性能、质量，这使得旅游产品在很大程度上是信息性的。这种产品的信息性特点使旅游品牌显得尤为重要，它在很大程度上影响着旅游者的购买行为。

其次，从旅游消费者观念看，随着旅游市场的不断发展和人民生活水平的不断提高，旅游消费倾向也由过去的重物质消费逐渐转变成重精神消费。从世界各国，尤其是东南亚各国及我国港台地区提供的资料来看，当人均国民收入达到 1000 美元左右，人文景观和人的尊严等价值开始受到重视。在我国，目前已有越来越多的旅游者开始追求这种能体现自我存在价值的感受，他们的消费相应呈现出个性化、多样化和多层次化的特点，更倾向于对列入国际和国家名录的著名旅游胜地的探访和特色旅游项目的参与，对信誉好、实力雄厚的旅行商的选择，对星级住宿、名牌导游、星级服务的需求等。旅游消费者日益成熟，品牌意识不断增强，消费观念、消费方式、消费结构、消费水准正在发生明显的变化，消费欲望由低层次向高层次转变，一切表明旅游品牌是适应旅游需求的。

再次，从旅游业自身发展的角度来看，中国加入 WTO，旅游市场面临进一步的对外开放，面对"入世"的冲击和挑战，中国旅游服务企业的竞争力将直接暴露在国际市场上。也就是说，中国的企业将从根本上失去政府的庇护，不得不直接面对国际同行业知名品牌的挑战。但就目前状况而言，中国旅游服务企业在管理水平、资金、服务技能和形象、知名度、信誉度等多方面都落后于发达国家，若此时再不努力提高其竞争力，中国一旦打开大门，国外竞争对手将中国同行挤垮的可能性是很大的。

第二节　酒店品牌的构建

旅游业的三大核心产业是旅行社业、酒店业和景点。不同产业内企业品牌构建的重点往往各不相同，因此在本节和随后的两节中分别加以论述。本节论述酒店品牌的构建。

一、企业品牌是酒店品牌构建的核心

对于酒店而言，旅游产品品牌和企业品牌的构建往往是统一的，二者缺一不可。但是，就目前来看，随着标准化服务在我国酒店业中的推行，可以说目前同一类或同一级别的酒店提供的产品在构成上相差无几。因此对于酒店而言，在进行品牌建设的时候，往往侧重于旅游企业品牌的构建。企业品牌是企业的一种相当宝贵的无形资产，它所发挥出的"品牌伞"效应给企业带来了实质性的附加价值。基于旅游业的服务性特点，旅游消费者对旅游企业的消费属性更为注重，旅游企业的无形价值和整体组合价值更为突出。因此酒店业更应该创建旅游企业品牌，使消费者在认同酒店企业品牌的同时，认同其提供的产品，对这家酒店有一种亲和感、信任感。

二、酒店品牌的构建

一般来讲，酒店在进行品牌构建时，可遵循观念先导、品牌诊断、品牌定位、品牌传播四个步骤。

1. 观念先导

即在构建品牌之前首先要树立品牌意识。由于长期受计划经济影响，我国酒店业尚存在诸多与市场经济要求格格不入的保守观念。突出的表现之一是对品牌的漠视和误解。旅游酒店在进行品牌建设时，必须先对酒店的品牌功能有一个正确的认识。

品牌作为一种有特殊信息意义的集合体，以最精练的方式向消费者传递了有关产品或服务的信息，成为一种重要的识别工具，从而节省比较、挑选的时间。

品牌也是产品或服务质量和信誉的象征，它集中体现了人们对该产品或服务的综合评价。因此，品牌购买可以免去后顾之忧或是意外风险，给消费者一种心理上的安慰和保证。这点对于酒店而言，尤其重要。酒店提供的产品虽然有物质载体，但其产品的主体是服务，具有无形性的特点，消费者在初次购买时，无法通过查看实体获得可靠的保证。这种情况下，品牌就成为消费者是否采取购买行为的首要影响因素。

品牌作为企业重要的无形资产，它本身就可以作为商品被买卖或转让、出借。谁拥有了著名的品牌，谁就掌握了"点金术"。在产品供给的现实和潜在的生产能力大于市场需求的条件下，品牌还是现代企业竞争优势的主要源泉和富有价值的战略财富。以品牌培育企业的竞争优势，已成为现代竞争者角逐世界经济大舞台的主要战略。

正因为品牌具有的上述作用，我国的广大酒店经营管理者在探索品牌建设之路时，首先应该转变观念，树立竞争观念、创新观念、开拓观念和风险观念。观念的转变具体体现在：①将品牌建设当作花费的观念转化为投资储蓄的观念；②将构建品牌是酒店某部门的任务的观念转变为是全员义务的观念；③将品牌建设作为短期行为的观念转变为从长计议的观念；④将品牌建设只是酒店外观和设施设备的改善的观念转变为由内而外的系统工程的观念。

2. 品牌诊断

即建立一系列的量化指标对品牌的现状进行评估。从而可以准确地了解品牌建设工作的起点。在此基础上，确定科学的品牌个性特征及品牌发展目标。在具体操作过程中从三个方面着手：首先，市场调研。包括顾客对品牌的态度以及顾客对品牌所形成的看法。其次，品牌的内部管理情况调研。包括酒店是否有专门的品牌管理机构设置和人员编制，企业是否有一定的品牌构建制度规定。最后，外部环境调研。指品牌产品销售时面临的市场环境。

可以借助的指标是知名度、美誉度、满意度和忠诚度。

（1）知名度。知名度是指社会公众对品牌的了解程度，即这个品牌在社会上影响的广度和深度。它是衡量酒店品牌现状的一个"量"的指标，衡量的结果揭示了酒店品牌被人知晓的范围以及品牌在市场上的领先能力。

（2）美誉度。美誉度是指社会公众对品牌的信任和赞美程度。它是衡量酒店品牌现状的一个"质"的指标，衡量的结果揭示了酒店品牌的优劣。在酒店众多的知晓公众中，存在着不同态度的公众，有的对酒店品牌持赞美态度，这些公众就是"顺意公众"；有的对品牌持反感态度，这些公众是"逆意公众"。

（3）满意度。满意度是衡量酒店产品品质最具权威性的指标。它表明消费者在接受酒店的各项消费后，所获得的生理和心理满足程度。顾客的满意程度越高，表明酒店的产品品质越好。良好的产品品质保证了酒店品牌资产的持续增值。

（4）忠诚度。品牌忠诚度是消费者对某一酒店品牌产生的感情的度量。它反映了一个消费者的偏好由一个品牌转向另一个品牌的可能程度。一旦获得较高的品牌忠诚度，就可为企业节约促销费用。扩大并延续品牌的宣传效果，可让品牌来充当商品或服务的"无形推销员"的角色，在短期内扩大产品的市场份额，既减少价格弹性，又能确保竞争优势。

此外，还可参照品牌的保护性（有无注册或保护品牌的法律措施）、稳定性（品牌寿命的长短)、国际化能力 (品牌超越国界的能力) 等指标,结合品牌产品的销售情况、利润指标、产品市场扩张度及成本指标等因素,综合评估品牌现状。

3. 品牌定位

品牌定位就是在品牌诊断的基础上,针对消费者的心理采取行动,将品牌的功能、特征与消费者心理需要联系起来,使得品牌进入消费者的视觉领域,并引起消费者的注意和偏好。酒店进行品牌定位,关键是要发挥自己的长处并能慧眼识"缺"。对酒店而言,可供选取的空缺归纳起来有:

(1) 经营上的空缺。酒店企业应根据变化的市场和需求开发全新的经营方式。如广东惠州的烧鹅仔美食城集团在全国各地"一片红火",其成功的一点就是率先一改传统餐饮封闭经营的老做法,采用敞开式的经营方法,其就餐区域和加工区域仅一道透明的玻璃墙之隔。顾客可在就餐区域清楚地看到厨师的加工动作,真正做到"吃得放心"。

(2) 年龄上的空缺。不同年龄阶层的消费者有不同的消费习惯,酒店可以根据不同年龄消费者的消费偏好进行定位。近年来,银发市场 (老年市场) 以其特有的魅力引起了商家的普遍关注。

(3) 性别上的空缺。目前随着女性地位的提高,有的酒店专门设置了女宾楼层,在客房的布置上充分考虑了女性的生理和心理特点。如镜前灯特别明亮、柔和,适合女性化妆;洗发液的量相应多一些,满足女性尤其是长发女性的需求;有专用的女性内衣衣架、女性杂志等。

(4) 时间上的空缺。根据不同时间段的消费特色来进行定位。如许多酒店在高考时间段内推出了高考房,给考生提供一个安静的复习迎考环境;同时,推出一系列适合考生特点 (需要补脑健脑、补充体力) 的菜肴食品,赢得了众多考生家长的欢迎。

(5) 地域上的空缺。不同的地域环境有不同的民俗风情,酒店可根据地域上的特征进行定位。如延安的窑洞酒店、北京的四合院等。

(6) 利益上的空缺。不同的顾客有不同的利益需求。酒店可以利用利益上的空缺进行市场形象定位,如定位于最为方便的酒店、具有最大会议室的酒店、具有豪华气氛的酒店。

4. 品牌传播 (CIS 设计与传播)

所谓的品牌传播是通过各种手段,将酒店品牌传递给消费者的过程,即所谓的 CIS 的设计和传播。

(1) 何为 CIS。CIS (Corporate Identity System) 中文意思是企业识别系统,它以形象为中心,将企业品牌从理念、行为和视觉三个方面进行全方位的识别设计。它包括理念识别 (MI)、行为识别 (BI)、视觉识别 (VI),三者的交集即是最完美的 CIS。以快餐业的麦当劳最为典型:OSCV (品质优良,服务周到,卫生清洁,物有所值) 的理念识别,程序服务的行为识别,黄色"M"图案加亲切友善的麦当劳大叔的视觉识别,构成了完美的企业识别系统，将企业的品牌形象完美地表达出来。

（2）饭店CIS的设计。酒店CI的设计往往要遵循以下步骤：

1）制定CI设计委托书及选择委托公司。在选择委托公司同时，为了明确传达CI设计开发的目标、宗旨和要点，要求酒店制定一份委托书和备忘录，以详细阐明委托方的意图和具体要求。

2）说明设计开发要领，并提供酒店现状的调研报告。在向受委托公司详细说明委托设计各项要领和要点的基础上，及时提供在CI导入先期的酒店现状的调研报告，对报告中难以把握、体会的内容，则应安排设计专家到现场进行实地考察和体验。

3）对CI要素的初稿进行探讨。设计专家根据委托书的基本思路，拟定标志设计的概念，包括酒店名称的标准字、酒店的标准色、专用字体等，通过分析研究后，从中挑选出若干个具有代表性的标志初稿。

4）标志设计的展示和评选。选出具有代表性和个性特色的设计方案，制作出能够反映设计方案应用效果的展示版、幻灯片等，再请外界专家和酒店员工进行评定。

5）编制基本要素设计手册。将基本设计要素以"基本设计规范"的形式，编辑成设计手册。

6）酒店标准应用系统项目的开发设计。酒店在从事标准应用系统项目开发设计时，可以根据需要择优，不必包罗万象，通常多以顾客用品、服务表格、文具、账票类、视觉广告宣传类和服饰类为主。

7）应用系统项目的测试确认。对开发设计的应用系统项目要采取专家与员工相互结合的方式进行测试和评定，以确认其实际的识别效果。

8）编制应用设计手册。将应用设计系统或将应用设计系统的计划开发项目样式，编制成设计手册。

9）其他设计。例如，概念手册、推行手册的编辑设计及用于对外发布CI成果的广告设计，用于公司内部的宣传设计等。

（3）酒店CIS的传播。CIS的传播就是通过各种渠道将酒店的品牌形象扩散的过程，除了目前常用电视、报纸、杂志、电影、网络等大众传播载体外，旅游酒店还应重视开发各类"自控"载体，这些载体使用权、所有权和支配权都属于酒店。因此，在传播品牌信息时，可谓是最经济、最灵活的一类载体。一般在酒店内部，可开发的"自控"载体有以下几类：

1）酒店的建筑造型和环境布置。建筑物的材料、色彩、质地及内部的装潢格调、灯光布置，都形象地传递了品牌内涵及所蕴涵的文化特色。

2）各类办公用品。各类办公用品是传递品牌信息的基础单位，是对内、对外沟通的直接手段，它不仅具有公务上的实用性，而且还具有宣传上的特殊功能。利用它们来传递品牌信息，既无损于其本身的实用价值，又无须另外增加经费；既服务于酒店，又向公众传递了品牌信息。例如，邮政、行李用品、客房用品、餐厅用品等，这是最丰富的品牌信息载体。因为酒店提供给消费者的产品，大量地需要借助于一定的物质实体来完成。这些物质实体，也是难得的信息传递载体。

3）酒店运输工具。酒店的运输工具包括各类酒店内用的小推车、工作车、电梯及各种运货车、接客车或贵宾用车等。这些工具是一种流动的信息载体，它们有的频繁地出现在住店客人面前，有的穿梭在机场、车站、码头等人流密集的地方，利用这些运输工具往往可以实现宣传品牌之目的，不仅效果持续时间长，而且宣传面大。

4）酒店员工制服系列。员工的制服不仅展现了员工的精神风貌，而且是体现酒店品牌特色的直观形式。如希尔顿酒店集团统一的黑色系列服饰，就形象地传递了其品牌特色。酒店可根据不同的等级、不同的部门、不同的岗位，设计出"大区域相区别、小范围相统一"的员工制服，体现品牌特征。

5）各类指示性、标识性物品。酒店内部多设立各种指示性或标识性符号，常见的是员工的名牌、名片及各种符号标识。这些物品也可表达品牌所蕴涵的意义。在方便公众识别的同时，也鞭策员工努力进取，共同维护酒店良好的品牌形象。

6）店内广告。酒店在日常经营过程中，势必要借助于店内广告来做各类宣传。在这些广告作品中，酒店应一如既往地体现酒店的品牌特征，借助于这些品牌特征来保障广告活动的系统性和连续性；同时，依赖广告来宣传酒店的品牌信息。

5. 酒店品牌的延伸

旅游企业品牌延伸是旅游企业在具备一定实力、条件的情况下利用其品牌资产来发展的战略。创建旅游企业品牌的目的是形成品牌资产，当旅游企业品牌发展成为品牌资本时，会具有一种移情效应（消费者由于对某一事物的偏好和忠诚，而对与之相关的其他事物的品质产生偏好和忠诚），这种移情效应成为品牌延伸的有力武器。假日集团最早拥有中档酒店品牌 Holiday Inn，随着它扩展酒店产品线向其他细分市场的发展，它又延伸出其他几个酒店品牌：Holiday Inn Garden、Holiday Inn Express、Holiday Crown Plaza 等，形成了 Holiday 品牌家族。雅高集团也有 Accord Softie、Accord Nortel、Accord Mercury、Accord Lbs 等多个品牌延伸，分别面向豪华、中档、经济型住宿市场。

各个延伸的品牌，分别面向不同的旅游消费群体，满足各类消费群体的需求。不但有效降低了企业促销费用，大大提高新产品导入市场的成功率，还强化了核心品牌。当然，企业品牌延伸并不是无条件的，它的实施必须建立在原有核心品牌已经获得消费者的广泛认可，并且是消费者首先对该品牌有多样化的需求的前提下。品牌延伸应处理好延伸品牌与核心品牌的关系，延伸不应损害原核心品牌的质量感觉或改变现存的品牌联系，不应使品牌关键性资产的明晰形象模糊化，应考虑发展同核心品牌有逻辑联系的一系列代表性品牌延伸。

第三节　旅行社品牌构建

一、产品品牌是旅行社品牌构建的核心

同酒店业相同，旅行社的品牌建设也是产品品牌和企业品牌的结合，两者不可偏废。但是，由于旅行社企业具有低固定成本，人员作业分散性高等特点。此外，相对于酒店而言，旅行社提供的产品无法标准化。因此，游客在选择旅行社的时候，看重的往往是旅行社的产品品牌。所以，产品品牌的建设是旅行社品牌构建的核心。

二、我国旅行社构建品牌的迫切性

目前我国旅行社行业存在的问题是"小、散、弱、差"，旅行社之间的竞争过多地依赖价格竞争，而忽视品牌竞争，造成整个旅行社行业竞争混乱的现状。旅行社的特殊地位、旅行社产品的特点、我国旅行社的现状及我国旅行社所处的时代背景，都决定了我国旅行社构建品牌的迫切性。

（1）旅行社的特殊地位。旅行社是连接旅游服务供应商与旅游者，使得旅游交易活动顺利实现的企业。由于它的重新组织与技术创新功能，使得分散于市场的各种旅游生产要素得到有效组合，并实现从要素到产品的转化。这一重要功能决定了旅行社成为旅游业龙头企业的地位。因此，旅行社的品牌尤其被人们所关注。

（2）旅行社产品的特殊性。由于旅行社产品主要以服务形态为主，具有无形性。因此，旅行社产品的搜查性属性强而体验性属性弱。搜查性属性和体验性属性是美国经济学家尼尔逊提出的概念。搜查性属性指消费者在购买之前就可确定的属性，如产品的外观、触觉、气味等；体验性属性指消费者在购买之后或在消费过程中才能感觉到的属性，如旅游的感觉。所以，消费者在购买旅游产品之前只有少量线索用于判断其质量，很难评估。又由于旅游产品的异地消费性，更加深了消费者对旅游产品的确认难度。这样，消费者确认难度越大，自然越倾向于名牌旅行社提供的产品。

（3）我国旅行社历史遗留问题多。在我国，由于较长一段时期内旅游业只是作为国家外交事业的补充，发展较为缓慢。20世纪90年代以来，旅游业的发展开始进入高速增长轨道。但由于诸多因素的制约（特别是观念上的因素），我国旅行社业的基本格局一直未有大的改变，即长时期表现出所有制形式单一，投资主体单一的特征。国有资产投资和政府办旅行社的现象还比较突出。历史和体制原因导致我国旅行社总体上规模小、经营散、竞争弱、效益差，一味追求短期利润造成恶性削价竞争、恶性"宰

客"、服务质量低劣等问题，而围绕服务质量的品牌竞争意识淡薄。

（4）时代呼唤旅行社构建品牌。随着我国已正式加入世界贸易组织，允许外国人来我国投资开办旅行社企业。海外旅行商将凭借其雄厚的资金实力、强大的经营规模、良好的管理技术、完善的营销网络、先进的信息管理手段等优势，垄断来中国旅游的客源，掌握我国旅游业的主动权。而且，这些大型旅游公司纵向一体化程度较高，在旅游景区、旅游酒店、旅游车船及金融保险等领域实行多元化经营战略，进入中国市场后，容易将来中国旅游的客流在其系统范围内形成封闭运行，全面分割我国国际旅游业的外汇收益，加剧我国旅游市场的竞争态势，使总体上小、散、弱、差的我国旅游企业尤其是旅行社雪上加霜，导致相当数量的旅行社面临生存危机。因此，旅行社理当审时度势，采取对策，面对挑战。

三、旅行社品牌的效应，优秀的旅行社品牌将会给旅行社带来巨大的经济效应

（1）"磁场效应"。一方面，旅行社品牌确立的过程，也是消费者将其"货币选票"越来越多地投向这一品牌的过程；另一方面，旅行社品牌一旦发展为名牌，就会拥有很高的知名度、美誉度和信誉度，消费者就会像被磁石吸引住一般被旅行社的名声、信誉所吸引，从而形成品牌忠诚。旅行社品牌忠诚具体表现为消费者良好的口碑和旅行社推出的新产品容易被接受。

（2）"整合效应"。名牌旅行社不仅可以获得较高的经济效益，而且可以逐渐发展壮大，更新升级。一则旅行社可以借其名牌不断通过入股、兼并、收购等方式控制其他旅行社；二则在竞争中失败的中小旅行社也会逐步依附于名牌旅行社，旅行社因为拥有雄厚的品牌势力而不断地壮大，成为跨地区、跨行业、跨所有制的更大旅行社企业集团。中国千万家旅行社就会由"群雄竞起"，逐步变成几家大型旅行社集团的"诸侯割据"的局面，形成几个"航空母舰"。这些企业能聚集起大批人才，形成人才高地；树立信用状况良好的形象，在贷款、融资等方面具有明显的优势；会紧跟科技革命的大潮，加大科技含量。因而资金雄厚、技术先进、管理科学，具有名气、实力、智力和技术可与外国旅行社相抗衡。中国旅游市场的状况将从混乱变得有序，从削价竞争变为质量竞争。

（3）"持续效应"。只要旅行社名牌不倒，不出严重的质量和信誉问题，其影响及其经济效益就会长期持续下去。

四、旅行社如何构建品牌

（1）确保产品质量。旅行社产品品牌的建立，首先要取决于产品的质量，旅游产品是包含食、住、行、游、购、娱等多种项目的综合性组合产品，对于旅游消费者来说

是一段完整的旅游经历。因而旅游产品中的任何一个组成部分（无论是旅游景点、旅游设施等硬件产品的质量，还是旅游服务等软件产品的质量）都直接影响旅游产品的整体质量，从而影响消费者对旅游品牌的评价。因此，要保证旅游产品的质量，就必须使组合产品中的各个组成部分（或每一单项产品）都达到其应具有的质量标准。然而，旅游产品本身又具有较强的季节性，以黑龙江省旅游产品为例，真正对旅游者构成直接吸引力的是冰雪资源，这一自然资源受到季节的严重限制，使得在旅游旺季时，旅游产品严重供不应求，容易发生某一组成部分与产品的统一质量标准相脱节的情况，此时就应高度重视旅游产品的各个环节，保证旅游产品的整体质量，避免因小失大，又因为旅游产品的无形性，使服务质量在创建旅游产品品牌的地位上上升了一个高度，成为创建旅游产品品牌的核心问题，而服务质量的好坏很大程度上取决于旅游从业人员素质的高低。因此，对旅游人力资源严格把关，提高旅游从业人员的素质，提升服务品质是旅游业创品牌不容忽视的课题。

（2）突出产品特色。优势就旅行社产品品牌而言，品牌的建立必须是具有鲜明特色的产品。旅游客源市场是一个异质的市场，旅游者的需求是多种多样的，而且随着经济社会条件的变化和人们生活内容及消费形式的变化，旅游需求也在不断变化。因此，旅行社应该适时地提供出异质性的旅游产品，以及满足不同旅游者的不同需要。在旅游组合产品中，要注意抓住特色最强的东西。要把握住区域优势，将旅游资源和产品进行有机整合和提升，如黑龙江省旅游，把"冰雪旅游"作为品牌推出，陕西省旅游突出其"文化大省"的优势，而对于上海这一中国代表性的现代化大都市，则离不开其"海派"的文化背景。因此，在设计和组合旅游产品时，绝不能离开这一大的、整体性的品牌。以陕西省西安市为例，其特色是世界级古都。在各个具体的旅游产品中，应该把那些品级高、特色强的景区、景点组合进来，如秦兵马俑博物馆、华清池、杨陵、乾陵、历史博物馆、西安城墙、碑林博物馆、大小雁塔等。但是，不是说一条旅游线路或旅游者的一次旅游就要把所有重要的景区景点一览无余，一定要做好组合搭配工作。对不同旅行社来说，要使所组合成的旅游产品有不同的内容、不同的特色，除景区景点外，在食、宿、行、娱等方面，各旅行社产品应尽量有所不同。这也是在具有相同或相近的地域优势的情况下，在遵循整体品牌的同时，创造自己的旅游产品品牌的特色。

（3）强化文化内涵。旅行社产品品牌应注重其应有的文化内涵。旅行社产品是一个特殊的产品，在资源共享的前提下，同一线路产品其文化含量注入多与少就形成了产品层次的高低之别。从竞争的角度看，第一层次的竞争也是最原始、最普遍的竞争，就是价格竞争；第二层次的竞争是质量的竞争；第三层次的竞争是文化竞争，也可以说这是最高质量的竞争。创立旅游产品品牌，就必须注重文化内涵的加深，让品牌产品具有厚重的文化底蕴。同一条旅游线路，文化内涵深一些，导游水平高一些；同一星级的酒店产品地方性、民俗性的含量多一些。通过文化内涵抓住旅游消费者的求异心理。同时，也可以强化底蕴浓厚、特色突出的文化资源，打造文化品牌。清明上河园是我国中原地区的文化主题公园，是以弘扬北宋优秀文化为主体的新建旅游区，它以《清明上河图》为蓝本，依据宋代营造法式，融入独特浓郁的宋文化品位和氛围，再现了这一千古名画，是充分挖掘文化内涵、创文化品牌、变资源为效益的成功典例。

（4）维持品牌的持续发展。创建旅行社产品品牌，必须考虑到品牌的持续发展。旅游产品同其他商品一样具有产品生命周期，产品品牌并非一经创立就经久不衰。因此，必须根据市场上不断涌现的新需求，不断地实现旅游产品的升级换代。就中国观光产品来说，第一代观光产品主要是以自然、人文景观为主的观光产品，进入成熟期后，第二代观光产品（如增加参与性活动的观光产品）就相应进入推出期。待第一代观光产品进入成熟期后，第二代观光产品就进入了成长期，从而延长了观光产品的生命周期。然而，保证旅游产品品牌的可持续发展，不仅要在微观上实现产品的升级换代，同时也必须重视旅游产品对宏观条件的依赖性。虽然对于绝大多数的旅游资源而言，都具有永续利用的特点（例如，参观、游览，旅游者所带走的只是印象和观感，而不能带走旅游资源本身，从而使旅游业成为"风景出口"行业，而且永远也售不完）。但是，旅游资源也有一个保护问题，在一个国家或地区，具有吸引力的旅游资源多是自然和历史的遗存，如果遭到破坏，一般是很难修复的。因此，旅游行政管理部门和地方政府应该充分发挥其宏观管理的职能，保护旅游资源和生态环境，把旅游概念、旅游文化融入城市规划建设。旅游企业也应以环境效益为前提，以社会效益为目的，以经济效益为动力，大力发展生态环境旅游，将生态旅游与传统旅游项目有机结合起来，充分利用原有的条件开发。注重创意新、品位高，合力给旅游品牌的永续发展创建一个绿色通道。

第四节　旅游景区的品牌策划

一、基本概念

在进行具体的论述之前，应该明确本节对如下概念的界定。

（1）旅游景区。旅游景区是以满足人们观光、休闲、娱乐、科考、探险等多层次精神需求的、自然的、人文的或人造主题性的旅游资源集合的特定区域。旅游景区是一个较小空间尺度的旅游地，按满足需求类型的不同可分为风景名胜区（如泰山、九寨沟、明清故宫等）；旅游度假区（如承德、海南等）和主题公园（深圳的华侨城主题公园)。

（2）旅游地形象。旅游地形象是指旅游者对旅游地总体产品和服务的看法与评价。从游客角度而言，是指其从各种渠道获得的对旅游地的整体印象；从企业角度而言，是指通过产品与服务提供而传递给游客的旅游地综合印象。

（3）景区品牌。景区品牌是为了赢得游客忠诚，造就竞争优势，从景区企业全面的运作中产生的自我认知和旅游者识别的形象系统。

景区品牌的建设是从单纯的形象建设走向景区品牌构建的中间环节，"它将景区产品和服务以及文化与环境的商品化结合起来"，因此是景区企业由内至外的综合建设。

二、旅游景区品牌的价值

首先，从最显著的功能层而言，旅游景区品牌形象存在的价值在于促进客户的实际购买，产生持久的知名度、美誉度和满意度，最终达到品牌忠诚。这里的"客户"既包括旅游者也包括代理商、旅行社或其他代理者；旅游景区的"品牌忠诚"也有异于实物产品的"品牌忠诚"，它包括游客的重游率、更多的人均消费和良好口碑，以及代理商的反复购买和主动宣传等。消费者对景区品牌的忠诚大大降低了他们在选择旅游目的地时的不确定性，减少了决策成本的付出；景区不仅能扩大销售规模还提升了自身的市场地位和竞争能力，这便是品牌形象给景区企业带来的直接回报。

其次，再深入一层思考，在景区企业的其他相关经营领域，品牌形象还可延伸其价值，促进企业的多元化发展，使主营以外的产品分享品牌形象的利益，迅速获得市场认可。若品牌能成功转化为名牌，更有利于景区企业的资本运作，取得对外融资、产权交易等特殊利益。总之，旅游景区品牌形象的建设，将最终促使我国的景区企业从形象建设出发，内练素质，提升经营层次，走向品牌化经营的道路，在更为激烈的市场竞争中获得优势地位，保持长期的发展活力。

三、旅游景区品牌的构建

1. 旅游景区品牌形象认知

旅游景区品牌形象的认知包括两个方面：一是旅游景区经营企业对景区本身的形象认知；二是游客对旅游景区形象的认知。这两者的认知达到融合时，品牌形象的塑造才能得到最优的效果。对景区本身的形象认知包括了对旅游景区资源种类、品位、所处区位、交通条件、经营项目、服务质量、管理水平等基础要素的认知，由此得到最基本的形象位置认知。这些基础要素虽不是决定旅游景区品牌形象的核心要素，但也是不可或缺的，而且对于特定的旅游景区而言，其中的某些因素会上升为决定性的因素。例如：苏州乐园的成功在很大程度上是与良好的区位及交通条件分不开的。苏州乐园地处世界著名旅游城市大门口，远近前后一目了然，离城距离比杭州"未来世界"还省 10 多元的出租车费；而与之相比，"软件"优越的"福禄贝尔"科幻乐园却选在了离各大城市百公里的旅游圈内的吴江，虽投资兴建了停车场，但效果不佳，只有将苏州、无锡西部市场拱手让与苏州乐园。游客认知则是着重于他们是怎样认识和解释旅游景区品牌形象的。因为往往在现实中，"被顾客喜欢的产品不仅是由于其客观品质好，更重要的是由于顾客认为它好"。所以并非那些最好的旅游景区就能被游客喜欢，更重要的在于游客喜欢哪一旅游景区就认为它好。这一点给了人们一个启示，即同一旅游景区给出的形象信息不同，游客的认知也就不同。

2. 旅游景区品牌形象的建设

（1）旅游景区品牌形象的成长方式。

1）旅游景区品牌形象的差异性制造。从战略的角度出发，形象的差异性是实施旅游景区品牌形象的首要选择。因为差异化会创造很强的竞争优势。简单地说，差异性就是指旅游景区的独特性，是那些最能体现旅游景区地方性、文化特色和服务个性的东西。"唯有独特的东西才能被旅游者从众多相似的信息中注意和感知"。差异性反映了旅游者所要追求的核心价值。

首先是旅游景区"地方性"差异。从地理学角度而言，旅游景区的地方性，也就是地理文脉的差异。一般来说，由于地理位置的绝对不同，这种差异是天然就存在的。不过，一直以来，中国的许多旅游景区往往只将旅游功能定位在观光、游览上，不太注重地方个性的宣传，使中外旅游者产生诸如"白天看庙，晚上睡觉"的相似感受，无法体会和区别不同旅游景区的特色和差异。或者，旅游景区本身对"地方性"的重要程度有所认识，但始终没能找到一种恰当的方式来表现，传递给游客。表达形式单一，也就难以形成特有的品牌形象了。

Ralph 提出，一个地区的自然背景（Physical Setting）、那里人的活力（Activities）、那里蕴涵的意味（Meanings），三者共同交会统一才能形成一个地区的识别特性。旅游景区的地方性是由地域背景及当地人文意味所构成的，即特定的地理位置和本土文化、民族风情、地方习惯等融合表达的。即使所谓的纯自然风光的旅游景区，也蕴涵有相当的人文因素。这些人文因素深刻地烙上了地域特征，使旅游景区散发出无穷的魅力。所以，在制造旅游景区"地方性"差异时，就是要强化旅游景区的地理文脉，保持独有的景观和人文因子，发挥二者融合的功能，形成旅游景区的"与众不同"。例如，在我国广西壮族自治区，多数的观光性景观不是单一的自然风光，而是民族性与地方性结合的产物，像宜州市下枧河景观与刘三姐风情、木化县七百弄岩溶地貌景观与瑶族风情、融水县贝江风光与苗族风情等。

那么如何将这种地方性表现出来呢？一方面就是要强化旅游景区内所有的地方性形象因素，无论在景观的布局上，还是在服务细节上，都尽量使用本地特色，如使用当地或本民族的文字、采用传统的民族礼节为游客服务、举办地方特色的节事活动等

（如民族歌舞表演，地方特色小吃，民俗文化节……）。深圳华侨城的民俗文化村在这一点上是值得参考的。民俗文化村里的居民，都是从少数民族地区中选聘的，且两年换一次，保持了真实、原本的民族文化。另一方面，则是消除弱化旅游景区地方性的因素。曾有一度全国兴起了建"西游记宫"的热潮，各地的"大观园"也有不少。然而，最终绝大多数都以关门倒闭为结果；还有一些旅游景区似乎抓住了地方性做文章，修造各自的地区历史人物、文化事件蜡像馆。表面上是为了表现当地的人物或典故，但实质上你有蜡像我也有蜡像，形式单一，仍是对"地方性"的弱化。简单的模仿根本上就是对旅游景区地方性的破坏。因此，消除弱化因素就要杜绝这种简单模仿，除去那些无地方性的形象环节，寻求旅游景区内的统一表达自身差异的形象标准，而不是生搬硬套其他旅游景区的标准。

其次是旅游景区的"文化性"差异。前面已经提到过了地方文化和民族文化在"地方性"差异中的运用，这里重点指出的是旅游景区的文化品位，即旅游景区将文化的内涵挖掘得有多深，表现得有多充分。文化内涵的深浅也是一种差异。因为大多数的旅游景区还是或多或少地表现出文化性，有的本身就是以独特的文化为吸引的。然而普遍存在的问题是，文化深度不够，使旅游景区的吸引力难以持久。所以，在设计文化性方面的形象符号和表现手法时，需要在挖掘地方文化的深度上下功夫。除了反映地域文化性外，还要体现旅游景区的文化品位，同时也反映出文明程度。尤其注意的是旅游景区里的一些细节，这些细节往往在设计时容易被忽视，却总被游客视为形象表现的重要因素。例如，在旅游景区清洁箱的设计上，不是简单的铁皮箱就了事，而是要将它的形象融入旅游景区的特色中，在形状、颜色、标记上显示出一定的文化性，成为愉悦旅游者的一个欣赏细节。还有一个厕所问题，更体现了旅游景区在文化上的差距。厕所绝不仅是个公共设施，它也反映旅游景区对社会文明的重视。这里有一个典范就是"锦绣中华"的"厕所服务"和"厕所文化"，曾一度成为该景点形象传播的诉求点。

最后是服务差异。从某种意义上说，旅游景区企业就是服务企业。旅游景区服务是旅游景区的重要产品。游客对服务的满意程度如何常常比旅游景区的风光景致、文化内涵更能影响其在游客心目中的形象。旅游景区服务的差别是一个优势。"非标准化往往才是人们对服务的期望。因此，对服务企业而言，能够提供有别于人的服务，代表着自己具有一种优势"。

2）响应旅游景区品牌形象的信息。创造旅游景区品牌形象认知的要素很多。如何运用这些要素来创造信息，引导游客的形象认知呢？这里类比一般企业 CIS 设计要素加以说明（见表 7-2）。

表7-2 旅游景区品牌认知要素与信息标志

	认知要素	信息标志
MI	旅游景区核心价值 旅游景区发展宗旨和目标 旅游景区企业文化 旅游景区发展战略	核心价值宣传口号 景区企业文化座右铭 经营指导思想
BI	目标市场细分 选择及定位主要产品品牌 客户开发广告与促销活动 文化娱乐活动 服务行为	节庆活动 公关策划
VI	旅游景区标识图案 名称标准字 颜色识别 代表景点选择 符号系统及风格 建筑造型 企业服务标识	建筑 道路、绿化、路灯、指示牌系统 服务标识系统（服务）旅游广告、宣传册、 招贴画、海报、音像制品标准字、标徽、色 彩纪念品

从表7-2中可看到旅游景区创造品牌形象的信息标志系统。其中MI要素中的信息标志：核心价值口号、旅游景区企业文化座右铭力求用最凝练的语言来表达。例如，20世纪80年代中期，故宫的宣传口号：Forbidden City is No Longer Forbidden 就非常经典。另外，作为BI要素信息标志的节庆活动及公关策划，则是一种相对复杂而立体的标志，是将整个事件作为信息传递给游客，形成对旅游景区的综合性感受。这两种信息的成功创造往往会在短期内获得预想的效果。还有，视觉信息常带给人们非常直观的感受，给人的印象是最深刻的。所以，VI要素的信息标志形象传递作用更明显。将旅游景区的差异性用VI信息标志表达出来时，要注意的几点是：首先，在表达品牌形象的核心价值时具有统一性（如色彩、图案的协调）；其次，遵循简洁、独特和地方性原则；再次，广告等宣传方式具有新奇性（如用词的新颖、幽默、激发联想）；最后，服务形象和活动人性化（亲和力、感染力、非机械的）。

3）旅游景区品牌形象的塑造机会。旅游景区品牌形象的塑造也要注意机会。培育机会、创造机会的重要途径是寻求两种参与：游客参与和社区参与。一是游客参与，因为游客是塑造景区品牌的重要资源，他们拥有最有效的营销工具——口碑（Word of Mouth），因此"最好的销售者莫过于心满意足的顾客"。另外，他们还有旅游景区企业渴望得到的外部信息流，包括消费预期、需求方向、市场规模、竞争对手消息等。以上两项资源足以影响景区的形象和利益。所以与旅游者实现充分的信息共享及合作，能够帮助景区获得资源优势；同时，与旅游者结成某种意义上的感情纽带，从心理上赢得游客的支持，无疑增加了游客忠诚的可能性。信息共享的具体方式，如目前在旅游发达的地方修建的"欢迎中心"（Welcome Enter）。

旅游景区企业可以在综合服务区或旅游景区门口设立一个这样的服务机构，采取开放式服务，提供咨询、导游、游览提示、预订、投诉、活动设计等服务，开展游客沙龙、游客之家等活动，为游客提供对旅游景区提出意见与建议的机会。或者，小规模旅游景区参与到所在地的"欢迎中心"或旅游信息系统中去，这样可以节约一定的成本。总之，就是要为旅游者拓展信息沟通的渠道。

二是社区参与。旅游景区所在社区也是旅游景区品牌形象塑造的影响因素。实际上，社区居民也是旅游景区的游客，与社区建立关系是"体验游客生活"最有效的方式。并且，社区的良好环境及居民的友好支持对旅游景区是相当重要的，他们往往成为游客评价旅游景区形象的隐藏指标。因为社区是旅游景区的形象背景，也就成了品牌形象的另一种重要资源。因此旅游景区可以常与社区机构保持联系，为居民提供游览的优惠待遇等，获得居民的认同，让他们成为旅游景区的"内部人"。

（2）不同旅游景区从品牌形象塑造到品牌化的一些区别建设旅游景区品牌形象最终是要促使企业走品牌化的发展道路。然而三类旅游景区本身存在差别，在品牌形象的建设过程中也相应有所区别。根据三类旅游景区的不同特点，对它们的品牌形象差异做以下简单的归纳：

首先，在主题方面，主题公园显得更为主动和活跃，较另两者更容易形成独立的品牌形象。主题公园基本不存在天然的地方性差异，或者说，没有很强的地方性优势，是一个完完全全人工创造的休闲娱乐空间。所以，在初建主题公园时，可灵活地选择主题，但也要准确地选择好这个主题，使品牌形象的发展拥有一个高起点。而已存在的主题公园也有比较广阔的空间进行联想，其品牌形象的扩展性是很强的。旅游度假区和风景名胜在形象主题上的选择空间要相对小一些，不过稳定的地方性与文化性内涵为品牌形象的稳定性奠定了基础。

其次，在品牌形象的培育环境方面，目前我国主题公园的产权主体多为市场化运作的企业，相对而言，企业的文化理念、运作机制、管理方式等会成熟一点，因而也就拥有较为宽松的培育品牌的内部环境。旅游度假区和风景名胜区的资源类型与产权组织形式有别于主题公园，经营这两种旅游景区的企业在经营体制和管理模式上还有待于进一步的市场化转变，目前进行品牌化经营还较多依赖于"政府主导"下的外部环境给予的机会。

最后，在品牌形象差异突出的重点上，主题公园在地方性、文化性及服务管理三个方面都能有所作为；旅游度假区侧重于服务管理；风景名胜区则侧重于文化性、地方性。在企业的相关多元化发展上，主题公园可以进行产品和管理多层次的品牌延伸，度假区和风景名胜区则可在管理上进行品牌拓展。应该指出的是，将实现品牌形象建设的突破口放在文化性和服务管理上，是品牌化经营中值得探索的一条途径。文化上档次，服务出个性，管理才可能成为品牌。

"消费者忠诚的是品牌，而不是生产者"，和那些著名的酒店管理公司一样，旅游景区企业也可形成自己的旅游景区服务管理公司，开展管理咨询、服务设计、管理输出、提供培训、公关、营销策划和活动设计等业务，从服务管理上打造品牌，走品牌化经营的道路。

案例　如何创造最热门的线路——"丽江假期"线路剖析

原来的丽江线一直不温不火，从 2011 年大年初一开始，深圳航空公司开通了"深圳—丽江"航线，但久推不兴，每次航班都寥寥无几不到 10 个人，航空公司压力颇大。"深航"和深圳"国旅"敏锐地捕捉住这一商机，经过周密策划的"丽江假期"在深圳一炮打响并迅速形成热潮。现在深航每天都有直飞丽江班机，在推广阶段班班爆满，30%的人都是走"丽江假期"倡导的特色自由行，其他旅行社也借势推出普通团线着实沾了不少光。

对旅行社来说怎样"捕捉商机"、"有效整合资源"、"准确产品定位"？如何"一炮打响"？是一整套高难度的组合拳。那么具体怎样才能获得拳路心法呢？

在"深航"为丽江直航伤脑筋的阶段，旅行社有哪一家会慧眼独具，顶着压力上马这个项目？如果没有对市场的十足把握，谁敢担风险联合推广？万一推广没有效果，或反应不明显怎么办？问题千头万绪，究竟从何入手呢？

首先要敲定与"深航"联合推广后的利益保障，因为这是问题的关键。整合多方面的资源，而且还要多方共赢，实在难能可贵，经过反复磋商最终达成约定。

紧接着需要"深航"踩线。那么旅行社应该怎样卓有成效的踩线呢？

"深航"和深圳"国旅"立刻多方联系丽江市政府、旅游局、深圳航空公司和地方旅行社，派出深圳电视台、报纸特约撰稿人专程赴丽江作为期一周的线路考察。在出发之前，深圳"国旅"已经运筹帷幄，有了一些基本的想法，踩线丽江是为了从各个角度来完善方案。

您的旅行社可能也经历过无数次踩线，但踩线后有没有成果呢？

经过"深航"调研，深圳"国旅"成竹在胸，觉得完全可以把丽江作为云南旅游的一个新的辐射中心，把丽江做成"深航"半自助旅游的典范，把丽江游做成一种新旅游的代表，开创"丽江游"模式。

在营销策略上继续沿用"深呼吸一次，足足回味一辈子"的策略，让游客把自己在丽江放下，在古城找个院子发呆，尽情享受丽江最古朴、最悠闲、最自在、最深刻的旅行体验，感受最超然的生活方式，顿悟"活在当下"的人生哲学（不同心态的人去丽江静下心来住几天，都能找到共同的心灵家园，感受生命的"香格里拉式"生存境界）。

复习与思考

1. 什么是品牌？品牌的作用表现在哪些方面？

2. 什么是旅游品牌？旅游品牌对旅游业有何意义？

3. 调查一个你所熟悉的酒店或酒店集团，了解它们的品牌建设，你能提出什么样的建议？

4. 以国内外著名旅游景区为例，谈谈旅游景区如何进行品牌的构建？

5. 试列举几个你比较喜欢的旅游品牌（酒店品牌、旅行社品牌、旅游景区品牌），你喜欢它们的原因是什么？这些品牌对各自的旅游企业的发展起到什么作用？

旅游品牌营销

第八章　酒店业营销策划

内容导读

　　酒店业是旅游业重要的服务设施之一，是旅游者休息、交流、对外沟通的场地，也就是旅游者在外游览的家，只有让顾客有了宾至如归的切身感受，酒店才能在消费者心中打下品牌的深深烙印。因此说："酒店品牌，服务打造。"下面本章将围绕服务这个核心层层介绍酒店营销策划的全景。从案例分析中，您将不难领略"服务打造"的真正含义。您也将了解到酒店营销的一些主要营销渠道和营销技巧。

第一节　酒店营销策划观念

一、以顾客为中心，赢得顾客忠诚

　　宾客是酒店的衣食父母，从这个意义上来讲，他们无疑是酒店的"上帝"。他们为酒店带来财源，是酒店赖以生存和发展的支柱和基础。所以"以顾客为中心"是酒店必须遵循的原则。当人们告别大众营销模式走向定制时代的今天，建立并维持与顾客良好关系的关系营销成为酒店经营成功的根本保证，而其核心在于赢得顾客的忠诚。由于顾客的需要是多样化的、较难掌握的，各酒店在服务目标上，不再局限于提供基本或价格低廉的产品，使之达到满意，而是千方百计考虑顾客的需求，并通过现代的客户关系管理（CRM）系统来提升客户关系。因此，酒店的营销策划应当着力于不断研究顾客的需要，开发能够满足顾客需求的产品和服务，创造特色，设法做得比同档竞争对手更加出色，这样才能长久吸引顾客。

　　对酒店营销管理来讲，获得顾客满意是十分重要的，设想营销人员通过各种方式不断招徕顾客，而酒店却因为服务问题造成顾客的不断流失，使营销人员的工作功亏一篑。有研究表明，吸引一位新顾客比保持老顾客常常要多花 5 倍的成本。要使顾客不流失，关键是让顾客满意，因为一位满意的顾客通常会增加光临次数，从而提高对酒店的忠诚度，忽视竞争酒店的广告、对价格不敏感，并乐意购买酒店推荐的新产品，老顾客还会主动向周围的人宣传该酒店，帮助酒店介绍其他客人，并在适当的时候像老朋友一样给酒店一些好的建议。由此不难看出，与新顾客相比，保持老顾客大大降低了营销费用和服务成本。

顾客满意是酒店赖以生存的基础，营销管理者要统计顾客满意情况，测算顾客满意率，同时要将本酒店的顾客满意率与竞争对手相比较。只有保持较高的顾客满意率，酒店才能获得满意的收益，才能保持长期发展的后劲。酒店营销管理者要设法通过多种渠道，不断地主动收集顾客的意见或建议，调研和预测顾客的需求，获取顾客的反馈。常见的做法有以下几种：在客人办理退房手续时，请客人填写意见表；宾客关系中，经理主动拜访住店客人；销售人员跟踪服务；设立互动式的网站与客人进行交流等。

二、加强协调和沟通，创造良好的营销氛围

酒店提供的是整体性产品，顾客从入住到离店接受的是来自于各个部门的共同服务，在为客人服务过程中，任何一个部门都十分重要。如果员工对其他的部门不了解或部门间合作不协调，可能造成工作的失误，影响到顾客的满意度。要避免或减少这种现象的发生，酒店各个部门间必须充分沟通，解决问题要站在满足顾客需求的角度上来进行协调。营销部门作为酒店和顾客的纽带，必须经常和酒店各部门进行协调，将顾客需求信息准确无误地传达给相关部门。招聘和雇用合适的员工是首要步骤，培训员工的对客服务意识，激励员工用正确的服务方式，大胆有效地授权，并通过事前、事中、事后的检查来控制服务差错的出现。酒店从上到下要树立正确的服务意识，要视同事为内部顾客，营造人人都为下一道工序服务的氛围，将顾客需求传递到相关部门。

三、强化品牌营销观念

近些年来，企业之间的竞争已从局部的产品竞争、价格竞争、资金竞争、人才竞争、技术竞争、信息竞争等发展到整体竞争，即企业品牌和企业形象的竞争。可以说，21世纪的竞争就是品牌的竞争。品牌是企业最典型的核心竞争力之一，它是长期积累形成的，具有途径依赖的特征，模仿者无法迅速模仿，而且品牌可以消除或减少顾客对酒店的信息不对称。在品牌的创立过程中，品牌营销观念的建立是出发点和基础。营销观念建立的关键在于发现需要并满足需要，这里所说的需要包括两个层次：酒店自己所选择的消费者的需要和满足社会的需要，在这种营销观念的指导下，酒店才有可能按照消费者的需求设计产品，核算成本，制定相应的价格，从而树立消费者对其产品的信赖。在满足消费者的同时，酒店也要努力满足社会各方面的需要，例如为了适应生态环境和精神文明的需要，酒店业内推出了绿色酒店、绿色营销等来满足这方

面的需要。

四、以客房销售为重点，获取满意的盈利率

酒店营销人员不仅要通过各种方法创造顾客满意，而且要关注酒店的盈利率，兼顾平均房价和住房率，不能片面追求其一，要追求盈利最大化。有些酒店的营销部门不做市场调研，没有公关策划，不进行营业预算，营销部门仅充当接待部门、打折部门的职能。如果酒店一味地通过简单的削价手段来赢得顾客的忠诚是很危险且不现实的，因为通过削价竞争只能赢得顾客短暂的忠诚。从长期来讲，酒店只有有了盈利，才能为顾客提供更好的服务。虽然客房销售很少超过总销售收入的一半，但是客房销售对总利润的平均贡献要大得多。由于高固定成本的影响，额外的或边际的客房销售所带来的利润率往往要大于75%，而餐饮销售的边际利润率则往往保持不变，而且客房出租率的提高能带来酒店内部餐饮和其他服务销售量的增加。因此，酒店营销管理者不仅要考虑顾客的满意，同时还要兼顾酒店的盈利和业主的回报，这是营销人员所必须具备的素质和能力。

第二节　目标市场策略

成功的酒店营销工作，首先需要进行市场细分，以便利用现有资源来满足目标市场的需要。因为不可能占领和满足每一个客源市场，所以酒店营销管理者必须明确酒店的市场定位，尽量避免接待与自身定位不相称的客源。例如：人们简单将客源市场分成高、中、低三个档次的客源，假设本酒店是接待中档客源能力的酒店，这表示酒店的硬件和服务都是满足中档客源需求的。如果人们接待高档客源的情况会怎样？由于高档客源对高档次酒店的情况熟知，他们对服务的预期较高。因此，酒店就较难满足他们的需求，就需要付出额外的精力去迎合他们，而酒店的接待能力、硬件标准、服务内容与高档客源的要求是不可能相吻合的，出于种种原因高档客源还会出现不满意的情况。酒店若接待低档客源又会出现怎样的情况呢？因为低档客源对价格敏感，他们同样难以被满足，而且还会破坏本身中档客源的满意感，破坏酒店的气氛。倘若需要同时接待不同类型或档次的客源，就应预先规范好不同客源的行进路线，通过开设专梯，专人引导，区分排房楼层等方法，尽量避免造成两类客源的冲突。例如：一些大型酒店，针对团队的服务特点，专门设立团队入住登记处，这样不仅方便和加快了入住登记的速度，而且避免了不同客源的服务矛盾。酒店只有根据自身条件，明确市场定位，才能更好地为每一个目标市场的客源制订适当的营销方案，提供规范的服

务标准，提高顾客的满意度。例如，如果酒店的目标市场是团队客人，那么酒店的营销重点应放在客源的旅游开发商那里。对于商务客人而言，最有效的促销方式是直接针对公司进行人员推销，并辅以邮寄资料、特别促销活动和提供折扣价格。如果酒店瞄准了会议旅游市场，应直接针对公司、旅行代理商或会议组织者进行营销，主要以人员推销方式为主，与此同时，还应分发各种促销宣传材料。

根据营销学家格朗洛斯的观点，影响顾客感知形成的因素有四个：企业自身的广告宣传、顾客的口头宣传、企业自身的公众形象、顾客主观需求强度。顾客实际得到的质量包含两个部分，即功能性质量和技术性质量。前者指顾客得到的具体服务，如干净的客房、可口的饭菜等；后者则强调顾客得到的服务方式，如快捷、热情等。市场定位一般要借助"信息传递"来实现，信息传递是对有助于企业进行市场定位的各种因素进行说明或展示。企业可以通过信息沟通来表明本企业的性质，阐述企业的理念，介绍企业的各种服务，这有助于给人们留下深刻的印象，从而赢得本企业的可持续竞争优势。其主要形式包括：

（1）酒店外部环境介绍。它包括其地理位置和外观，建筑风格，在街道的具体位置，周围的建筑或企业，所处街道和城市的形象，附近居民或职工的构成等情况。

（2）推荐。口碑宣传是可能赢得顾客最有效的方法。多数人最愿意听取他人的看法，而且深受其影响。一般来说在听到对某酒店某方面的赞扬时，也会受到鼓舞，但对于负面评价往往更乐于相信。因此，使现有顾客获得良好经历从而避免负面宣传便显得尤其重要。

（3）媒体宣传。通过各种媒体进行宣传及宣传所导致的公众舆论，是为酒店赢得市场位置的又一有效方法。评论家的好评是一种宣传的作用，媒体对酒店组织的活动和住在酒店的知名人士进行报道也可起到宣传的作用。这就是为什么许多大型酒店愿意接待来访的名人，甚至不惜以十分低廉的价格争取接待名人的机会，如广州白天鹅宾馆、北京长城喜来登饭店、中国大饭店等都因此获得了良好的市场形象。

（4）广告。它为酒店直接阐述其要在人们心目中占有何种位置提供了最佳的机会，但成本也是高昂的。酒店可以自行选择广告用语，以最佳的方式发布广告，并使广告针对最适合该酒店的目标市场。

（5）宣传资料。宣传手册和酒店用于促销服务设施的所有附带材料，是向潜在顾客说明酒店市场定位的理想方法。这些信息材料所介绍的产品与服务设施，可以激发起顾客的希望和期待。他们向顾客及旅游代理商表明，该酒店将为他们提供舒适而满意的服务及可获得的附加利益。

（6）员工。员工的态度和面貌、规范的服务行为和无微不至的关怀是树立酒店形象永恒的方法。建筑物也许很破旧，内部装饰可能不很豪华。但是，如果进入酒店后得到十分规范或个性化的服务，顾客可能会忘掉其他不尽如人意的地方。

（7）价格。提供某种特定的价格水平是酒店进行市场定位最简单的方法之一。管理者和顾客双方都用这一方法为酒店定位，或是高价位，或是中价位，或是低价位。无论选择何种价位，酒店必须体现物有所值。

（8）氛围。音乐、喧闹声、气味及酒店的活动，乃至酒店的客人等，可以使酒店形成舒适、大众化、繁忙、上流或其他的各种市场形象。

（9）常客方案。有一批能经常惠顾饭店的顾客，有助于确立酒店的市场地位。酒店总是会吸引那些由其他信息传递方法招揽的且符合其战略定位的顾客群体，并因此形成自己在市场上的形象，因为绝大多数人都喜欢与同类和属于同一社会经济阶层的人相处和交往。

（10）店名、口号、标志或标识。这些酒店的象征应该成为集中体现酒店市场定位的方法。要使标志或口号为酒店定位发挥真正的作用，必须使其反映出酒店性质和经营业务的独特之处。

品牌的市场定位需要从市场机会入手，然后进行市场细分化、目标化，最后完成定位。在定位的基础上，人们可以展开定位营销。定位营销一般可分为三个步骤：第一，确认潜在的竞争优势。竞争优势有两种基本类型：成本优势和产品差别化。前者是指在同样条件下比竞争者定出更低的价格，后者是提供更多的特色以满足消费者的特定需要。酒店产品更多的是运用产品差别化来参与竞争。因为产品差异化优势在短时间内不易被竞争对手模仿，而且利用成本优势参与服务产品的竞争，容易造成削价竞争。全方位地获取竞争有时是困难的，因此重要的是不断发现潜在优势，积少成多。第二，准确选择竞争优势。波特的价值链分析理论指出要放弃那些优势微小、开发成本太高的活动，而在具有较大优势方面进行扩展。第三，准确地向市场传播企业定位观念。因为再强的竞争优势也不会自动在市场上显示出来，所以在选定竞争优势后，就需要通过广告宣传将其传播开来，切入消费者的心灵。对于酒店产品，一般可以采用五种定位策略：

1）"第一定位"策略，即饭店总体产品的某一方面的第一位。例如，规模最大、服务水平最高、知名度最高、质价比最大等。

2）"加强定位"策略，即在消费者心中加强自己现有的地位。例如，利用诸如"我们是老二，我们要进一步努力"等宣传口号，来加强在消费者心中的地位。这种定位策略适合那些竞争力较强，特性明显的产品。

3）"空当定位"策略，即寻找市场空缺。市场需求不可能被完全满足，市场永远存在着未被满足的需求。这就要求经营者要善于从需求与供给的不对称中，从需求的动态变化中寻找市场机会。

4）"为对手重新定位"策略，即通过将自己的产品与竞争对手的产品加以比较，把竞争对手占据在消费者心中的位置重新定位。

5）"高级俱乐部"策略，即通过强调自己是某个具有良好声誉集团的成员之一，来达到加强在消费者心目中的地位的目的。酒店集团化经营以及特许经营在某种意义上来说就是这种定位策略。

第三节　酒店营销策划战略

一、广告策略

酒店广告的主要任务是帮助消费者选择适合自己的酒店，使酒店与消费者在交易之前就能够有良好的沟通，从而使酒店的需求曲线上移。首先，广告在帮助消费者获得信息、减少风险方面是很有效的。人们都知道，酒店产品是服务型产品，由于接受服务的感受滞后于认知，消费者的购买行为充满了风险。而避免风险的途径有三种，其分别是：经常购买同类产品或服务，降低对产品或服务的要求，获得广泛的信息。在这三种途径中，只有第三种是不以牺牲消费者的利益为代价的。因此，广告中关于酒店及其产品、服务和品牌的信息有助于消费者做出最优的选择和决策。有关调研表明，大多数人都认为广告是重要的，能够使他们及时获得商品的信息，这对于他们了解商品的使用和优点有所帮助。由此，酒店广告是通过各种传播媒介来向目标消费者或公众进行宣传或促销的一种手段。它为酒店直接阐述它想要在人们心目中占有何种位置，提供了最佳但也是成本高昂的机会。酒店广告对酒店具有重大意义，为酒店或酒店集团及其产品树立良好的形象，并刺激潜在的消费者产生购买的动机和行为。酒店可以自行选择广告用语，以最佳的方式发布广告，并使广告针对最适合该酒店的目标市场。目标市场即最有希望的消费者组合群体。目标市场的明确可以使广告更具有针对性。酒店应该尽可能明确其目标市场，对目标顾客做详尽的分析，以便更好地利用这些信息所传递的机会，提高顾客的满意度，最终增加销售额。常见的确定细分的服务市场有：商务细分市场、休闲细分市场、人口统计细分市场、消费者细分市场、社会阶层细分市场等。选定目标细分市场后，酒店需要考虑的下一个问题，就是确定各种产品在目标顾客心目中应占据何种位置，在大众旅游市场上，由于竞争者往往以非常接近的价格向同一细分市场的消费者提供十分相似的产品，所以经营者越来越需要通过特定的个性信息来实现产品的差异化和创立品牌，并将这种个性传达给顾客，这种个性就是品牌特征。只有这样，酒店才有可能具有竞争优势，才有可能被人记住。在众多的酒店广告千篇一律的情况下，宣传酒店特色的广告显得更有必要。

二、常客奖励策略

许多酒店集团在 20 世纪 80 年代建立了会员俱乐部或其他方式，利用向常住客人提供优惠卡来吸引回头客。其中有些计划除了提供通常的优惠外，如快速办理入住和离店结账等，还提供信用方面的保证和便利，有些还向常住客颁发积分卡。马里奥特的"荣誉宾客奖励俱乐部"、希尔顿国际饭店集团的"希尔顿荣誉客人计划"、喜达屋集团的"喜达屋嘉宾计划"等，都是酒店针对常客所推出的奖励措施。这些常客奖励计划的特点，是以经常旅行的商务旅游者为主要对象，这类旅客中有 28% 参加酒店的常客计划。有研究表明，71% 的旅行商认为，酒店是否设立荣誉宾客奖励俱乐部计划，将影响客户对酒店选择的忠诚度，如要取消奖励计划，至少有 13% 的会员会转移酒店。大型酒店集团往往将常客计划落实在其广为分布的成员酒店之中，凡参加该计划的商务旅游者，可在该集团分布于各国的多家酒店及度假地，通过住宿赢得分数；以互惠为原则与航空公司联手行动，顾客可以将奖励品兑换成里程，享受免费航班，或者是把航空公司里程数作为奖励依据之一。如马里奥特制定获得航空公司一定积分后，提取 25% 作为酒店奖励积分。酒店奖励常客的具体方式灵活多样，我国实施常客计划有三种情况：

（1）变形措施。当前最流行的是所谓客户档案制度，以稳住"回头客"队伍。这是常客计划的一种初级的变形措施，有一定效果，但仅靠情感维系主客关系不足以充分调动、保护客人的积极性与热情。

（2）自行实施。如江苏常州明都大饭店实施订房积分奖励计划，房价中每 10 元人民币赢取 1 个奖励积分，累计至 420 分后即自动成为该奖励计划的贵宾成员，除享受一定优惠外，饭店将寄送贵宾卡并赠送 300 分以谢厚爱。之后，每隔 3 个月，向贵宾寄送积分报告，当累加至一定量后可获不同奖励。

（3）自动参与。我国已纳入上述集团的成员酒店自动参与其全球性奖励计划。比较突出的是假日网络，如南京假日饭店优选俱乐部与全球 21 家航空公司联合促销，入住一间假日饭店客房付 1 美元房费赢得 10 个住房积分，实行住房积分可与飞行积分互换，分值积累到一定程度后，可获得免费国际机票或免费住宿印。

第四节 酒店管理网络化

IT 技术在我国酒店业中的应用，主要集中在网上预订服务与饭店情况介绍等方面。随着我国网络的基础设施日臻完善，支撑环境逐步趋向规范化和完善，人们对网络的接受程度会不断提高。因此，作为旅游业支柱产业之一的酒店业经营应抓住时机，积极开拓网络领域。目前酒店仅仅实现了 B to C 模式的初级形态。此外，网络还有 B to B 的模式，在每一种模式下，网络都有十分广泛的应用领域和前景。

一、网络在酒店中的运用

随着高新科技的进步和发展，导致人们的社会关系、思想观念、生活方式不可避免地处于变化之中。这就给酒店业制造了新的竞争载体，通过网络宣传企业形象，开展网上预订客房，让客人了解酒店的硬件及软件设施，选择他们需要的服务，进行远程预订，最终为酒店带来更多的客源。而酒店与顾客通过网上的交流，进而提供更为人性化、个性化的服务。具体来讲，网络在酒店中的应用主要体现在以下几方面：

（1）网上产品——酒店与顾客共同设计。根据调研显示，21 世纪的酒店客人消费需求将更加追求个性化，求新与多变。网上酒店一方面让顾客事先就可以了解到自己所订酒店的位置、价格与类型等，通过虚拟客房，还能在入住前就充分体验酒店的有关产品与服务；另一方面，酒店可以更多地从网上信息平台获取顾客们的兴趣与偏好，针对客人的个性需求和自身能力重新整合酒店产品，全面提升对客服务和酒店管理，充分体现酒店与顾客共同设计产品的特色，客人们在自己参与"设计"的酒店里，会得到最大限度的满足。

（2）网上采购——实现低成本运营。酒店经营需要大量的物资。采购量大，成本难以控制成为酒店经营的一大难点。而 EOS（Electronic Ordering System）即电子订货系统在酒店业的运用，则可以从根本上解决这一问题。电子订货系统是指将批发、零售商所发生的订货数据输入电脑，即刻通过电脑网络连接的方式将资料传送至总公司、批发商、商品供货商或制造商处。因此，EOS 能处理从新商品资料的说明直到会计结算等所有商品交易过程中的作业，可以说 EOS 涵盖了整个商务流程。在网络技术迅速发展的今天，EOS 成为现代化物流管理中的重要一环，它使得零库存得以实现。在信息大量流入流出、交易额和交易频率越来越高的现代化商业社会，酒店业已没有太多的空间和时间用于存放货物。在要求供货、及时补足必要商品的数量且不能有缺货的前提下，必须采用 EOS 系统。作为现代化商流、物流管理的重要一环，EOS 潜在的经济效益是难以估量的。

（3）网上结算——资金周转快捷、经济。在商业经济日益发达的今天，为客人提供信用消费成为酒店竞争的一大手段，然而由此引起的拖欠款却令酒店老总们大伤脑筋，运用 IT 技术进行交易结算，可使资金周转更快捷、更经济。利用网络从事金融和贸易方面的活动，逐渐成为发展的潮流，随之相伴而生的电子化货币也向人们走来。今天，大多数的酒店和客人都是在持续一段的消费之后将一大笔款项支付出去，这种计算方法是笼统而不经济的，比如电费的支付就应该以小时为单位。电子化货币使这样的精确支付成为可能，当信用卡持卡者能够以小时为计算单位，向信用卡提供者或资金出借者给付借款，那么酒店对于费用和资金流动方式的控制将会比现在精确得多。同样地，酒店也会使账户流动更加顺畅和迅速。

（4）网上营销——实现无区界销售。网上营销以其信息量大、覆盖面广而成为众多酒店最早接触网络的领域，但从目前酒店网上营销的运用来看，还仅仅限于简单的信息发布和接受客人预订等方面，这虽然在一定程度上提高了酒店客房的利用率，却不能从根本上解决酒店产品闲置所造成的价值损失。酒店网络营销可引入分时营销新概念，RCI（Resort Condominiums International）分时度假交换公司则是这方面成功的典型。酒店业全面引入 RCI 模式，推出"酒店房东权益证"的全新概念商品，融合其使用权、选择权、收益权、交易权、赠让权和优惠权为一体，既是消费又是储存，既是服务又是家产，既可自用又可赠送，它可以大大加速酒店空房销售，全面提升酒店和客人的综合效益，真正实现酒店的无区界销售。

二、酒店网络管理

一个优秀的酒店管理解决方案必须包括：功能齐全、管理模式先进、运行稳定的软件系统，以及对软件的运行效率起着决定性作用的服务器平台，酒店在应用中得到的好处就是解决了繁重的体力劳动和繁杂的数据统计工作。另外，严谨的管理工具会为酒店节省大量的劳动力，为酒店获得准确的经营分析数据，供决策时参考。这种管理最大的优势就是：

（1）客人了解酒店，提升酒店形象，建立一个宣传平台，变被动为主动，主动宣传自己，就像当初酒店业者在客房设立卫生间一样。

（2）建立酒店 CRM 管理系统，分类、统计、整理顾客资料，提供个性化服务，让客人选择适合自己的收费服务，如给顾客过生日。

（3）对酒店内部网络的改造，实现管理科学化，最大的好处就是能提高工作效率，及时准确地捕捉顾客的需求，提供相应的服务。比如小酒吧的饮料食品，人们就可以即时地予以填补。

（4）网上营销的实现，给酒店带来更多的客人，特别是商务客人的增多。实施网上预订客房 IT 积分制度，培养顾客的忠诚度。

（5）适时查看房间动态，及时准确地向客人提供服务，及时准确地核算客人的消费。

万豪国际酒店集团堪称是全球酒店业中应用高新科技的"领头羊"，它旗下的酒店在客房和商务中心里提供 24 小时的 STSN 高速互联网服务，上网速度是传统拨号的 50 倍，而且可直接上网。STSN 系统还提供酒店设施、服务项目、餐饮特色、旅游景点、购物指南等详尽资料。同时客人还可方便地访问自家公司的网站、收发电子邮件、使用程序，从而使酒店真正成为客人旅行在外的办公室（Aof-fice Away From Office）。所有这些高科技硬件设施的采用，使软件服务依托硬件设备设施，通过有形或无形的服务，充分发挥硬件的服务功能，使二者同时发挥最佳效能，相得益彰，为酒店产生良好的经济效益和社会效益。

三、酒店网站的建设

（1）酒店 Internet 的定位。酒店 Internet 应用系统是一个系统工程，它首先需要有一个准确的定位。主要体现在以下几个方面：

1）酒店 Internet 应用系统主要是为展示酒店自身形象，提高酒店知名度，以及为酒店自身业务更好地开展而服务的，不是以追求投资 Internet 本身利润为目标，这与社会上公众的 Internet 服务商是不同的。

2）酒店 Internet 应用系统的用户是相对固定的，最大的用户群是酒店的客户，客户数量的多少，增长速度的快慢，与饭店规模等因素密切相关。

3）酒店 Internet 应用系统主要为用户提供 WWW（浏览），E-mail（电子邮件）、FTP（文件传输）、NEWS（新闻组）等功能，这与社会上公众 Internet 应用系统为用户所提供的功能是相同的。

4）酒店 Internet 应用系统要求较高的安全性与可靠性。酒店 Internet 应用系统上不仅有饭店一般信息的发布，更重要的是有酒店网上交易系统。保障酒店 Internet 应用系统的安全性和可靠性，将是保证酒店 Internet 网上交易正常实施的前提。

5）酒店 Internet 应用系统往往比较灵活，需要有较强的可扩充性能。随着 Internet 的增值服务越来越多，除了传统的信息发布、电子邮件、文件传输、网上交易等功能之外，通过 Internet 传递语音、发送传真等新型业务也逐渐成熟。在设计酒店 Internet 应用系统的同时，应当充分考虑到 Internet 上的各项增值服务功能所能够为酒店带来的直接或间接的经济效益。

（2）酒店 Internet 的设计特色。酒店的 Internet 网站需要进行高水平设计，网站总体设计思想应体现以下几个方面的特色：

1）突出酒店的特点和风格。酒店 Internet 网站的设计首先要抓住饭店在全国同行业中特别是在本地同行业中的突出特点，以增加浏览者的兴趣，挖掘潜在的客户；其次要突出酒店的性质和酒店的文化氛围。为了突出酒店的性质和文化特色，Internet 网站的设计要突出酒店的服务宗旨，酒店的服务特色和产品特点。

2）多语言版本。酒店作为旅游的一个重要载体，要接待不同国度和不同地区的客人，因此酒店网站应当设计为多语言版本，这将大大提高酒店网站在国际上的影响力。

3）运用更多的新技术。目前 Internet 网站上的技术发展较快，主要体现在五个方面：①数据库技术的应用不仅可以方便用户管理和维护大量的信息，同时可以结合网页自动生成技术，迅速地更新各类网页信息，达到网站管理和网页制作自动化的目的。②网上音频技术的应用可以丰富为客户服务的手段。酒店介绍、总经理致辞、客户导读、服务设施介绍等，都可以做到活灵活现。③网上视频技术的应用可以大大拉近客户与酒店之间的距离。通过酒店各种服务设施的介绍，通过视频技术可以使客户一目了然。④网上虚拟技术的应用可使酒店在网站建立三维模拟饭店，让顾客在光临酒店之前就对酒店有一定的体验，更好地展示酒店的服务。⑤提供交互式访问可做到让每一个进入网站的访问者都能进行一次电子交谈，听取他们的意见，了解顾客的需求情况。

四、网络广告

互联网的兴起为酒店的广告宣传打开了新的通道。酒店可以通过 Web 服务器和客户浏览，在互联网上发布各种信息。消费者可以借助检索工具迅速找到所需要的饭店信息。

常用的互联网广告形式有：旗帜广告（Banner）、图标广告、文字链接（Text）、电子邮件广告（Mailing List）、使用新闻组（News）、网上问卷调研（Questionnaire）等。

网络广告本身是一种很有潜力的广告载体，它具有传统媒体广告所无法比拟的优势：

（1）交互性。它可以使消费者随心所欲地选择自己感兴趣的广告信息，而且传播快速，发布和接收基本同步。

（2）广泛性。互联网的全球性使互联网上发布的广告也是全球性的。

（3）针对性。它可以分析网站访问者的喜好，以精确定位投放广告。

（4）易于统计性。互联网广告的发布次数和效果均可以由技术手段精确统计。但是，由于我国的网络经济刚刚起步，网络广告还存在着许多不成熟的地方。例如，网络广告的实际效果不易把握，酒店难以在投放广告之前有一个准确的收支估计；网络广告的供需很难平衡，CNNIC 最新的调研数据显示，中国网民大多是 18~30 岁的收入水平较低的人，占网民总数的 52.9%，这些人对酒店产品缺乏需求和购买力；同时，相对于全国十三亿人口来说，互联网络的受益范围还太小。因此，在相当长的一段时期内，互联网络广告还只能是作为传统媒体广告的补充。

案例　市场细分永不停息——来自万豪酒店的启示

作者：芮新国　深圳市麦肯特企业顾问有限公司 2012-6-18
出处：中国营销传播网

万豪酒店（Marriott）是与希尔顿、香格里拉等齐名的酒店巨子之一，总部位于美国。现在，其业务已经遍及世界各地。

八仙过海，各显神通，不同的企业有不同的成功之道。就酒店业而言，上述企业在品牌及市场细分上就各有特色。希尔顿、香格里拉等这样单一品牌公司通常将内部质量和服务标准延伸到许多细分市场上；而"万豪"则偏向于使用多品牌策略来满足不同细分市场的需求，人们（尤其是美国人）熟知的万豪旗下的品牌有"庭院旅馆（Courtyard Inn）"、"波特曼·丽嘉（Ritz Carlton）"等。

（1）万豪酒店概况。在美国，许多市场营销专业的学生最熟悉的市场细分案例之一，就是"万豪酒店"。这家著名的酒店针对不同的细分市场成功推出了一系列品牌：Fairfield（公平）、Courtyard（庭院）、Marriott（万豪）及 Marriott Marquis（万豪伯爵）等。在早期，Fairfield（公平）是服务于销售人员的，Courtyard（庭院）是服务于销售经理的，Marriott（万豪）是为业务经理准备的，Marriott Marquis（万豪伯爵）则是为公司高级经理人员提供的。后来，万豪酒店对市场进行了进一步的细分，推出了更多的旅馆品牌。

在"市场细分"这一营销行为上，"万豪"可以被称为超级细分专家。在原有的四个品牌都在各自的细分市场上成为主导品牌之后，"万豪"又开发了一些新的品牌。在高端市场上，Ritz-Carlton（波特曼·丽嘉）酒店为高档次的顾客提供服务方面，赢得了很高的荣誉并备受赞赏；Renaissance（新生）作为间接商务和休闲品牌与 Marriott（万豪）在价格上基本相同，但它面对的是不同消费心态的顾客群体。Marriott 吸引的是已经成家立业的人士，而"新生"的目标顾客则是那些职业年轻人；在低端酒店市场上，万豪酒店由 Fairfield Inn 衍生出 Fairfield Suite（公平套房），从而丰富了自己的产品线。位于高端和低端之间的酒店品牌是 Town Place Suites（城镇套房）、Courtyard（庭院）和 Residence Inn（居民客栈）等，它们分别代表着不同的价格水准，并在各自的娱乐和风格上有效地进行了区分。

伴随着市场细分的持续进行，万豪又推出了 Springfield Suites（弹性套房）——比 Fairfield Inn（公平客栈）的档次稍高一点，主要面对一晚 150~295 美元的顾客市场。为了获取较高的价格和收益，酒店使 Fairfield Suite（公平套房）品牌逐步向 Springfield Suites（弹性套房）品牌转化。

经过多年的发展和演化，万豪酒店现在一共管理着八个品牌。

（2）万豪酒店的品牌。战略通过市场细分来发现市场空白是"万豪"的一贯做法，正是这些市场空白成了万豪酒店成长的动力和源泉。万豪一旦发现有某个价格点的市场还没有被占领，或者现有价位的某些顾客还没有被很好地服务，它就会马上填补这个"空白"，位于亚特兰大市的 Ritz Carlton（波特曼·丽嘉酒店），现在已经被引入上海等国内城市，经营得非常好而且发展得很快，现在该酒店甚至根本不用提自己是 Marriott（万豪）麾下的品牌。

"万豪"的品牌战略基本介于"宝洁"和"米琪林"（轮胎）之间——"宝洁"这个

字眼相对少见，而"米琪林"却随处可见。"米琪林"在提升其下属的 B.F.Goodrich（固锐）和 Uniroyal（尤尼鲁尔）两个品牌时曾经碰到过一些困难和挫折，万豪酒店在旅馆、公寓、酒店及度假地等业务的次级品牌中使用主品牌的名字时遇到了类似的困惑。与"万豪"相反，希尔顿酒店采用的是单一品牌战略，并且在其所有次级品牌中都能见到它的名字，如"希尔顿花园旅馆"等。"万豪"也曾经使用过这种策略，这两种不同的方式反映了它们各自不同的营销文化：一种是关注内部质量标准，另一种是关注顾客需求。像"希尔顿"这样单一品牌企业的信心是建立在其"质量承诺"之上的，公司可以创造不同用途的次级品牌，但主品牌会受到影响。

一个多品牌的公司则有完全不同的理念——公司的信心建立在对目标顾客需求的了解之上，并有能力创造一种产品或服务来满足这种需求。顾客的信心并不是建立在"万豪"这个名字或者其服务质量上，其信心基础是"旅馆是为满足顾客的需求而设计的"。比如说，顾客想找一个可以承受得起的旅馆住上几个星期，"城镇套房"可能就是其最好的选择，他（或她）并不需要为"万豪"额外的品质付费，他可能并不需要这样的品质，而且这种品质对他而言可能也没有任何价值。

（3）万豪酒店创新之道。"万豪"会在什么样的情况下推出新品牌或新产品线呢？答案是：当其通过调研发现在旅馆市场上有足够的、尚未填补的"需求空白"或没有被充分满足的顾客需求时，公司就会推出针对这些需求的新产品或服务——这意味着公司需要连续地进行顾客需求调研。通过分析可以发现，"万豪"的核心能力在于它的顾客调研和顾客知识，"万豪"将这一切都应用到了从"公平旅馆"到"丽嘉"所有的旅馆品牌上。从某种意义上说，"万豪"的专长并不是旅馆管理，而是对顾客知识的获取、处理和管理。

"万豪"一直致力于寻找其不同品牌间的"空白地带"。如果调研显示某细分市场上有足够的目标顾客需要一些新的产品或服务特色，那么"万豪"就会将产品或服务进行提升以满足顾客新的需求；如果调查表明在某一细分目标顾客群中，许多人对一系列不同的特性有需求，"万豪"将会把这些人作为一个新的"顾客群"并开发出一个新的品牌。

万豪国际公司为品牌开发提供了有益的思路。对于一种现有的产品或服务来说，新的特性增加到什么程度时才需要进行提升？又到什么程度才可以创造一个新的品牌？答案是当新增加的特性能创造一种新的东西，并能吸引不同目标顾客时，就会有产品或服务的提升或新品牌的诞生。

（4）万豪酒店给中国同行的启示。通常，酒店业的经营收入可分为三部分，一是相对较稳定的客房住宿收入；二是酒店所附带经营的餐饮收入；三是包括写字楼、店铺、公寓的租金及娱乐经营在内的各杂项收入。现在，随着各种写字楼、店铺、公寓的大量出现，酒店嘴中的肥肉（租金等）被大肆抢夺，各大酒店在这场竞争中几乎"溃不成军"。就娱乐来讲，大城市里的娱乐场所遍地开花，酒店娱乐业的收入也是日益萎缩。以广州为例，2012 年广州最大的花园饭店总营业收入是人民币 11.3 亿元，比起 1996 年花园饭店的总收入 5.4 亿元，中国经济飞速发展的 16 年时间，居然只增长了 24 个百分点。花园饭店总经理廖鸣华有些无可奈何地说："我们想尽了一切办法，但花园饭店的经营业绩仍在一步一步地滑向'深渊'……" 2012 年中国大饭店的总收入是 13.9 亿元，白天鹅宾馆的总收入为 12 亿元，比起 1996 年的 5.2 亿元和 3.4 亿元，增长率跌幅之大让人震惊，而东方宾馆及国际大饭店的业绩同样是大幅下降。2011 年业界沸沸扬扬地传言，称中国大饭店已被美国具有良好酒店管理能力的万豪酒店管理集团收购，这令广州的酒店行业震惊不已。中国大饭店的高层向外界表示，只是将饭酒店的经营管理权由香港"新世界"换为了"万豪"，酒店股东并未发生变化，更不存在"被收购"之说。据悉，中国大饭店原由香港新世界饭店（集团）有限公司管理，但从 2011 年年初开始换由"万豪"管理，相应地，"万豪"每年从中国大饭店的营业额中提取 2.5 个百分点作为回报。随着中国加入 WTO，著名的酒店集团如喜来登、希尔顿、威斯汀等品牌已气势汹汹地吹响了进军中国的号角，国际性品牌和本地酒店的交锋在所难免。

国内重量级的酒店大鳄尚且如此，其他同行的情形可想而知，国内外酒店业的差距也由此可见！其实，中外酒店业的最大差距还是在于管理，尤其是以品牌战略为核心的管理。中国酒店业要想在激烈的竞争中胜出并获得持续的发展，就必须虚心向国外同行学习，扎扎实实地提升自己的管理水平。万豪的做法是不是能为人们提供一些新的思路呢？

结语

现在，酒店服务业也像消费品行业一样正发生着剧烈的变化。作为酒店经营者，您必须经常问自己是准备在竞争中提升产品或服务以保护自己的市场，还是准备为新的细分市场开发新的产品？如果选择前者，要注意使产品或服务的提升保持渐进性，从而降低成本，因为现有的顾客往往不想支付得更多。如果选择后者，新的产品或服务必须包含许多新的目标顾客所期待的东西。进一步讲是需要有一个不同的品牌——该品牌不会冲击原有品牌，而新的顾客能够接受这种新产品或服务并愿意为此支付更高的价格。万豪酒店通过创造出"弹性套房"成功地将一种"使价格敏感型顾客不满"的模式，转换成另一种"注重价值的顾客"的模式，这是一个很典型的案例。

说到底，这其实就是营销上的 STP 战略，即市场细分（Segmentation）、选择（Targeting）和定位（Positioning）战略。品牌战略归根结底是围绕着细分市场来设计和开发的，清晰的品牌战略来自于清晰的 STP 战略。

复习与思考

1. 现代酒店为何要进行营销策划？

2. 酒店如何进行目标市场定位？常见的定位策略有哪些？

3. 简述现代酒店的营销策划战略。

4. 简述酒店网络管理的优势。

5. 结合你所熟悉的著名酒店网站，谈谈酒店应该如何进行网站建设？

6. 试述现代酒店业营销理论的创新与发展。

第九章　酒店营销创新

内容导读

当今时代，高科技迅猛发展，信息瞬息万变，经济日趋全球化，竞争愈演愈烈。作为第三产业的酒店业，必须顺应时代，发展新的营销理论，树立新的营销观念，应用新的营销战略与策略，不断进行营销创新，才能在新的环境中生存和发展，才能赢得顾客，赢得市场，赢得经济效益和社会效益。

那么什么是酒店营销创新？熊彼特（Schumpeter）认为创新的实质是指把一种从来没有过的关于生产要素的"新组合"引入生产体系。酒店营销创新的实质又是什么呢？酒店营销创新是否仅仅是酒店高层领导和销售部门的职能？如果说酒店营销创新首先表现为营销观念的创新，比如全球营销观念、情感营销观念、绿色营销观念、知识营销观念、文化营销观念等；其次表现为产品（服务）创新；最后表现为营销手段创新，比如网络营销、整合营销、关系营销、互动营销等，那么酒店又应该如何进行营销创新呢？本章就针对这些问题作一些阐述。

第一节　酒店营销创新概述

一、市场营销理论的发展史本身就是一部创新史

创新理论是著名经济学家约瑟夫·A. 熊彼特（Schumpeter）首先提出来的，他认为，"创新活动是在经济活动本身中存在着的某种破坏均衡，而又恢复均衡的力量"。世界著名管理大师德鲁克（Pater F.Drucker）认为，"创新活动是创造一种资源……是使人力和物质资源拥有更大的物质生产能力的活动"，因而"任何改变现存物质财富、创造潜力的方式都可以称为创新"。

从市场营销的发展历程来看，其在理论上有着不断的创新：

20 世纪 50 年代末，杰罗姆·麦卡锡（Jerome McCarth）提出 4Ps 理论。它强调以市场为导向，以销售为目的，即企业应该生产优质的产品，采用合理的价格，通过适当

的分销渠道，再加上必要的促销手段来实现自己的预期目标。

20世纪80年代，罗德明提出4Cs理论。它强调以消费者需求为导向，充分考虑消费者所愿意支付的成本，照顾消费者的便利性与消费者进行沟通，促进社会长期利益和企业经济利益相结合。营销从以前的销售导向进入顾客导向时代。

20世纪90年代，舒尔茨（Don. I. Schuhz）提出4Rs理论，即与顾客建立关联，提高市场反应速度，重视关系营销和营销回报。这一理论强调以竞争为导向，注重关系营销，从而维护企业与客户之间的长期合作关系。

可以说，市场营销理论的发展史本身就是一部创新史。正像当代著名的市场学家菲利普·科特勒在世界市场学会（1986，蒙特利尔）上曾说过的："市场营销学的父亲是经济学，母亲是行为科学，其祖父是数学，祖母是哲学。这门学科的发展源远流长，可以预期未来将会成长为新一代的市场营销学……在市场营销学的发展史上，差不多每十年都会出现一些新的概念，这些新概念使市场营销学的内容不断充实，体系日趋完善，学科更加成熟，并且富有特色。"人们可以预见，进入21世纪的市场营销，随着非营利性营销的日益增长、网络营销的迅猛发展、全球营销的蓬勃展开、绿色营销的逐步兴起，理论上还会有不断的创新。

作为市场营销学的一个分支，酒店营销要汲取市场营销理论不断创新的营养，开辟更为广阔的天地。

二、酒店营销创新实质是指对酒店营销资源的重新组合

创新总的来说可分为理论上的创新和实践上的创新。实践上的创新又可以分成生产力的创新和生产关系的创新。生产力的创新主要指原材料、生产工具及生产工艺的技术创新和劳动者人才等方面的创新；而生产关系的创新从广义上讲都是管理创新。市场营销创新是管理创新的一个方面。

在1912年出版的著作《经济发展理论》中，熊彼特把"创新"表述为："创新是指把一种从来没有过的关于生产要素的'新组合'引入生产体系，包括引进新产品、引用新技术、开辟新市场、控制原材料新的供应来源及实现任何一种工业的新组织等。"这一定义不仅说明了创新的实质，而且直接涉及了市场营销的若干内容，以及市场营销创新的基本方法。所以，对于市场营销创新研究有着重要的意义。

在熊彼特创新理论的基础上，世界著名管理大师德鲁克根据"创新是使人力和物质资源拥有更大的物质生产能力的活动"，"任何改变现存物质财富、创造潜力的方式都可以称为创新"，"创新是创造一种资源"等基本思路，又吸取了现代市场营销理论和实践的一些成果，将"市场营销创新"定义为"管理人员把社会需求转化为有利于企业的各种机会"。

借鉴以上所述熊彼特的创新定义和德鲁克的市场营销创新定义的基本思路，参照

国内外专家的一些看法，结合现代酒店营销原理实践应用发展的实际，人们可以说：酒店营销创新是指酒店对所掌握的酒店营销资源进行新的组合，将市场需求转化为有利于酒店的各种机会，进入并全部或部分地占领以前不曾进入的市场的过程。由此看出，酒店对所掌握的营销资源进行新的组合是酒店营销创新的实质，而将市场需求转化为酒店的各种机会则是酒店营销创新的内容。

三、酒店营销创新的主体

在熊彼特的创新定义中，企业家被认为是创新的主体；在德鲁克的市场营销创新定义中，企业的管理人员被认为是创新的主体。酒店也是企业，但是相对其他企业而言酒店具有增长速度比较快、服务性比较强、国际化程度高的特点，而且从酒店营销创新的过程来看，酒店的企业家、酒店的管理人员（包括中层管理人员）和酒店的基层员工都是不可缺少的，所以酒店的营销创新的主体应该是一个整合了的，包括企业家、管理人员和基层员工在内的一个创新主体。

在当今的知识经济时代，酒店要树立起全员营销创新的观念，营销创新已不仅是高层领导和销售部门的职能，它要求酒店各部门都要一切以营销工作为中心，全体职员都要参与到酒店营销创新活动中。这主要是由以下原因决定的：

其一，酒店营销活动需要全体员工参与。

一个完整的酒店营销活动的步骤包括对酒店外部环境的研究、对酒店自身生产能力及产品的研究、促销的策划，酒店新产品的开发、销售及售后服务，也就是说酒店的营销不是始于酒店产品生产出来之后，也不是终于酒店产品售出之时，而是始于酒店产品生产出来之前，贯穿于产品开发、产品生产、产品销售和售后服务的整个过程。单单只靠酒店的销售人员，没有全体员工的参与是搞不好营销的。走进世界各地 Holiday lnn 名下的酒店，正因为每个员工都是实施酒店营销活动的一分子，才会使人对整个酒店留下美好、深刻的印象，感觉到酒店的员工都是受过专门训练的，经常想到"顾客第一"。

提倡营销活动的全员参与，并不是要酒店的全体人员都去搞销售，而是要求全体人员都应树立正确的营销观念，不要把自己置于酒店的营销活动之外，更不能把酒店的营销活动看成是与自己无关的事。比如说，一位访客来到酒店后，任何一个部门的任何一位职员的冷淡态度都有可能使酒店失去这个潜在的客户。

其二，酒店营销关系需要全方位发展。

酒店从事营销活动，不是在真空之中，而是在由一系列内外部影响和制约因素所构成的、瞬息万变的、激烈竞争的环境之中。酒店与环境之间有着错综复杂的关系，不仅酒店内部存在着多种关系，酒店与外界也有千丝万缕、千头万绪的各种关系，诸如酒店与顾客的关系、酒店与竞争者的关系、酒店与供应商的关系、酒店和营销中介的关系、酒店与政府的关系、酒店与社区的关系、酒店与社会组织的关系等，形成了一种立体的关系体系。

员工是进行酒店营销活动的最为直接的一环，员工关系是酒店营销关系的基础。良好的员工关系是酒店搞好其他各项关系的前提，也是酒店参与市场竞争的有力保证，酒店要坚持不懈地培养和维护好员工关系。酒店要重视关心员工的利益，要注重提高员工的素质，要强调酒店与员工之间的双向沟通，要鼓励员工参与酒店重大的决策活动，要增强员工对酒店的自豪感、向心力和凝聚力。

发展与顾客的良好关系是酒店的根本任务，赢得顾客就赢得了市场；反之，就丢掉了市场。酒店应该以诚取胜，以信为本，切实维护消费者利益，提供优质的服务产品，这样才能在竞争中建立和加强顾客对酒店的忠诚度。

酒店在协调与竞争者的关系时，要恪守公平竞争的原则，要注意相互沟通和相互学习，明确竞争中有合作关系、合作中有竞争关系，与竞争者应友好相处、互惠互利、优势互补。

酒店与公众的关系也很重要。由于公众对酒店的各项营销活动起着支持、关心、监督、检查或阻挠、干预的作用，所以发展和公众的良好关系，对一个酒店的社会效益来说，显得尤为重要。

总之，酒店必须确立长期的关系建设目标，全方位发展各种营销关系，才能更好地开展自己的各项营销活动。

其三，酒店营销职能需要向全部门渗透。

作为一种营销行为，酒店营销就是分析酒店外部环境和客人购买行为，进行市场调研和市场细分，识别客人目前未满足的需求和欲望，估量和确定需求量的大小，选择适合本酒店的目标市场，并且找准酒店及其产品的定位，制定科学的策略，为目标市场服务。具体说，酒店营销的职能就是开展市场调研，收集信息情报；建立销售网络，开展促销活动；发掘潜在顾客，开拓新的市场；进行产品推销，提供优质服务；开发新的产品，满足顾客新的需要。

现在绝大部分酒店的组织机构都是划分成各个不同职能部门，并且各司其职，所以往往大家把酒店营销的主要职能归属于营销部门。其实，从顾客的角度来看，市场营销部门就是整个酒店，也就是说，市场营销应该是整个酒店的基础，而不应该仅仅只是营销部门的职能。因此，酒店必须把营销职能渗透到自己的各个职能部门的工作中去，使酒店各部门成为相互支持、相互配合、相互促进的有机整体，使各个部门的人员都能够真正认识到本部门与整个酒店营销的关系，进而参与酒店的营销活动，在工作中时时处处注意维护酒店形象，关注顾客任何需要，提供优质快捷服务。

四、酒店营销创新的源泉

酒店营销创新的源泉是指产生各种酒店营销创新的要素，包括顾客、酒店全体员工、酒店的竞争者及合作者。

1. 顾客

顾客是酒店营销活动的出发点和落脚点，酒店营销所服务的对象是顾客，顾客的需求决定了酒店营销创新的大方向，所以来自顾客的反馈、设想、建议乃至意见很重要，是酒店营销创新的重要源泉。

2. 酒店的全体员工

酒店的全体员工在一个完整的酒店营销活动的各个环节中，可以了解反馈顾客的设想、建议及意见，可以发现和发掘顾客的新需求及其变化趋势。

拿酒店的市场营销人员来说，他们直接面对市场，可以明确知道顾客需要什么，可以获得来自外部的新的市场信息和新的市场资源，可以了解到市场上同行竞争产品的情况，能够从各种不同角度提出更为切合市场实际情况的有关新思路，进行营销创新，克服不足、强化优势，改进酒店各项工作。

酒店中的技术人员则可以在从事应用性研究过程中，使酒店及时吸收最新的科学技术成果，并将这些新科学技术成果转化为新的酒店产品、新的营销工具，进行营销创新，开辟新的市场。例如，酒店集团采用的全球预定系统、互联网营销系统等，都是将先进的科学技术成果转化为新的产品、新的营销工具，从而开辟了新的市场。

3. 酒店的竞争者

在买方市场中，顾客是中心，任何一个酒店都在营销活动中面临着众多的竞争者。从本质上看，酒店营销的根本任务就是要比竞争对手更好地满足顾客的需求，这就迫使酒店营销不断创新。酒店自身在进行营销创新，其竞争对手也在进行营销创新。因而，酒店可以学习借鉴其竞争对手的营销创新，来开展适合自身的营销创新。

4. 酒店的合作者

在现代市场经济条件下，所有的企业都必须面向市场，所有的企业也都必须认识到在共同利益基础上彼此相互依托、相互补充，充分发挥各自优势所带来的利益往往会大于各自分头去发展所带来的利益之和。酒店也是如此。一个酒店在有众多竞争者的同时，也有众多的合作者，与这些合作者在共同利益基础上彼此相互依托、相互补充，充分发挥各自优势，能够更好地综合各酒店的新技术、新工具、新组织、新思想等营销创新要素，更好地进行营销创新。

五、酒店营销创新的目的

"市场由一切具有特定欲望和需求的潜在顾客组成"，"市场规模的大小由具有需求、拥有他人所需的资源且愿意以这些资源交换其所需的人数而定"。由此看来，谁赢得了顾客，谁就赢得了市场。

从本质上说，酒店营销的根本任务是比竞争对手更好地满足顾客的需求，从而赢得顾客、赢得市场。在激烈的竞争中，酒店只有不断地进行营销创新，才能够比竞争对手更好地发现顾客的需求，满足顾客的需求，保持已有的市场；才能够把握顾客尚未被满足的需求，挖掘顾客的潜在需求，进入并全部或部分地占领以前不曾进入的市场。

所以说，保持已有的市场、进入并全部或部分地占领以前不曾进入的市场是酒店营销创新的最终目的。

六、酒店营销创新的意义

1. 酒店营销创新顺应了知识经济以创新决定成败的特点

知识经济条件下，企业的优势不再仅仅由资源、资本的总量或增量来决定，也就是说，酒店的优势包括营销创新，能够弥补酒店在资源、资本上的劣势。

2. 有利于将最先进的科学技术应用到酒店营销的各个方面

先进科学技术的应用包括产品的开发、成本的节约、销售渠道效率的提高、促销渠道的完善等。

3. 使酒店重视员工创造力的培育

创造力是创新的不竭源泉。酒店的全体员工是营销创新的主体，酒店应该科学合理地培育开发员工的创造力，使他们在具有熟练的操作技巧、丰富的经验、快速的应变能力的基础上，不断运用自己的创造力，更好地进行营销创新活动。

4. 加强酒店营销创新，可以使酒店在竞争中掌握主动权

现代酒店之间的竞争其实是以酒店能力为中心的竞争，而酒店的能力体现在是否能够赢得市场。在激烈的竞争中，酒店只有不断地进行营销创新，才能够比竞争对手更好地满足顾客的需求，在竞争中掌握主动，完成酒店营销的根本任务。

第二节　酒店营销观念创新

酒店营销观念是指酒店营销中所遵循的营销指导思想。酒店营销观念随着其营销实践的发展而不断创新，经历了从产品导向到顾客导向、市场导向、社会导向的逐步更新的过程。以产品为导向的营销观念主要包括生产观念、产品观念和推销观念。

顾客导向是美国西奥多·莱维特教授在 20 世纪 60 年代提出的，已成为市场经济条

件下企业的必备观念，包括：

（1）适应需求——市场营销观。

（2）满足需求——4C营销观，即满足顾客需求（Consumer's Wantsand Needs），方便顾客购买（Convenience to Buy），考虑满足顾客购买欲和需求的成本（Cost to Satisfy Want and Needs）与顾客沟通（Communication）。

（3）引导需求——大市场营销观。从广义的观点来看，大市场营销就是进入特定市场开展业务经营所需要的那些技能和机制。除了向顾客提供具有吸引力的产品和劳务以外，大市场营销者还可使用诱劝和赞助等手段从"守门人"那里得到满意的反应。也就是说大市场营销是为了成功地进入特定市场，并在那里从事业务经营，在策略上协调地运用经济理论的、政治的和公共关系的手段，以博得外国或当地各有关方面的合作和支持。

菲利普·科特勒指出："壁垒森严的市场可成为封闭型的或保护型的市场。对这样的市场，除了营销组合四个'P'之外，企业管理人员还必须加上另外两个'P'——公共关系（Public Relations）和权力（Power）。人们把这种策略思想称为大市场营销（Mega-marketing）。"

当公司想要进入一个新市场时，就必须精通向当地有关集团提供利益的艺术，这比满足目标顾客的需求更加重要。这就要求营销人员不仅要为一般中介服务并满足其需要，而且要为这一范围之外的第三方面服务。所谓第三方面是指政府、劳工组织和其他利益集团等，它们往往会单独或者联合起来阻止一个企业进入某一有利的市场，这些第三方面集团扮演着守门人的角色，其作用越来越重要。大市场营销者为了进入某一市场开展经营活动，必须经常地得到具有影响的企业高级职员、立法部门和政府官员的支持。因此，大市场营销必须具有政治上的机能和策略，掌握高超的游说本领和谈判技巧，才能得到预期的反应。权力是一个"推"的策略，公共关系则是一个"拉"的策略。舆论需要较长时间的努力才能起作用，然而，一旦舆论的力量加强了，它就能帮助公司去占领市场。

（4）顾客满意——让渡价值（顾客总价值与顾客总成本之间的差额）观等。在知识经济条件下，要求酒店企业界不断更新观念。观念是行动的先导，没有观念上的创新，就不会有行动上的创新。营销观念创新是营销创新的前提，是酒店营销取得成功的前提。下面从市场和社会导向的角度出发，介绍一些近年兴起的、对酒店营销创新有所启发的营销新观念。

一、绿色营销观念

随着国际社会对环保的日益关注、绿色消费（消费无污染的物品、消费过程中不污染环境、自觉抵制和不消费破坏环境或大量浪费资源的商品）需求的兴起，绿色营销首先在工业发达国家于20世纪90年代以后产生和发展起来。

从绿色消费的角度来看，绿色营销是在绿色消费的驱动下产生的，是指企业在营销过程中注重生态环境的保护，促进经济与生态的协调发展，充分体现环境意识和社会意识，以绿色观念作为其经营哲学，以绿色文化为其企业价值观，以消费者的绿色消费为中心和出发点，通过制定和实施相应的营销策略，满足消费者的绿色需求来实现企业的经营目标，实现自身利益、消费者利益及社会利益三者的统一。

绿色营销观是以人类社会的可持续发展为导向的营销观，更注重社会效益、更注重企业的社会责任和社会道德；其目标是社会经济发展目标同生态发展和社会发展的目标相协调，促进总体可持续发展战略目标的实现。绿色营销作为实现可持续发展战略的有效途径，成为现代营销发展的必然选择。作为第三产业的酒店业，保持可持续发展尤为重要。

案例9-1 无锡湖滨——创建全国首家"绿色酒店"

具有江南古典园林特色的花园式企业——无锡湖滨酒店，在2012年植树节这天以实力"打"出三张响牌：在全国涉外星级酒店中第一家提出申请国家ISO1401环境管理体系标准认证证书和国际USAS皇冠标志的ISO1401认证证书，申领"绿色"酒店国家级验收挂牌。

建设"绿色"酒店，必须营造绿色环境。湖滨饭店先后投资近百万元，新栽56类树种1934棵，培植228种花卉近万枝，种植草坪4700平方米，为酒店添植片片新绿，开设块块花圃。目前企业绿化覆盖率已达70%，绿地率为66%。湖滨酒店毗邻蠡园，植物种类繁多。为保护自然植被，使树木平安生长，他们组成专业队伍加以护理，两棵有110年历史的古樟至今仍绿叶满枝，生机盎然，其余八大景观花木郁郁，仍保持原来风貌。

为达到绿色环境无污染，酒店又投资400万元改造污水处理设施，实行洗衣房100%使用无磷洗衣粉，客房100%杜绝塑料洗衣袋，店区员工100%禁烟，厅室放置鲜花草木高于星级标准3倍，并建立两处无污染蔬菜基地，开发100种"绿色"新品菜肴，确保了排放水污染物始终达到规定标准，环境更加洁净。湖滨酒店去年在困难条件下"以绿荫客"，有20余个国家和地区海外宾客慕名前来，接待总人数达6万人次。经营管理、经济效益各方面指示均居全市同行业之首，并荣获省市环保先进企业、省园林化酒店、市花园式企业称号，受到省委、省政府有关部门的赞扬与肯定，国家环保总局和中央电视台专门赠送他们"绿色饭店"匾牌一块。

二、全球营销观念

1983年西奥多·莱维特提出市场营销学发展史上又一个里程碑式的概念——"全球

市场营销"（Global Marketing）。狭义的全球营销是指企业生产和销售某单一的产品或服务，在全球市场的范围内制定出一个单一的、标准化的营销策略，以同时满足全球范围内不同市场的需要，企业因此而获得全球范围内的规模经济以提高产品或企业竞争力。制定全球营销策略的关键在于设计和发展适用于不同市场、不同地域的统一营销策略。

全球市场营销，首先要具有同样的、鲜明的品牌、特征和价值观，使用同样的战略原则和市场定位，提供的产品或服务基本上相同，但也不排除有一些细小的差别，并尽可能地使用相同的营销组合。其次，产品在全球各地分布更为广泛，在某种程度上可称为"无国籍"。最后，品牌具有较高的国际知名度，享有很高的国际信誉度，具有强大竞争优势和巨大的经济价值。

在经济全球化和市场全球化的背景下，全球营销正成为跨国公司全球经营战略的核心。有理由相信，21世纪的成功企业是那些已经建立了最好的全球网络的企业。

全球营销的特征是：

（1）以全球观为导向的整体营销，其目标是全球范围，其要素是向目标市场营销企业的资本、技术、管理、公司文化等，其策略除常规营销策略和手段外，还协调运用经济的、心理的、政治的、公共关系等手段，如向慈善机构捐款，发起社区活动，资助公共图书馆、学校、体育运动和其他公益事业等，以博得国际上和各国的经济政治组织，如政府、消费者组织及媒体等各方面的合作和支持，形成一种大市场营销，从而达到预期的目的。

（2）全球营销策略的主流是建立竞争对手之间的战略联盟，从竞争营销走向共生营销。

（3）全球营销是全球学习的观念。

（4）全球营销策划以品牌为中心。

三、形象营销观念

企业形象是企业的表现与特征在公众心目中的主观反映。

随着经济的发展，企业之间的竞争从商品竞争到营销竞争，再过渡到形象竞争，这种形势使企业意识到塑造完整、健全、独特的企业形象的重要性。企业形象塑造并非一蹴而就，而是一项系统工程，可以借助企业形象识别系统即 CIS（Corporate Identity System）系统来完成。

我国台湾 CIS 设计权威林碧耸先生曾将 CIS 系统定义为：将企业经营理念与精神文化，运用统一的整体传达系统（特别是视觉传达系统）传达给企业周边的关系者，使其对企业产生一致的认同感。即企业先对自身特质、经营理念、经营行为做出自我认识和确认，然后利用识别系统统一、整体地传达，努力向公众展示，使公众获得从视觉到理念上的反复认同感，从而在心中反射出企业的整体人格形象。可以说，CIS 系统的建立就是人格化的企业表里如一的展示和认同。

酒店形象涉及的要素是多方面的，比如说从酒店的经营观念和文化精神来看，包括经营哲学和观念、经营风格、文化精神、发展目标、营销策略等。从酒店的对内对外的各项活动的行为规范来看，包括组织、教育、管理、员工福利、工作环境、市场调研、经营推广、公共关系、沟通对策、社会公益及文化活动等。从传达酒店理念精神和经营行为特征的视觉符号来看，包括酒店名称、造型、标志、宣传标语和口号等。从公众的角度来看，最基本的指标是知名度和美誉度。知名度指的是一个酒店被公众知晓、了解的程度，以及社会影响的深度和广度；美誉度建立在一定的知名度基础之上，但知名度不一定能达到美誉度。根据日本经济新闻社的调查，服务行业一流企业形象的要素是良好的风气、安定性、清洁度、时代潮流和现代化。

在中国，自从北京喜来登长城饭店问世，店前广场上冉冉升起的五星红旗和同样鲜艳夺目的集团旗、店旗，就预示着一个恐怕很多人多年以后才明白过来的事实——形象竞争已经在中国酒店企业界拉开了序幕。

案例 9-2　导入 CIS——上海宾馆的改革意识先行

上海宾馆曾是 20 世纪 80 年代上海第一家新式旅游涉外酒店，与全市其他三星级酒店相比，在地理位置和知名度上占优势，但由于设施设备老化等原因，宾馆的国际化程度较低，在高层次的商务客人中认同度不高。

为了重振形象，酒店决策层次定以庞大的改建工程为契机，先行一步导入 CIS，使整个宾馆形象彻底改现。在国内多数酒店尚不知 CIS 为何物的当时，此举意义确实不同凡响。

宾馆的 CIS 导入工程分为"三步走"。

第一阶段，以调研为主。分别进行了企业实态、形象调研和本市宾馆业态调研，着重调研上海宾馆在市民心目中的现实定位及市民对宾馆品牌的认知度和喜好度，借此寻找上海宾馆与各主要竞争对于之间的具体差别。

第二阶段，以分析研究为主。主题为企业定位策略研究、经营理念设定和形象概念的确立。他们确立了上海宾馆以高档商务客人为主攻对象，以诚恳度与满意度为服务品质的基本理念，并将企业形象建立在国际性高级商务宾馆的概念上，从而为整个 CIS 系统确立了符合市场实际的基调。

第三阶段，以具体操作为主。先是根据新的形象概念设定更新识别系统方针，然后围绕着"跳高一档"的原则，从店徽、店标、基本色开始展开设计作业。

如今，当人们看到上海宾馆那飘逸流畅、富有现代韵味的"SSS"店徽时，都强烈地感受到一种新的营销意识已经深入宾客的心中。

四、人本主义营销观念

人本主义营销就是以心理学观点来分析人们的消费行为，满足个人的个性差异的需求。

人本主义营销来源于人们的感性消费。根据西方市场营销理论，随着社会经济从温饱到小康再到享受型的发展，消费者的需求也从量的满足阶段发展到质的满足阶段，再进入到感性消费时代。在感性消费时代，酒店要从顾客的角度出发，研究不同层次的顾客消费心理，了解他们个性化的需要，满足他们个性化的需要，才能持续发展。

案例9-3 女子客房——为单身女性提供特殊服务

近年来，单身女性商务客人数量增加，她们追求安全舒适、轻松方便、无拘无束的居住环境。

在全世界酒店行业中，希尔顿酒店是最早注意到单身女性顾客的特殊性的。多年来，希尔顿酒店联号一直致力于为单身女性顾客提供更专业化、更精细的服务，从而赢得了一片相当稳定的大市场。

在希尔顿酒店的女子专用客房里，所有的设施设备和装饰色调都从女性的爱好与实际生活需要出发，一般都配备有特制的穿衣化妆镜、成套化妆用品、各种牌号的洗涤剂和沐浴用芳香泡沫剂，同时还提供女士睡袍、挂裙架、吹风机、卷发器、针线包及其他妇女专用的卫生用品。

女子专用客房通常会被装饰成温馨的色调，比如粉红、天蓝或米黄等，而床上用品和窗帘等制品往往也与房间色调相匹配，就连客房里的电话机都选择了活泼、灵巧的款式，床头柜或是小茶几上还有专供妇女阅读的书刊和最畅销的妇女杂志。为避免发生对女房客的骚扰，女子专用客房辟成单独楼层，并配有大量的便装女保安人员。这些女保安平时个个温文尔雅，可一旦有人想乱闯"禁地"，她们立时就成了谁也突破不了的坚强堡垒。除了便衣女保安，女士楼层还有很多专门的保安措施。例如，房间号码严格对外保密，不准任何人查询，外来电话未经客人同意不能随意接进客房……总之，这是一片完全独立的空间，甚至连进出大堂都可以选择另外的通道。

女子专用客房这种营销创意其实就是当今人本主义营销观念的一种具体体现。

五、CS 营销观念

CS（Customer Satisfaction）营销即顾客满意营销，企业的全部经营活动都要从顾客的需要出发，以提供满足顾客需要的产品或服务为企业的责任和义务，以满足顾客需要、使顾客满意为企业的经营目的。

酒店的 CS 营销应考虑在使顾客满意的同时注重引发顾客对酒店的信任和忠诚，对酒店的产品服务形成偏爱并长期重复购买，也就是说，酒店将产品和服务提供给目标顾客之后，还必须了解他们的满意程度，使顾客满意才能造就忠诚的顾客，而顾客对企业的忠诚和信任是酒店实现经济效益的稳固基础。

使顾客满意的关键在于增加顾客所获得的价值。所以现代酒店非常重视个性化服务，这种针对顾客的个人偏好而提供的服务可为顾客提供更多的价值，必然提高顾客的满意度。据报道，曾获美国国会巴德里治质量奖的丽兹·卡尔顿酒店集团已储存了近50万客人的信息，当客人再次入住该集团的成员酒店时，成员酒店都可以迅速地从信息中心调取客人的资料，从而提供客人所需要的服务。这是它成功的重要原因。国内知名旅游专家钱炜教授指出，酒店业不仅要提倡标准化、规范化的服务，还要提倡个性服务，而大规模的个性化服务（集团化加计算机联网）则是21世纪饭店业发展的趋势。

六、文化营销观念

文化营销是指将文化因素渗透到企业营销活动的全过程中，通过价值观的认同或文化需求的满足而赢得消费者的营销活动。与传统营销相比，文化营销是有意识地通过发现、甄别、培养或创造某种核心价值观念来实现企业经营目标的，也就是说，价值观是文化营销的基础，而核心价值观念是文化营销的关键。

酒店文化营销包括饭店产品文化营销、品牌文化营销、酒店企业文化营销。酒店在进行文化营销时要注意市场调研的主题是消费者情感体验、价值认同、社会识别、消费时尚方式等文化需求，提供的产品服务要有文化品位和内涵，能满足顾客的精神、文化需求。

案例9-4 前门饭店——京剧夜生活倾倒众老外

在北京，想听京剧并不是什么难事，但要像前门饭店这样做得韵味深长，并上升到"文化夜生活"的高度就不是那么简单的事情了。

在前门饭店，剧场365天天天开放，而且只演京剧。中国京剧院下属五六个团，轮流来演出。外国人听不懂中文，也不了解中国文化背景，武打可以，但如果尽是武戏，文化性又太弱。所以，每次都必须有文有武，载歌载舞。两个小时内不能只演一出戏，时间拖久了客人会腻烦，于是选的是折子戏。比如，将"武松打虎"、"天女散花"和"雁荡山"组合在一起就能令人们轻松地度过一个晚上。

进剧场前，先有一份英文说明书，以便观众了解剧情。开演后，两边都设有电子屏幕，唱词都配有即时译文。有了译文还不算稀奇，难得的是这些译文都是出自翻译专家之手，造词措句极见功力。

所有的精心努力都自然会得到应有的回报，只见剧场里的外国友人个个精神抖擞，忙着边品味神奇的东方文化，边欣赏唱腔唱词、舞蹈艺术和武术。对于他们来说，这是在他们自己国家闻所未闻的异质文化，只有亲临中国，才能享受到如此的艺术文化美。

剧场的布置也一丝不苟地创造着浓厚的民族文化气氛。台口是个古建筑的牌楼，两侧书有一副巨幅对联。四壁各色大脸谱高悬，背后是一长溜屏风，每幅屏风上都画着一出著名的京剧。观众席是一张张明代大八仙桌，上置古代茶具，服务员身着民族服装，手提大铜茶壶，穿梭于其中。

七、品牌营销观念

虽然品牌在商业中的作用由来已久，但它们成为关注的焦点却发生在 20 世纪。随着经济的发展和人民生活水平的提高，消费者的消费已经进入了品牌消费时期。所谓品牌消费是指消费者在购买行为中以市场认可的品牌产品为其购买决策的重要参数，其中部分消费者专一某偏好某些品牌并将其作为消费追求对象，整个市场上存在着较为明显的品牌消费者集群。在市场推进和拓展方面，往往显示出强烈的"马太效应"——强者更强，弱者更弱，从而使名牌产品在市场中占有绝大部分份额，取得垄断优势和主要地位。因此，企业应通过品牌营销获取竞争优势。品牌营销是指通过品牌的形象塑造、宣传等营销手段的运用和对其所依附的产品更新，提高质量，创建消费者认可的品牌。

顾客对品牌的忠诚是品牌能否维持的关键，所以说，品牌本身不是财富，品牌忠诚才是企业的财富。品牌忠诚是指由于质量、价格、信誉等诸多因素的吸引力，消费者对某一品牌的商品情有独钟，形成偏爱并长期购买某一品牌商品的行为。长期以来，品牌忠诚一直是市场营销的中心，是衡量顾客与品牌联系紧密与否的标志。要想维持和提高顾客品牌忠诚，酒店应该始终树立以消费者为中心的观念，通过洞察其消费需求，提供长期的产品质量保证，为顾客提供满意的服务，塑造良好的企业形象，赢得他们的好感和信赖。

在酒店营销总的对策上，要逐步实现酒店品牌营销的变革与创新。

案例 9-5　万怡国际——再造一流品牌

到目前为止，万怡国际酒店品牌已经拥有和管理着包括中国的上海浦东万怡酒店在内的 500 家酒店。虽然每一家万怡酒店的建筑风格各异，但是总的特色却体现了该品牌在开创之初商务客人们所提出的希望和要求，也就是万怡品牌酒店的客人们真正需要的是一个居家似的环境，而且没有旅行中常见的困难和压力的感觉。酒店的主要特色包括：

- 大多数酒店的客房为 70~200 间，套房为 5~20 间；

- 安静的居家氛围，入住、退房手续便捷，环境整洁干净；

- 在酒店里，人身安全始终被摆在十分重要的位置；

- 几乎所有的万怡酒店都有一个迷你健身房、造波温水浴池及一个游泳池；

- 备有可容纳 30 人以上的会议室；

- 所有的万怡酒店都有提供自助早餐及午餐或晚餐的中小型餐厅。

万怡品牌酒店的客房特色是：房间宽敞舒适，客房里大多辟有明确的工作区域和休息区域；65%~70%的客房里安有特大号床，几乎每一间客房都有一张宽大实用、照明合理的写字台，且配有数据通信接口；万怡酒店的客房一般都装有两部电话。

万怡酒店品牌在国际市场的发展是与该品牌在美国国内成功的发展战略分不开的。伴随着第 500 家万怡酒店的诞生，万怡品牌又开始在美国国内启动了大规模的品牌"再造"工程，以期极大地改变和强化该品牌系列饭店的外观形象、感觉和功能。此次万怡品牌的"再造"将致力于在保持该品牌的中档商务及休闲酒店市场行业领先地位的同时，努力满足当今旅行者的多元化需求，从而使万怡品牌在风格上更加有别于竞争对手。

八、整体营销观念

整体营销观念是基于大市场营销观念和关系营销理论而进一步发展起来的，它是菲利普·科特勒在 1992 年提出的，指在企业营销活动中，将最终顾客、供应商、分销商、内部员工、金融机构、政府部门、同盟者、竞争者、新闻单位及其他社会公众等均作为自己的营销对象，全方位地开展营销活动。

这种观念提示酒店业应该通过调研来了解酒店微观营销环境各方面的需求和利益，制定相应策略，建立稳定良好的关系，从而使营销活动成功。

第三节　酒店服务创新

酒店营销创新首先表现为营销观念的创新，如上一节介绍过的全球营销观念、绿色营销观念、形象营销观念、文化营销观念等；其次表现为产品创新；最后表现为营销手段创新。

产品创新可以是产品标准创新、产品品种创新、产品品牌创新、产品包装创新、产品服务创新等。针对酒店产品的特点，下面主要谈谈服务创新。

一、酒店服务创新的概念

酒店服务创新通常是指酒店人员为合理使用资源，更好地实现酒店产品价值，保持酒店产品持续发展而进行的创造性劳动。

二、优良的服务质量是服务创新的基础

在激烈的市场竞争中，酒店要赶超竞争对手，就要不断进行服务创新，而服务创新又要以优良的服务质量为基础。

优良的服务质量意味着酒店要拥有高素质的人员。高素质的员工是酒店进行服务创新的主体。很难想象服务技能低下、毫无责任心的员工会为合理使用酒店资源，更好地实现酒店产品价值，保持酒店产品持续发展而进行创造性劳动。

优良的服务质量意味着酒店要拥有现代化的设施，没有先进的硬件设备，服务创新就缺少了物质条件。

优良的服务质量意味着酒店要注重环境的安全、优美、方便和舒适。创造更安全、更优美、更方便和更舒适的环境也是服务创新的目标。

优良的服务质量意味着酒店还要注重服务的一贯性。如果服务人员的服务态度、服务技巧、服务效率和服务礼仪在任何时候、任何场合，面对任何顾客都保持一致，面对任何工作细节都持之以恒、认真仔细，如果酒店建立高标准的服务质量标准、有效的监督机制，那么优质服务就有了保证，服务创新就有了保证。

三、饭店服务创新的策略

1. 确定合理的服务战略

合理的服务战略包括的内容很广泛，既包括酒店发展服务的方向与开发服务的潜力，又包括服务在酒店营销中地位的确定及效益问题。

2. 重视服务的多样性

长久实行单一服务会使人们的兴趣日益减弱，也使服务的竞争性降低，而如果采用多项目的服务并互为补充时，一种服务的实施可以增加另一种或几种服务的效果。

例如，星级酒店商务中心传统的服务项目一般仅限于电信联络服务（包括收发传真、国际国内电话）、复印、打字、订票，现在三星级以上的酒店多数已加入互联网，为住店客人提供网络查询和收发电子邮件服务，有的甚至出租计算机间，为客人提供私人计算机工作站。位于北京建国门外大街的中国大饭店（五星级）商务中心除传统服务内容外，还有双语秘书服务、额外时段计时秘书服务、独立计算机间出租及包括计算机和幻灯机等在内的视听设备租赁、为客人提供信箱及国内外快件传递服务等。北京香格里拉酒店（五星级）的商务中心为客人提供私人计算机工作站、口译与笔译服务，还提供近期的商务杂志、贸易指南等商务参考资料。

3. 拟定与酒店产品周期和顾客需求相适应的弹性服务

这类服务如很多酒店在春节期间推出的"年夜饭"，在一些东西方重大节日时举办

一些比较特别的活动，在高考放榜期间推出的"谢师宴"等活动。

4. 重视酒店服务的可替代性和差异性

随着酒店服务对象的变化，服务项目本身也需要做出相应的调整。根据酒店产品的特性，提供服务的结构、项目应有所不同。如中国西北航空公司航空大酒店是三星级涉外旅游酒店，从开业以来，客源市场结构从单一的过夜航班机组、客人发展到国内国外散客、旅行社团队、会议客源、政府 VIP 客人、国际民航 VIP 客人、商务客人、国家部分航空公司代办、机组机务、不正常航班旅客的多元化客源结构，因而，酒店额外推出"义务代办机票、登机牌"、"早班航班乘客细微服务"、"不正常航班客人免费食宿"、"候机楼免费班车接送"、"候机客人钟点房"、"候机客人餐饮康乐温馨服务"等项目，使客人高高兴兴住酒店，轻轻松松坐飞机。

5. 酒店服务应是全过程服务，绝不仅仅只是客人在店期间的事

比如说客人预订酒店客房的时候，尽管还并未到酒店入住，但已经开始亲身感受酒店客房的预订服务了；再如有的酒店会为客人建立档案，尽管客人已离店，但为下次给他提供更优质的服务提供了依据。

6. 正确协调促销与服务的关系

酒店可以通过一系列鼓励性的促销活动，冲破酒店与潜在顾客之间的障碍，将产品和服务推销给顾客，使目标顾客尽早并尽可能大量购买酒店提供的产品和服务；同时，方便、周到和优质的服务也保证了促销活动的成功进行。

7. 把握国际酒店业服务的大趋势

当今时代，技术进步日新月异，社会环境千变万化，把握国际酒店业服务的大趋势，才能及时开发满足不同顾客需求的饭店产品和服务，在激烈的竞争中立于不败之地。

第四节　酒店营销手段创新

营销手段创新主要有网络营销、整合营销、关系营销、互动营销、直复营销等。

一、网络营销

网络营销是建立在互联网基础上的，是借助联机网络、电话通信和数字交互式媒体进行的各种营销。

网络营销与传统营销相比，其优势在于：

（1）互联网超越时空限制并能传递文字、声音、动画和影像，可以充分发挥营销人

员的创意，也使消费者和商家节省了大量时间、精力和金钱。

（2）互联网可以展示商品样本，可以连接资料库提供产品信息的查询，可以和顾客做双向沟通，可以收集市场情报，可以进行产品测试与消费者满意调研等，使消费者有了更大的选择自由和实惠，购物更理性，也减少了消费者与营销人员面对面可能发生的冲突。

（3）互联网覆盖全球，使用者遍及全球，方便企业进入国际市场，尤其为中小企业提供了与大型企业平等竞争的机会。

基于互联网的网络营销尽管也面临一些问题，诸如无法满足消费者的某些社会心理需要、对于有形产品的售后服务比较困难等，但它符合顾客主导、成本低廉、使用方便和充分沟通的要求，因而必将成为未来企业营销创新的重要方式。

案例9-6 网络营销可以使酒店和客人实现双赢

现代运通的预订中心可以通过互联网预订世界1000余家知名酒店；中国酒店预订网则可以根据不同地区不同级别的酒店，使预订者获得酒店门市价3~7折的优惠价格，而且在3分钟之内就可得到确认。一般来说，酒店预订网的价格介于酒店门市价与旅行社折扣价之间，但其变更、结算都比通过旅行社更方便，因为它实行的是客人前台自付的形式，最重要的是它使那些商务散客得到了近乎团体客人的优惠价。

二、整合营销

整合营销（Integrated Marketing Communication，IMC）是20世纪90年代以消费者为导向的营销思想在传播宣传领域的具体体现，其基本思想可以概括为以下两个方面：其一是强调营销沟通中的统一计划，即把广告、营业推广、包装、公共关系等一切与企业的对外传播和沟通有关的活动都归于一项统一的活动计划中；其二是强调统一沟通口径，即企业应当以一致的传播资料面对消费者，综合运用和协调使用各种各样的沟通手段，使营销沟通能发挥出最佳沟通效果。

整合营销要求酒店的所有活动都以营销为中心进行整合与协调，要求酒店内部所有部门、所有员工都服务于顾客的利益，酒店的营销活动成为酒店各个部门的工作，即所谓全员营销；同时，要求酒店与相关企业、顾客密切合作，实现共赢；另外要求酒店从传统的消极、被动地适应消费者，转向积极、主动地与消费者沟通交流，研究新需求、发掘潜在市场、开创新市场。

三、关系营销

重视关系在很多公司的营销行为中已早有体现，但直到20世纪90年代，伴随大市场营销理念的发展、整合营销的传播，以系统论为理论基础的关系营销才受到重视。

菲利普·科特勒认为，关系营销是交易双方之间创造更亲密的工作关系和相互依赖关系的艺术。

摩根（Morgan）和汉特（Hunt）用承诺与信任理论来揭示关系营销的本质。他们首先将企业面对和要处理的关系分为四个方面、十种关系：第一，供应者方面，包括与商品供应者和服务供应者的关系；第二，横向关系方面，包括与竞争者、非营利性组织和政府机构三者的关系；第三，购买者方面，包括与中间购买者和最终消费者两者的关系；第四，内部关系方面，包括与下属单位、雇员和职能部门三者的关系。因此，他们提出了一个新的定义，"关系营销指所有旨在建立、发展和维护成功的关系交换的营销活动"。这种对关系营销的认识较为全面和深刻。

传统的营销将企业和顾客看作是买卖关系，企业营销活动就是完成每笔交易，并谋求每笔交易利润的最大化。关系营销认为企业与顾客的关系不只是交易关系，而应建立起良好长久的伙伴关系，企业营销的目的不只是谋求企业利润的最大化，而是着眼于谋求双方利益的最大化。从追求企业自身利益最大化到谋求企业与顾客双方利益的最大化，体现了两种营销本质的区别。

知识经济条件下，关系营销出现了一些新特点：

（1）营销传播由大众传播变成个人传播。

（2）数据库成为关系营销的重要工具。

（3）互联网的出现使关系营销表现出虚拟化特征。

案例9-7　关系营销——查尔斯酒店的绝招

美国马萨诸塞州的查尔斯酒店（Charles Hotel）收集经常入住的学生家长的信息，在毕业典礼、节假日、体育比赛到来时，将会给这些家长寄去信函，邀请他们光临，并为他们在此期间的住宿提供价格优惠或者免费。

此外，当他们在该地读书的儿女过生日时，酒店还会送上一盒生日蛋糕。仅这些接触，就显示出该酒店和其他酒店的不同之处，赢得了这些学生家长的信赖。

查尔斯酒店选定商务客人作为其关系营销的对象。为了给他们提供个性化的服务，酒店通过自身的"顾客网络"（Guest Net）系统，收集这些顾客的个人资料，准确地知道他们的爱好。当他们下次住店时，不需要登记，服务人员就会给他们一把客房钥匙。客房的布置也符合这些顾客的要求；报纸是他们平时爱看的，闹钟已定好在他们习惯起床的时间，连浴衣的图案也符合他们的个性化要求。

关系营销不同于数据库营销，它不但要求酒店利用计算机系统管理顾客需求，提供个性化服务，而且还要求酒店主动与顾客发展一对一的关系。酒店关系营销的目的：

（1）提高常客的忠诚度。

（2）促使酒店形成"顾客导向"、"顾客忠诚"的经营机制。

在酒店关系营销所采取的措施中，顾客认为以下三点最为重要：

（1）常客的优惠政策。

（2）以灵活的方式加快常客的登记和结账的速度。

（3）利用常客过去住店的信息提供定制化服务。

四、互动营销

互动营销（Mteractlve Marketimg）从广义上看，是针对消费者个性化的需求，通过创造、交换的过程，以满足其所需所欲，建立顾客忠诚的一个社会过程。从狭义上看，是指各种营销沟通技术的全面、完善的配合。这种配合的目的是为了反映企业所提供的产品或品牌一贯性的形象信息。同时，利用最新的科技发展成果，如可视电话、互联网技术等，来传达该种信息并收集消费者的反映，从而使"推"式营销变为"拉"式营销。从某种意义上说，它是整合营销理念的升华，它与整合营销最大的不同在于它强调消费者之间随时随地的信息传递和反馈，变灌输式的沟通为双方互相教育式的双向沟通。其最终目的是建立顾客对品牌的忠诚。

互动营销主要由促销、直销、广告和数据库营销四个方面构成。

实行互动营销的技巧有：针对竞争者、消费者进行挑战性促销，互动媒体广告，通过数据库建立与顾客的长期关系，电话营销直销方式等。

五、直复营销

直复营销（Direct Marketing）起源于美国，是一种为了在任何地方产生可度量反应或达成交易而使用一种或多种广告媒体的互相作用的市场营销体系。直复营销与传统营销的区别是：传统营销中的顾客以群体出现，而直复营销的顾客则是单个个体，因而它可以根据每个顾客的购买习惯、需求进行有针对性的营销活动。传统营销中的销售活动要在信息传递出去一段时间后，在另外的场所发生；而直复营销在传递广告信息的同时就销售产品，媒体就是销售场所。传统营销中的广告重在树立企业和产品的形象，引起消费者的注意；而直复营销中的广告则是为了促成消费者的立即购买行为，以达到短时间内增加产品销量与营利的目的。在直复营销中，顾客通过回复卡、电话等方式进行查询、订货和付款，相关信息得到反馈，使得营销效果很容易测量，而传统营销效果则很难测量。

复习与思考

1. 酒店营销创新的含义和意义是什么？

2. 酒店营销创新的源泉大致包括哪些类型？请举例说明。

3. 请举例分析酒店营销的观念创新。

4. 酒店服务创新的策略有哪些？请举例说明。

5. 请举例分析酒店营销手段创新。

第十章　旅游景点营销

内容导读

旅游景点营销是在一种特定地区上进行的旅游营销方式。在这种方式下，景点将代表区域内所有的旅游企业，作为营销主体，以一个旅游景点的形象参与旅游市场竞争。旅游景点营销的参与者不是某个旅游企业，而是区域内所有相关的机构和人员；营销对象不是某个旅游产品，而是景点区域内所有的旅游产品和服务；获利者不是某个旅游企业，而是整个地区。旅游景点营销与一般意义上的市场营销的一个重要不同之处在于，旅游景点营销是由政府旅游组织负责并提供支持的，景点所在地政府在塑造形象、吸引旅游者和促进旅游业发展方面发挥着巨大的作用。景点是旅游产业的基本元素，也是旅游产业的基础产品，对旅游产业的策划，首先应该对旅游景点进行规划与策划，景点的规划与策划做好了，旅游产业的发展才会真正步入正轨。

本章着重从产品的基本特征出发，详细阐述了景点策划的基本原理和方法。

第一节　景点与旅游业

景点是旅游产业的基础要件，是吸引游客旅行的重要因素，是旅游产品的核心，是旅游服务的载体。

一、景点的定义

尽管景点一直都是旅游产业中的重要组成部分，但对景点的定义目前尚无普遍接受的、能够涵盖所有景点的定义。但是，有几个定义具有代表性，现介绍如下：

一个指定的、长久的、由专人管理经营的，为出游者提供享受、消遣、娱乐、受教育机会的地方。

景点应该是有特色活动的地点、场所或集中地，应该做到以下几点：

（1）吸引旅游者和当地居民的来访，并为达到此目的而经营。

（2）为顾客提供获得轻松愉快经历的机会和消遣的方式，使他们度过闲暇时间。

173

（3）尽量发挥其潜在的能力。

（4）按景点的特点进行管理，使顾客满足。

（5）按游客的要求、需要和兴趣，提供相应水准的设施和服务。

（6）收取或不收取门票。

一个长久性的游览目的地，其主要目的是让公众得到消遣的机会，做感兴趣的事情，或接受教育，而不应该仅是一个零售点、一个体育竞赛场地、一场演出或一部电影。游览地点在其开放期间，应不需要预订，公众可随时进入。游览地点不仅应该能够吸引旅游者，而且要对当地居民具有吸引力。

在目的地景区内的由某一个公司、个人或政府控制的一块土地。上述定义大体上概括出景点所包含的几个要素：景点的意义在于提供休闲和娱乐；景点的对象可以是游客也可以是当地居民；景点应该具有相当的接待能力；景点既包含实体的自然景观也包含非实体的活动和事件。

但是上述定义要么太过于繁琐，要么就是太过于简单，同时没有对旅游景点的实体本质加以界定。根据上述定义，人们所给出的定义是：景点是供当地居民或外来游客前来消遣、学习的能够界定的、能够经营的实体。

二、景点的类型

景点大体上可以分为以下三种类型：

（1）自然环境，如各名山大川。

（2）并非为吸引游客而建造的场所或建筑，但却吸引大量的游客出于休闲和消遣的目的前来参观和访问，如滕王阁。

（3）专门为吸引游客而修建的场所或建筑，如主题公园。

需要指出的是，这里的游客既包括当地居民也包括外来旅游者，既指一日游客，也指过夜的旅游者。

三、景点与旅游业

景点中的非专门为吸引旅游者而修建的景观和建筑是最初旅游产业发展的基础，而旅游业的发展又为原始旅游景点的修缮提供了资金基础。同时，旅游需求的进一步发展，使各种专门为吸引游客而设计的景点也迅速地发展起来。总之，旅游产业的发展和旅游景点之间是相辅相成、互为依托和促进的关系。

进一步分析景点与旅游产业其他组成部分之间的关系，可以更加深刻地了解景点和旅游产业的联系。

（1）景点与旅游目的地。一般来说，景点是独立的单位、专门的场所；一个特色为主、划分明确、面积不大的区域。而旅游目的地在面积上要大得多，包括数个景点及旅游者所需要的各项服务设施。受欢迎的景点可以发展成为旅游目的地。如果把旅游目的地比喻成珍珠的话，景点则是最初的那粒沙子。世界上大多数著名的、成功的旅游目的地都是从单一的旅游景点发展起来的。比如奥兰多因为迪士尼而闻名世界。

根据产品的生命周期理论，旅游目的地最终都会进入生命周期的第四个阶段，即衰落期。因此，有必要对旅游目的地进行重新策划，而策划往往从某个景点着手。

景点从经济、环境、社会文化三个方面对旅游目的地产生影响，并且这三个方面的影响是相互联系的。

景点对旅游目的地的影响可以分为积极和消极两个方面。积极影响包括增加旅游目的地的就业机会；通过乘数效应带动当地相关产业的发展；提高该旅游目的地的知名度；保护当地的自然和文化资源；增加当地政府的财政收入等。消极影响包括破坏资源，这主要是由于，景点在经营的过程中只注重经济效益而疏于对资源的保护，从而造成资源受损；投资的机会成本增加，所谓的机会成本（Opportunity Cost）是由于选择而被错过的商品和服务的价格；此外还有随着景点招徕游客的增多，造成该地区物价的上涨，产业结构的失衡等。

（2）景点与旅行社、酒店、交通。景点本身的不可移动性，决定了为了实现旅游消费，旅游者必须离开自己的常住地前往自己向往的景点，而中间交通运输为其实现空间上的移动提供了物质条件，景点的发展也必然要求和促进酒店、交通的发展，来增强景点的可进入性。景点对于旅行社尤为重要，因为景点是旅行社产品的主要组成部分，而旅行社将各个景点通过创造性的思维连接在一起形成旅游线路，并销售给旅游者，可以促进景点的发展。

总之，通过上述分析，景区的策划依赖于其他各相关行业，同时会对其他行业乃至旅游目的地产生多种影响，因此景点的策划应该从整个旅游目的地整体出发，运用系统方法。

景点是旅游产业发展的依托，是旅游产品的载体。因此，景点策划的成功与否关系到整个旅游目的地甚至是整个旅游产业的发展。

第二节　景点产品

科学有效的景点策划必须是在对景点产品理解的基础上进行的。本节内容就是对景点产品的特点、构成、层次、生命周期和中国景点产品的发展动态等逐一进行分析，为景点策划奠定基础。

一、景点产品的定义

景点产品可被视为是有形产品与服务的结合，尽管下面的定义是针对接待业的所有产品而言，但同样也适合大多数景点。

产品是商业实体所提供的、被现有的和潜在的顾客大多认同的东西，这些东西是专门为满足某些目标市场需求或解决其问题而特别设计的。产品由有形和无形两部分组成，产品的效用如何，主要是看它能为顾客做什么。

该定义指出，产品是由有形和无形两个部分所组成，这一点同样适合景点产品，如世界之窗，有形的是各种设施和设备，无形的是各种服务。海滨度假地，有形的是海滩，无形的是漫步海滩的浪漫感受。此外，定义还指出，产品的生产目的是为了满足顾客的需要。景点产品同样如此，在开发某项景点产品时，必须对目标市场的需求进行调研，使景点开发的类型与顾客的需求相匹配。定义指出产品能被销售出去必须得到顾客的认同，这也是景点策划所要达到的目标。

二、景点产品的特点

景点产品是旅游产品的一个组成部分，因此它具有上述旅游产品的特点。此外，景点产品还具有其他旅游产品所不具备的特点。

（1）景点产品的半公共产品属性与酒店产品不同，游客购买景点产品，支出门票费用之后，并不能拥有产品的独立使用权，他在消费该产品的时候，并不排斥其他人消费该景点产品的权利。但是，当景点的接待人数超过一定的限度，某旅游者的行动或存在都会影响其他人的消费感受。因此，景点产品本身具有半公共产品属性。

（2）旅游者只享有暂时的使用权这一点不难理解，如"世界之窗"的门票只能享受一天。

三、景点产品的构成

人们普遍认为景点产品的实质是一种感受。这种感受从计划进行景点访问时开始直到游览结束时为止。而游览全过程的任何构成要素都将影响该游客总体游览经历的愉悦程度。对经历感受产生影响的因素，有以下几点：

（1）硬件设施。这是景点产品的载体，如主题公园中的游乐设施、商店、餐饮设施和休息场所等。

（2）软件服务。这主要包括员工的仪表仪容、服务态度、技巧、能力和程序等。

（3）顾客的期望值。如果顾客对该游览的预期期望值很大，游览中稍有不能令其满意的地方，就会破坏其对游览经历的总体印象。一般来讲，期望与经历呈正态分布关系。

（4）不可抗力。这里包括天气、各种突发事故等双方都不可能预见的事件，即在达到一定的程度之前，合理的预期可以提高经历的愉悦程度，而过分的预期则会影响游客对整个游览的整体感受。

四、景点产品的五个层面

通过上述对景点产品构成的分析，借鉴菲利普·科特勒对产品的 5 层次理论，可以大体上将景点产品分解为五个层面：核心利益、基础产品、期望产品、附加产品和潜在产品（如图 10-1 所示）。

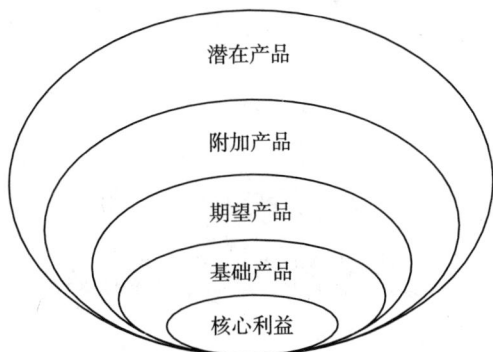

图 10-1　景点产品的五个层面

第一个层次是核心利益。就是游客在购买该景点产品时真正想得到的利益，即愉悦的感受，而愉悦的感受则可以来自于景点的气氛和各种项目带给游客的刺激感受。

第二个层次是景点提供给游客的，能将核心利益转化为基础产品，是景点产品的基本形式。如各种游乐项目、景观、基本的服务、各项必须具备的接待设施等。

第三个层次是期望产品。即在游客购买景点产品时通常希望和默认的应该得到一组属性和条件。例如，干净的卫生间、合理的客流量、安全的保卫措施、便利的交通条件等。

第四个层次是附加产品。即景点经营者提供给游客的，可以与其他竞争者区别开来的服务和利益。如迪士尼提供的拍照服务、深圳世界之窗不时翻新的免费观看的表演项目等。附加产品很可能转化为期望产品，如果世界之窗定期推出不同的表演节目，游客在购买世界之窗就预期各种表演节目，并将其视作购买的景点产品的组成部分。

第五个层次是潜在产品。即景点产品最终可能会实现的全部附加部分和新转换部分。如果说附加产品包含着产品的今天，潜在产品则指出了产品可能的演变。如某些景点增加网上自助游，游客可以在网上随便选取自己所希望游览的景点，足不出户便可以大饱眼福。这种形式的景点产品及各种实际的 DIY 旅游景点随着游客的成熟程度而发展起来的，并将成为未来景点业发展的趋势之一。

五、景点产品的生命周期

典型的产品生命周期曲线是钟型的（见图 10-2），这条曲线可以分为 4 个阶段，即引入期、成长期、成熟期和衰退期。

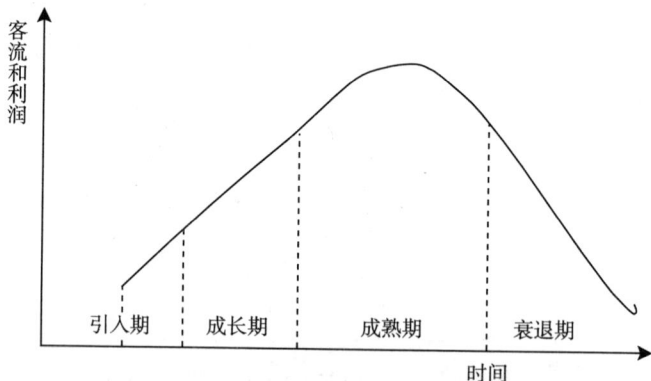

图 10-2　产品生命周期曲线图

（1）引入期。产品引入市场时销售缓慢增长的时期，因为产品引入市场所支付的巨额费用所致，利润几乎不存在。

（2）成长期。产品被市场迅速接受和利润大量增加的时期。

（3）成熟期。因为产品已经被大多数潜在的购买者所接受而造成的销售成长减慢的时期。为了对抗竞争，维持产品的地位，营销费用日益增加，利润稳定或下降。

（4）衰退期。销售下降的趋势增强和利润不断下降的时期。

以上是就一般的产品抽象出来的生命周期理论，就景点产品而言，产品生命周期理论更适用于人造景点和专门为吸引游人而建的景点。这点会在主题公园策划一章中进行详细的介绍，这里就不做进一步的论述了。

第三节　景点策划原理

一、景点策划的基本概念

目前对景点专门的研究很少，而对景点策划的研究更是少之又少，实际上更多的学者将目光投向景点的规划。因此，对景点策划的定义尚无定论，根据景点的特点及策划的基本含义，将景点策划定义为：在调查与研究的基础上，确定未来如何实现景点资源与市场拟合的创造性思维活动。

二、景点策划的基本方法

根据景点策划所要达到的目的不同，将景点策划的方法大致归纳为以下几种：

（1）系统策划法。即在综合研究旅游产业系统运行规律的基础上，深入了解旅游产业系统的特点和性质，进行景点策划实际方案的制订。这种方法的特点是在实施的过程中，对策划方案实施的结果进行不断的反馈，从而可以对策划方案不断进行完善。

（2）炒作策划法。通过人员或媒介尽最大可能地对景点进行宣传，吸引更多的旅游者，达到项目策划的目的。该策划方法适用于景点开发初期，或景点发展开始老化，推出新产品的时期，主要是通过大量的宣传来吸引或重新吸引旅游者前来，实现景点经营利润的最大化。

（3）资源策划法。该类策划方法是以现有资源为基础，并且以保护现有资源为核心，吸引旅游者前来旅游获得收益。而获得收益的最终目的也是为了资源的保护，该类策划方法适合自然和世界文化遗产景点的策划。

三、景点策划的基本原则

景点产品作为旅游产品的一个组成部分，在进行景点策划时，在遵循旅游产品策划的基本原则的同时，根据景点产品本身的特点还必须遵循以下两个原则：

（1）可进入性原则。所谓的可进入性，指的是景点可到达的程度，即"进得去、散得开、出得来"。由于景点产品的不可移动性，并且由于一般的景点接待的游客都是一日游的，因此必须充分考虑交通的便利程度及内部设施的接待能力。

（2）系统性原则。通过前面的分析，景点的发展对旅游目的地会产生各种积极和消极的影响，依赖于其他行业发展的同时，又会对其他行业的发展产生影响。因此，在进行旅游策划时，必须运用系统性的思维，从旅游目的地的整体出发，从整个大旅游产业的角度出发。同时，要做到景点内部的系统性，做到合理分区，动静结合。

四、景点策划的流程

正如前面几节所分析的，景点本身是一个系统，同时它又与其他相关行业构成一个旅游系统，而景点也是构成旅游目的地系统的一个部分。因此，在实践中多采用系统策划法。

系统策划法是将景点策划看作是一个系统的工程，其流程具体包括确定目标、可行性研究、策划方案的制订、策划方案的评估与选优、策划方案的实施、策划方案的实施反馈与监控。下面对各个步骤进行详细的阐述。

1. 确定目标

景点策划首先要确定其目标，这样可以引导整个过程的顺利发展。不同的景点策划其目标不同，但从本质上看都是通过策划来实现景点综合收益的最大化。而将综合目标进行分解，可以得到三个大的分目标，而每个分目标又包含一系列的具体目标：

（1）经济目标。它包括扩大市场占有率、增加经营利润、完成经营指标等。

（2）社会目标。它包括增加当地民众的就业、提高所在旅游目的地的形象、保护当地的文化、提高当地人员素质等。

（3）环境目标。它包括保持生态平衡、美化生活环境等。

尽管不同的景点策划对以上目标的侧重各不相同，但都要做到三者兼顾，才能使景点的发展得到各方面的支持，实现景点的可持续发展。

2. 可行性研究

（1）可行性研究的目标。可行性研究的总体目标，是尽可能准确地检验所提出的策划目标实现的各种潜在的可能性，以便做出是否实施策划的决定，不同的景点策划目标可能不尽相同，但基本上可以包括在以下各项中：

1）预测景点策划的经济可行性，即投入和产出分析，筹融资能力分析等。

2）预测景点策划的政策可行性，即景点策划是否会得到当地政府和民众的支持。

3）预测景点策划的技术可行性，这里的技术包括实施策划所需要的一切具体的条件，包括人力、设备等。

4）预测景点策划的市场可行性，确定市场规模。

5）预测景点策划的营销可行性，收集各种有利于营销的信息。

需要指出的是，可行性分析尽管从理论上来说是一个系统的过程，但是在实际操作过程中往往是在一定的限制下进行的，如景点地址已经确定或者可供使用的资金已经确定。

（2）可行性研究的步骤。在这里可以借鉴约翰·斯沃布鲁克的观点，将景点策划简要地表示如下：初步的设想—粗略的成本估算—市场可行性研究—修订设想—确定位置及地点—修订成本估算—游客访问量预测—财务评估—确定资金来源—详尽的分阶段计划。

（3）可行性研究的实施者。一般有两种选择：景点经营单位组织自己的人员进行可行性调研；外聘专家来进行。但两者都分别具有各自的优缺点，概括如下，如表 10-1 所示。

表 10-1　内外人员实施可行性分析的优缺点

	优点	缺点
景点内部员工	对景点熟悉 成本较低	主观 耗时 进展慢 思维僵化
外部咨询公司	客观 专业化 补充新思路速度快	对景点不熟悉 费用高 并不真正关心

（4）可行性研究的内容景点策划的可行性研究大体包括以下内容：

1）市场调研。市场调研主要是解决3个"W"和一个"H"即"Who"，市场是谁；"Where"，客源市场所在的位置；"When"，游客来访的时间量的多少。"How many"，游客量的多少。

明确上述内容，则可以确定采取相应的策划策略。

2）景点选址的标准。不同的景点地址的选择标准不同，一般来讲，人造景点的选择应该优先考虑市场的位置，即尽可能地与目标市场接近，如深圳的华侨城的成功基本上取决于处于生活富足的珠江三角洲，并和香港毗邻，每年吸引着大量的游客前来参观游玩。而以自然资源为基础的景点在确定位置时，则不得不以资源为导向，然而不同的国家因为国情不同对景点位置的选择的标准也不一样。墨西哥开发景点选择的标准是：新的旅游中心必须设在有客源潜力的地区，并能创造新的就业机会，这些地区必须位于那些收入较低，并能在不久的将来开发别的生产活动的重要乡村中心附近。新的景点必须能促进区域的新农业、工业及手工业活动的发展。斐济旅游景点选择的标准是：有杰出的旅游资源足可以吸引并满足海外及当地游客的各种需要；具有自然的真实性，足以代表斐济的特征；具有考古、历史、生态的特殊性、代表性和重要性；具有开发的可行性；在居住设施与人口中心之间有方便的交通；有助于保护与恢复传统活动，风俗及工艺；能促进文化交流和国际间的理解。

Inskeep认为选择景点开发地的标准包括：①具有旅游吸引物，如海滩、湖泊、滑雪场、考古和历史遗址等。②具有与景点类型相适应的小气候条件。③自然环境有吸引力。④有足够的可利用的土地。⑤与游客进出境口岸有良好的交通联系。⑥供水、供电、排水排污、通信等基础设施具有开发可行性。⑦有足够的土地用于修造缓冲带，同时没有过度的空气、水或噪音污染。⑧居民对旅游业发展持积极支持态度。⑨有适当的劳动力供给。

北诺丁汉郡的英国中央公园为人们提供了一个景点选址所应考虑因素的好例子。本特利（Bentley）2009年对该景点进行了调查研究，认为其地点的选择是基于与市场相关的因素（见表10-2）。

表10-2　地点与市场相关因素关系

位置	舍伍德森林
靠近潜在的市场的程度	800万人口，2小时驱车范围
可进入性	容易
辅助性设施	附近有村镇
竞争对手	无
其他可开发的旅游资源	舍伍德森林自身
自然条件：	
场所的美学特征	风景秀丽、多种动植物群

位置	舍伍德森林
水源、土地所能承受的娱乐开发能力	中央公园改善了自然环境
其他标准:	
人力资源的可用性	从旅馆和餐厅招来的有能力的管理者
土地的可用性和成本	在伦敦附近地区
土地的供应量	692栋别墅占地440英亩
政府的财政支持	英格兰旅游委员会和地方政府投资3400万英镑

3）经济可行性。经济可行性分析实质就是资金投入与收益产出分析。景点策划必须是产出大于投入。具体步骤如下:

首先预测景点策划的收入。景点策划的收入包括:景点所在地政府的投资,赞助商的投资,策划活动给景点带来的高出策划前的收入。其次是景点策划的支出。支出主要包括:各种出售货物的成本、市场营销支出、借贷利息等。此外需要注意的是,景点策划本身有很大的时滞性,因此要将资金的时间价值考虑在内。

3. 策划方案的制订

在确定景点策划可行之后,应着手策划方案的编写。在制订策划方案时,应考虑以下几个因素的影响:

1）景区所在地政府与企业的角色分工。

2）生态可持续发展的水平。

3）景点的类型与规模。

4）景点的人力资源配置。

5）土地规划情况。

4. 策划方案的评估与选优

某一景点的策划方案在制订时可能会出现多个,因此必须对其进行评估选优通常采取的是矩阵评估法。

矩阵评估法是选择对景点的评估变量,并给各个变量按照其重要程度赋予一定的权重。评估者对各个方案给予不同的评分,然后对各方案的评分汇总,分值越高,说明选择的可能性就越大。现举例说明如下（见表10-3）:

表10-3　矩阵评估法

评估变量	权重	方案		
		A	B	C
维持生态	4/12			
增加就业	2/12	2	5	2
增加政府收入	2/12	5	4	3
带动关联产业	1/12	0	1	6
改善当地形象	3/12	6	2	1

方案一的分值是：A = 2 × 1/3 + 5 × 1/6 + 4 × 1/6 + 6 × 1/4 = 11/3

方案二的分值是：B = 5 × 1/3 + 4 × 1/6 + 3 × 1/6 + 1 × 1/12 + 2 × 1/4 = 41/12

方案三的分值是：C = 2 × 1/3 + 3 × 1/6 + 4 × 1/6 + 6 × 1/12 + 1 × 1/4 = 31/12

其中，A 的数值最大，因此 A 是最优方案。

5. 策划方案的实施

景点策划与景点规划的区别在于，景点规划的实质是对景点的物质形态进行设计，而景点策划则是对景点的形象进行谋划和言传。因此，在景点策划方案的实施过程中景点规划的部分即景点的各种实际性的开发工作，如图纸的设计、工程建设、景点的经营、人员的调配等，在这里就不再做过多的阐述，这里只对景点策划中的营销做一下重点介绍。

如前所述，景点营销的核心是如何巧妙地运用营销组合的 4P。这里分别加以论述。

（1）产品（Product）尽管前面对景点产品已经有所论述，但这里的景点则是专门从营销角度来谈，尽管角度不同，但内容一致。在景点的营销组合中，产品的内容包括：

1）专门设计的特点和包装。例如，对于游乐园指的就是各种游乐设施、保护性服务设备、商店餐饮设施等。

2）服务包括员工的数量、仪表、能力、态度、服务的技能等。迪士尼乐园在这方面做得很成功，它们的员工都是整个乐园产品的一个不可或缺的组成部分。

3）形象和声誉。比如，深圳的世界之窗给人的印象便比北京的世界公园要好，而前者在全国的声誉也比后者要高。

4）品牌效应。深圳因为华侨城主题公园而蜚声海内外，这就是华侨城主题公园的品牌效应。

5）定位。仍以深圳的华侨城为例，全国各地有大量的主题公园，但是真正拥有长久生命力的不多，华侨城主题公园一直获得全国乃至东南亚人民的厚爱，其原因之一就在于，华侨城三大主题公园的定位不同"锦绣中华"将目标锁定中老年群体，"世界之窗"内的娱乐项目和各种表演吸引的是中青年，而"欢乐谷"凭借其卓越的游乐设施吸引了大量的儿童和青少年。

6）提供的利益。博物馆和艺术馆提供的是学习的机会，而游乐园提供的是刺激。

7）质量。我国曾经有过全国大兴修建主题公园热，但大部分很快都销声匿迹了。主要原因是，这些项目修建的主题公园或者粗制滥造，或者简单模仿，无论从创意还是从景点的设置都毫无质量可言。

8）安全保障和后勤服务。游人玩得开心必须是在身心和财产得到安全保障的基础上才有的，其次是安全措施和后勤服务也非常重要，华侨城内各种休憩场所和多种风味的餐厅，让刺激之余的游客有平静下来的地方，动静结合。

（2）价格（Price）。对于景点而言，价格是一个非常重要的问题，涉及多方面，它包括：

1）定价（标准价）。标准的门票价格和使用费，通常为成人单价。而门票的形式也有通票和各景点的单独售票两种。

2）折扣。打折的目的是在淡季吸引更多的游客，或吸引某个细分市场。如家庭折扣、团体折扣。

3）优惠。出于让社会受惠的目的而降低价格或提供额外的服务。如世界之窗通过实行一票制使得原先很多，如"雪山飞龙"和"完美风暴"这样的项目都可以为相对囊中羞涩的人所消费，这样为社会提供福利。

（3）促销（Promotion）。随着市场竞争的加剧，目前商家采用的促销手段越来越多，但是适用于景点的促销手段却并不多，主要有以下几种：

1）印刷品。由于景点产品的不可移动性，游客在消费景点产品之前对景点的了解便异常重要，因此景点的宣传册是游客了解景点，也是景点进行自我展示的一个必备手段。宣传册的外观设计、内容、印刷规格及发放的方式对景点促销的结果都很重要，因此要遵循以下原则：①针对不同的目标市场应有不同的宣传册。如普通游客和团体游客就应有所不同。②印刷品的大小应以便于游客携带为标准。③印刷品的设计应注重"眼球效应"。④印刷品的内容应该包括游客所要掌握的基本信息，即实用性。⑤印刷的规模要合适，太多浪费，太少不足。⑥发放系统要完善，时间要恰当，避免浪费。⑦宣传信息应随着景点内容的变化而变化，保持信息的更新。

2）广告。广告媒体的选择应该依据受众的特点，景点经营者的经济承受能力等多方面的因素而定。不同的媒体各有优缺点，必须根据各自的特点进行选择，见表10-4。

表10-4　适用于景点的不同广告媒体的优、劣势

媒体种类	优势	劣势
电视	提供视觉和活动图像 印象深刻覆盖面大	广告费用高制作 成本高无法保存
电台	制作和播出成本低	无法保存 无视觉效果听众面小
报纸	提供视觉效果可保存 重复查阅内容可更换 广告和制作成本适中	形象固定 受报纸发行量的限制
期刊	提供视觉效果 可保存供查阅有针对性	形象固定 发行频率低
年度要览和年鉴	提供视觉效果 针对某一专题感兴趣的读者	形象固定 一年发行一次，信息滞后

媒体种类	优势	劣势
海报	视觉效果 位置选择灵活 形式多样	形象固定 受众往往不甚留意 有些产地租金昂贵
编制节目（通过节目而非广告介绍产品）	受众广 影响力大	难以编排费用高

3）公关。与付费广告不同，新闻和公关能够在媒体上给景点提供免费的报道，但需要景点为媒体提供值得报道的新闻信息。并且借助新闻报道宣传，景点无法保证一定会被播出，尽管当时影响很大，但一般无法重复。该方法是一种潜在的免费的并且极具影响力、权威性的促销方法，对于景点来说意义重大。

4）赞助。景点可以赞助某些活动、人或组织，提高景点的公众形象。赞助活动的关键是选择对目标市场有吸引力的活动进行赞助。

5）直接销售。直销是通过直接向顾客邮寄资料的方式与顾客沟通而达到促销的目的，景点不常使用直销的方法，但是可以对团体顾客采用该方法。采用直销方法的关键是建立顾客数据库，而建立数据库是需要大量的时间和费用的。

6）个人销售。景点可以派出个人代表出席展览会和交易会，在对景点进行展示的同时，与潜在的顾客进行直接的交谈。

（4）地点（Place）。地点指的是景点的分销渠道，即如何向顾客提供购买产品的机会。由于景点产品的不可转移性及不可预购性，景点的销售渠道与一般的商品不同，主要有以下主要的销售渠道。

1）景点门票的销售代理机构。在国外该类机构比较普遍，一般一个机构往往代理很多景点的门票销售业务。游客可以通过电话、传真、信函或亲自到代理机构办理预订。而中国主要是通过旅行社串联各种景点产品，专门的景点门票销售代理机构则很少。

2）旅游信息中心。这也多是国外常设的一种机构。顾客如果从中心购买门票的话，有时可以得到优惠。中国景点门票的销售多是通过旅行社的包价旅游卖出去的，散客大都是到达景点后直接买票进入。

6. 方案实施的反馈与监督

方案在投入实践以后，需要一定的监控，从而减少损失，达成最初的策划目标。这个阶段具体包括以下几个方面：①投入统计，即对资金的使用情况进行统计。②产出统计，对景点的客流量、收益情况进行统计。③对前两者进行比较，计算与计划的偏差。④分析偏差，找出原因。总之，旅游景点策划是一个系统的循环往复的过程，既要遵循一定的程序，更要树立创造性思维大胆创新、出奇制胜的观念。

复习与思考

1. 试述景点景区的概念。

2. 景点景区如何分类？

3. 景点景区产品的构成与特点。

4. 简述景点景区策划的策划的方法与原则。

5. 结合国内外著名旅游景点景区，试述景点景区策划流程。

6. 以国内外著名旅游景点景区为例，谈谈旅游广告媒体的选择。

第十一章　旅游主题公园营销

内容导读

众所周知，主题公园是旅游业中投资大、周期长、回收慢的一类项目。它集文化、休闲、娱乐、健康等内容于一体，是个综合的旅游设施。所以主题公园的前期策划、调研工作在整个营销过程中有着至关重要的地位。

运用营销策划学知识把文化、休闲、娱乐、健康成功地集于一体，不仅能给经营者带来利润，也会给消费者送去轻松和愉快的文化及自然享受，当然还为社会、为后人留下了一个伟大的艺术作品。这一章将着重介绍主题公园前期策划的一些主要着眼点和营销重点。

第一节　中国主题公园发展概述

自 1989 年我国第一家真正意义的主题公园——深圳锦绣中华微缩景园开业以来，国内迅速兴起一股兴建主题公园的热潮。截至 2012 年年末，全国有大大小小以主题公园形式出现的人造景观已经超过 600 个。但是众多主题公园中真正运行良好的却寥寥无几，苏州福禄贝尔科幻游乐园项目上马时估计每日游客量可达 1.5 万人，但项目运营后每日的游客量常常不足 150 人。众多主题公园失败的原因，从根本上讲，在于建设初期没有进行科学的策划，盲目上马最终导致大量的重复建设。本章对主题公园策划的原则、程序进行更深层次的论述。

一、主题公园的定义

"主题公园"一词来自于英语"Theme Park"，尤以西方迪士尼乐园为典型代表。但是，对于主题公园的准确内涵和外延到底是什么，学术界还存在不同的看法。2011 年 5 月 8~9 日国家发改委和湖北省经贸委共同发起"中国主题公园发展研讨会"，从会上所提交的众多文献中，对主题公园的定义也进行了争论。张广瑞认为，近年来各娱乐、教育、游览设施功能的趋同，使主题公园、游乐园、休闲中及博物馆等设施的界限也变得越来越模糊，你中有我，我中有你。在欧美，主题公园的定义大致包括如下内容：为旅游者的消遣、娱乐而设计和经营的场所，具有多种吸引物，围绕一个或几个主题，包括餐饮、购物等服务设施，举办多种具有吸引力的活动，开展商业性经营。国内目前比较权威的定义是中山大学保继刚提出的。他认为，主题公园是指具有特定的主题，由人创造而成的舞台化的休闲娱乐活动空间，是一种休闲娱乐产业。此外，黄郁成在其《新概念旅游开发》中提出"主题公园是为了满足旅游者多样化休闲娱乐需要和选择，而建造的一种具有创意性游园线索和策划性活动方式的现代旅游目的地形态"。

综合以上定义，可以得出主题公园具有如下特点：①针对游客的休闲、娱乐需要；②主题鲜明、内容丰富；③配套设施齐全；④规模大、耗资巨；⑤商业性经营。

二、我国主题公园发展的历程、现状和存在的问题

（1）我国主题公园的发展历程与存在的问题。我国主题公园的启动和发展，是中国国内旅游业及国民经济发展到一定历史阶段的产物。20世纪80年代后期，随着国家经济实力的增强，人民生活水平的提高和余暇的增多，国内旅游迅速发展起来，这为以吸收短途市场为主的主题公园的发展奠定了市场基础。

中国最早出现的主题公园是20世纪80年代的"西游记宫"。它实际上称不上主题公园，因为其兴建的直接目的是为了《西游记》的拍摄。但是"无心插柳柳成荫"，当它被投入市场之后，迎合了当时游客的好奇心理，一时名声大振。

随后，美国、日本、荷兰以及中国香港的开发商凭借丰富的经验和雄厚的资金实力，开始登陆中国的主题公园市场。中国开始正式出现了一批比较成规模、上档次的主题公园，这其中最出色的就是深圳的华侨城主题公园（欢乐谷是在后期建造的）。这些主题公园的起点高，产品和运作形式新颖。尽管主题公园的门票价格不菲，但仍受到国内游客的热烈追捧。总体而言，这一阶段的主题公园属于寡头垄断阶段，客流充足，大多数主题公园可以得到理想的投资回报。

主题公园的高投资高回报示范效应吸引了大量的国内外资金的进入，期间我国国内旅游的发展也为主题公园提供了强大的市场支持。这一时期主题公园数量激增，截至2012年全国已经有大小主题公园600多座，总投资超过万亿元。在中国主题公园大发展的同时，主题公园的问题也不可避免地暴露了出来。这些问题概括起来为"三高一低"。

1）建设重复率高。多元化的社会投资为主题公园的蓬勃发展创造了条件，但政府宏观调控不得力，行业内部管理混乱，投资商急功近利，缺乏主题公园开发建设方面信息传递和交流，引发了众多面貌相似的主题公园，行业内部恶性竞争激烈。例如，北京现在有"太平洋海底世界"、"北京工体富国海底世界"、"北京海洋馆"三家海底世界。

2) 投资费用高。上述的 600 多家主题公园中，总投资上十亿元的有 89 家，华侨城内几大主题公园的前期投资总额高达 24 个亿，这就为未来的成本收回施加了沉重的压力。

3) 亏损率高。根据 2012 年国家旅游局的调查表明，国内只有 10% 的主题公园是盈利的，而 70% 处于亏损状态。

4) 重游率低。一些主题公园主题吸引力差、静态的观赏性项目过多、景点缺乏文化内涵、游乐项目落后，导致了游客的重游率低。

（2）我国主题公园的类别。目前我国主题公园按照主题分类可划分为以下 6 种（见表 11-1）：

表 11-1　我国主题公园的分类

主题类别	典型例子
民俗风情	民俗文化村（深圳、桂林、西安、北京等）
自然生态	青青世界（深圳）、野生动物园（深圳）、水族馆（北京）、海洋公司（香港）
未来科技	未来时代（深圳）、未来世界（杭州）、天河航天奇观（广州）
历史文化	三国城、水浒城（无锡）、宋城（杭州）、太平天国城（南海）
微缩景观	锦绣中华（深圳）、世界之窗（深圳）、老北京微缩景园（北京）
康乐休闲	水上乐园（深圳）、夏宫（沈阳）、欢乐谷（深圳）

第二节　国内主题公园成功经验与国外主题公园的发展趋势

一、国内主题公园策划的成功经验

世界上主题公园的发展开始于 1955 年，美国迪士尼在洛杉矶开业，此后欧洲、日本都出现了各种形式的主题公园。我国学者对国外主题公园也做了大量的研究，并对国内主题公园的成功经验做了总结，概括起来主要包括以下几个方面：

1. 选址方面

（1）城市感知印象。印象单一的城市如深圳、珠海等投资建设大型主题公园易成功，而上海、广州的城市感知印象比较复杂，主题公园较难成功。

（2）适宜的区位。一般比较倾向于流动人口多、经济发达的大城市边缘区选址。根据世界之窗的周末抽样调查，来深圳主题公园的游客构成中 50% 来自珠江三角洲，外省游客为 20%，本地居民为 15%，海外游客为 15%。

（3）集中和分散相当适宜。不同类型的项目在一定地域上相对集中，而同类型及档次的主题公园过多则难以取得好的效益，因为游客的旅游选择是有限的。

2. 管理方面

Dickson（2009）指出，主题公园的管理涉及 5 个方面基本内容：场地的整洁卫生管理、娱乐现场表演管理、吸引物管理、食品管理和购物管理。

3. 在主题与表现形式上

在该方面最重要的就是创新。深圳中国民俗文化村的民族歌舞大荟萃、民族风情大会演开创了中国旅游界的先河，并取得了成功，但其他地方的模仿，如上海、北京、成都等，却因为缺乏新意而失败。

此外高科技的运用、主题的文化底蕴、建筑的协调统一等，都是成功的主题公园所不可缺少的。如果可以高度概括的话，可以引用李海瑞和王兴斌于 2009 年通过调查深圳主题公园后得出的结论：科学 + 文化 + 人情味 = 主题公园的成功。

二、影响主题公园未来发展的因素

进入 20 世纪 90 年代以后，主题公园所面临的环境发生了变化，而这些变化决定了主题公园未来的发展趋势，这些变化包括：

（1）人口结构的老龄化。目前一些发达国家的老年人所占的比重在整个人口中越来越大。这种情况对主题公园的发展是很不利的，因为目前大多数主题公园的一些项目吸引的是家庭游客和年轻人。

（2）游客学习的意识增强。游客希望通过访问主题公园，进行放松和休闲的同时，也希望从中获得新的知识。因此，主题公园必须朝这个方向来开发产品。

（3）族文化保护意识的增强。人们越来越关注保护民族和地域特有的文化。

（4）保护生态环境的意识增强。人类越来越意识到保护生态环境的重要。因此，对圈养动物的主题公园不再青睐。

（5）科技创新吸引了越来越多的游客。例如，虚拟现实的技术，给许多主题公园带来了新的发展机遇。因此，主题公园必须做到率先采用新技术，做到"人无我有"。

（6）其他类型的景点对主题公园的冲击进一步加剧。

三、国外主题公园的发展趋势

在上述因素的影响下，世界各地的主题公园出现以下发展趋势：

1. 主题的变化

主题是主题公园经营成败的关键，人口老龄化使游客的兴趣由原来注重惊险刺激型的活动，转移到以家庭为中心的活动和一些适合老年人参加的活动。与此同时，游客更希望接受历史文化、科技方面的教育，主题公园正朝着寓教于乐的方向发展。主题向自然、动植物、科普、教育扩展，越来越多地增设艺术品展、剧院、工艺制作品展等文化特色显著的项目。人们更强调将主题公园与自然保护区及文化圣地相结合。

目前最受欢迎的主题排名是：教育展览、珍禽异兽、植物园林、原野丛林、外国文化、历史陈列、河流历险、生活娱乐、水上乐园、动物表演和花卉展览。世界各国尤其强调特色主题，以昆虫动物为主题的公园较多，美国华盛顿的昆虫公园每年接待100多万游客。斯里兰卡科伦坡市有一座蝴蝶公园，得到游客的青睐。此外哥斯达黎加的海龟公园、印度的老鼠公园等也得到了游客的喜爱。以自然景观为主题的公园有美国的黄石公园。此外微缩建筑公园更普遍，奥地利有座建筑公园，专门收集微缩复制各种不同时代的著名建筑，可供游客欣赏世界著名建筑遗产。

近年来，随着人们环境保护意识的增强，绿色营销思想渗入到主题公园的建筑上，美国的一座"垃圾公园"，园内所有的设施都是用垃圾原料制造而成的。此外西欧和北美一些国家近年对伤残人的优抚意识加强，出现了一些特殊的主题公园，如比利时布鲁塞尔的盲人公园，园内有灌木花卉，盲人只要按一下道旁柱子上的按钮，录音机立即用四种语言对公园做详细的介绍。

2. 区域分化

就全世界范围来看，美国的主题公园无论是人均花费、公园数量、接待人数，还是每个公园的年均收入都名列前茅，日本次之，欧洲最少（见表11-2）。世界各地主题公园经营方式、发展规模和客源市场差别都很大。

表11-2 2006年世界各地（地区）主题公园的比较

国家 （地区）	主题公园数量 （座）	年接待量 （百万人次）	人均花费 （美元）	年收入 （百万美元）	每个公园平均年收入 （百万美元）
欧洲	63	60	15.8	950	15.1
美国	95	159	27	4300	45.3
日本	58	75	19.3	1450	25

（1）欧洲。其与美国的主题公园相比，欧洲主题公园的发展更具有潜力。截至2010年，36%的美国居民已经游览过主题公园，而欧洲仅有16%的居民游览过主题公园。随着欧洲居民对主题公园需求的不断扩大，欧洲主题公园必将有所发展。欧洲人参观主题公园所花费的时间约一天，游客在主题公园停留的时间差别不大，英国4~6小时，比利时是8小时，丹麦3.3小时，德国和荷兰都是6个小时。欧洲普遍采取通票制。欧洲主题公园大多是私人所有，近年的明显趋势是大的娱乐公司参与主题公园的开发。

英国的主题公园开始于海滨度假区，然后向内陆发展。西班牙的主题公园规模小，并沿地中海海岸分布，以水上乐园最为受欢迎。西班牙发展主题公园的另一个目的是缓解海滨度假区过于拥挤的状况。荷兰的主题公园大多以动物为主题，2010年以来的发展方向是扩大住宿设施，目标是将主题公园发展成短期的度假地。

法国的主题公园经营一直都不景气，许多被迫停业。欧洲迪士尼乐园也经营不佳。欧洲迪士尼失败的原因有外部的如经济不景气、法国人对美国文化的排斥，也有自身的内部问题，如产品设计不合欧洲人口味，过于美国化等。

此外，欧盟在食品卫生、基业、消费者权益保障和竞争政策等法规方面对主题公园的发展有较大的约束作用。欧盟提高季节工与临时工的工资福利导致很多主题公园旺季的临时工的工资达到固定工的 1~4 倍。

（2）亚洲。亚洲 2009 年投资约 53 亿美元兴建主题公园。比较著名的有香港的影视城、日本的迪士尼乐园。亚洲最流行的主题公园有管道滑梯、流水滑梯等。这些项目都注重整个家庭的参与，因此受到注重家庭温情的亚洲人喜爱。

在亚洲，大多数游客在主题公园的停留时间由原先的 4 个小时增加到 6 个小时。其中关键在于增加了表演项目。东京迪士尼乐园成功的原因在于它实现了迪士尼文化与当地人口味的完美结合，其最受欢迎的吸引物"认识世界"是一个寓教于乐性很强的项目。

（3）美国。美国是世界主题公园的先驱，并且一直在世界的主题公园领域独领风骚。根源在于美国的主题公园一直在贯彻着迪士尼的鼻祖沃尔特·迪士尼的思想：迪士尼乐园的理想是希望人们在这里找到快乐和知识。根据 2011 年的统计，美国居民每年要花费 190 亿美元进行主题公园产品的消费。国家和私有企业在主题公园的投资达到 330 亿美元，仅迪士尼公司在全美的主题公园投资就达到 50 亿美元。

（4）澳大利亚。澳大利亚的主题公园主要分布在黄金海岸，最著名的是"梦幻世界"，每年吸引大约一百多万游客，主要是来自于亚洲。因此，澳大利亚的主题公园主要是按照亚洲人的口味设计产品。

（5）非洲。非洲的主题公园主要以热带原生动物及反映非洲古代文化的国家公园居多，集中在肯尼亚、南非和埃及等经济比较发达、传统文化色彩浓厚的国家。

四、国外主题公园策划成功的经验

我国主题公园策划是最近几年才开始的，因此要充分地了解国外在该领域的成功经验，从而发挥后发优势。目前国内的学者对该问题的研究也取得了一些进展，他们总结出国外主题公园策划成功的几个经验，归纳起来主要包括以下几个方面：

（1）精心选择客源市场的区位地址。一个产品有无生命力关键看其是否有市场需求。国外主题公园在决定投资兴建之前，都要做严格的市场调查和系统的统计分析，在确定主要客源市场的基础上进行选址。经验数据表明，一般的主题公园的游人以"一日游"的当地居民为主，其公路交通的距离应当在 300 公里范围之内，当地游客要占游客总数的 20% 左右，重游率应接近 50%。绝不盲目新建或扩建。

（2）主题选择周密策划，寓教于乐生动自然。国外成功的主题公园，往往选择人们十分熟悉、亲切的主题形象，如迪士尼使用米老鼠和唐老鸭这些家喻户晓的卡通人物做主题形象；芬兰则建起以"圣诞老人"为主题的公园；图索蜡像馆也因为其加入了人们所熟悉的平民、活人、当代总统、明星人物吸引了众多游客；日本东海大学的人体博物馆，其建筑结构就像一个人体，游人从大大张开的嘴进去，通过舌头、气管、进入内脏各个部位。人们在这个大"人体"游览的过程中，可以学到科学道理和保健知识，它不仅受孩子欢迎，也吸引成年人光顾。

（3）质量上乘，精益求精。主题公园的设计制作并非一蹴而就，迪士尼乐园从构思、设计到建成开放，共花了 8 年时间。著名的美国兰马娱乐集团总裁托尼（Tony）指出，公司发展至今，第一条可借鉴的经验就是"以质量取胜"。除了硬件质量高之外，国外成功的主题公园的服务质量也是上乘的，环境清洁、工作人员服务周到、热情，让客人处处感受到尊重与关心；演艺人员情绪饱满、亲切自然。

（4）主题内容参与性强，常变常新。参与性和动态性是国外成功的主题公园的两大特点。在迪士尼，游客可以与米老鼠聊天，参观它的住处。一些博物馆内，游客也可以主动地参与各项展示活动。此外为了延长主题公园的生命周期，不断地更新公园的内容。奥兰多的迪士尼在 1971 年建成后，10 年后又相继在其中建成了未来世界、环球影城、海洋世界等项目，成为多个主题公园聚合的综合旅游度假区，有人称它为"永远建不完的迪士尼"。

（5）运用高科技手段产生动人效果。利用现代尖端技术制造幻觉、模拟特殊的环境，是国外成功主题公园的主要手段。这些高科技手段并不是人们所理解的简单的"声、光、电"，它经常带给人们意想不到的效果。科技是展现内容的手段，科技本身并不是吸引力的核心。

第三节　主题公园策划

在第一节中着重分析了我国主题公园发展概况，下面就主题公园的成功策划进行进一步的论述。

一、主题公园策划的原则

主题公园的策划除遵循一般策划原则及景点策划原则之外，必须重点遵循以下两个原则。

（1）市场导向原则。我国凡是比较成功的主题公园都是在对客源市场进行分析之后才兴建的，而大量的重复建设项目往往都是"拍脑袋工程"。投资大、资产专用性高的主题公园所造成的损失是巨大的。因此，投资者必须充分对旅游客源市场进行调研（包括客源地、客源数量、客源的经济支付能力、客源的个性心理特征等），然后根据市场需求，确定策划活动的主题和内容。

（2）主题鲜明原则。主题公园的核心是主题，因此，在主题公园策划时根据市场的特点选择主题，而且主题要鲜明，能够体现整个活动和主题公园的核心精神。

（3）交通导向原则。已有的交通线路对游客的旅游行为决策具有一定的导向性。交通枢纽城市的吸引半径是交通不便的城市的几倍甚至是几十倍。人造主题公园的兴建必须在交通方便的大城市，从而保证主题公园的可进入性。

（4）经济基础原则。主题公园的兴建往往耗资巨大，因此必须要有雄厚的经济基础做后盾。

二、主题公园设计的几个关键点

（1）确定设计目标。主题公园设计目标主要体现在以下几个方面：

1）获取利润和收入。主题公园作为旅游产品的组成部分，必须以经济效益为目标，因此策划必须按照盈利的原则进行，以最小的投入得到最大的产出。经济目标的实现则取决于策划是否得到市场的接受，因此策划必须立意大众化。主题公园在具体设计过程中可以采取以下具体的措施来增加收入：①主题公园门口的设计要突出，且具有吸引力。②售票处要使游客的通过量不因为设计的不合理而受阻。③主题公园内的营收项目的设施必须合理布局，在方便游客的同时尽可能地增加收入。例如，商店要建在游览线路的终点处，以免顾客拿着物品游览而疲累。咖啡厅和餐厅要建在游览线路的中间或接近终点处，以免顾客过于饥饿或因为顾客没有进食的需要而错过。

2）节约运营费用。设计不仅要帮助主题公园创收，还应该使经营成本降至最低。好的设计要有助于主题公园的人力、能源等方面的成本回报。

3）安全和保护。主题公园的设计要对安全和保护问题给以充分的重视。例如，确保紧急出口很容易找到和畅通；楼梯和人行道所用建筑材料要防滑；停车场要有对游客汽车的保护措施，防止汽车被盗。

4）关注特殊顾客。在景点设计的时候要牢记很多潜在的游客有着各种特殊的需求，因此要从各个方面体现人文特色。例如，为腿脚不方便的人提供合适的交通工具；提供文字说明方便有听力障碍的人；提供各种可触摸的设施方便有视力障碍的游客。

5）保护环境。在设计过程中要从建筑材料、能源利用和废物再利用等各个细节体现环保思想。

总之，主题公园的设计过程中要兼顾多种目标，各种目标之间可能会产生冲突，因此必须做出适当的妥协。图11-1展现了主题公园设计策划目标及制约因素。

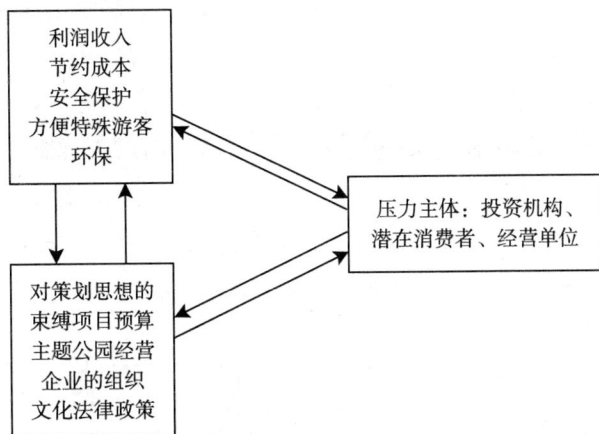

图 11-1　主题公园设计、策划目标及制约因素

（2）可行性分析。主题公园策划的可行性分析主要应从两个方面着手：市场规模和自身实力。

1）确定市场规模。确定市场规模的前提是了解主题公园客源市场的特征，就目前国内学者对我国主题公园客源市场所进行的调研分析表明，主题公园市场主要体现如下特征：①从地域空间分布看，具有明显的区域性。表现为大尺度空间以国内游客为主，小尺度空间以地方性客源为主。以深圳华侨城为例，根据 2012 年统计结果：国内客源占 92%，广东客源占国内客源的 46.25%，珠江三角洲地区的客源又占广东客源的 54.83%。②主题公园所在城市的国民经济发展水平越高，城市人口移民性越强，则主题公园的客源越多。③对交通的依赖程度高。其表现在对铁路枢纽干线和高速公路干线可通达性的依赖。④游客呈现学历高、收入中、年龄低的特点。⑤对城市本身的旅游形象高度敏感。目前我国游客在选择旅游目的地城市时，在游客最喜欢的前 20 名国内城市中，有 18 座是属于第一批"中国优秀旅游城市"。⑥重游率低。⑦游客出游选择的偏好是倾向自然风景名胜和历史文化名胜区，而对现代人造景区的兴趣不高。根据上述主题公园的客源市场特点，策划者在进行策划时可以大致预测出市场规模。

2）自身实力分析。所谓的自身实力分析，主要包括经济实力和主题公园策划方案的吸引力。其中经济的确定相对简单，而主题公园策划方案吸引力的确定则比较复杂。下面对主题公园吸引力的要素分析法进行详细的分析。

主题公园吸引力要素，即主题公园能够引起游客兴趣并实现其来访的各方面特征。美国著名的心理学家、行为科学家赫茨伯格（F. Hertzberg）1959 年提出的"双因理论"将满足人类需要的因素分为保健因素和激励因素两种。保健因素可以满足人们较低层次的需要，对应于马斯洛需求层次理论中的前三个层次的需要，即生理、安全和社交三方面的需要。对应于主题公园来讲包括便利的服务设施、良好的区位、适宜的价格及清洁整齐的卫生环境。激励因素是能够使人们感到满足的要素，对应于马斯洛需求层次理论中的后两个层次的需要，即尊重和自我实现。相对应主题公园中的高品位的吸引物展现、逼真的表演、扣人心弦的活动等都是主题公园提供的实质性服务内容，能够真正地使游客得到身心的愉悦和享受从而感到满意。

菲利普·科特勒将产品划分为 5 个层次，而这 5 个层次可以总体上归纳为两个方面：核心产品和附属产品。在明确上述两个因素之后，确定每个因素中的核心因素和附属因素。该因素分类方法可以通过下面的图形表示，如图 11-2 所示。

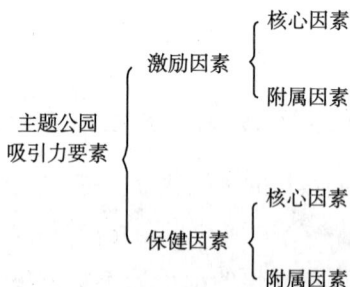

图 11-2　主题公园吸引力要素分类系统

在确定上述因素之后，要对这些要素的分类和权重进行科学的评定，评定的方法主要包括四种方法：①策划人员的主观评估法。即策划人员根据自己的专业知识和工作经验，结合市场环境和其他相关因素对吸引力要素的类型和权重进行评估。②德尔菲法。邀请比较权威的专家（一般在 5 位以上）对主题公园吸引力要素做出独立的判断，由主持人审查、汇总，再将所有专家的意见发回到每位专家的手上。专家根据上一轮评估结果分别提出进一步意见，进行新一轮的评估，这样进行数次评估，直到专家不再修改自己的意见为止，最后由主持人根据所有专家的意见选取合适的中间值。③问卷调查法。选取一定对象进行调查并对调查结果进行研究。调查问卷的设计和投放是关键所在，一般要由经验丰富的专业人员来操作，以保证有效性。④市场测验法。策划人员根据吸引力要素评估结果，设计相应的策划方案，并在小范围内试验，根据市场的反映来对各个要素的权重进行确定。以上 4 种方法各有利弊，因而适用性各不相同，要根据具体的情况采用相应的评估方法。在赋予各要素以不同的权重后则可以对某个策划方案的吸引力进行评估。该方法在前面已经有所介绍，在这里就不再赘述。

3）主题公园营销策划。主题公园属于景点类别，因此，营销策划的步骤也应该遵循景点策划的一般步骤。其包括选择营销目标、营销组合、制定预算等。下面是关于英国柴郡切斯特动物园设计策划的案例，从中可以了解主题公园策划和设计的基本步骤。

案例　柴郡切斯特动物园的设计与营销策划

柴郡切斯特动物园创建于 1934 年，是英国最大的动物园。业主是一家慈善信托基金会。动物园本身占地 110 英亩，用篱笆围墙围起。基金会拥有土地总面积达 400 多英亩，位于切斯特北部 2 英里处。

策划目标

策划的主要四个目标按照主次排列如下：

保护动物，创收盈利，教育，娱乐。

产品

策划主题是"让全家人外出尽兴一天"，产品主要包括以下组成部分：

(1) 迷人的圈养动物。

(2) 景区内运送游客的单轨车。

(3) 各种儿童活动，包括探险乐园、工艺中心和故事角。

(4) 一家高档餐厅、几家自助餐馆、一个酒廊、一家快餐店及 7 个售货亭。

(5) 一家大商店、一家小商店、多个纪念品亭、两个信息中心。

(6) 一个演讲大厅，多个会议室，可举行婚礼、儿童聚会、庆典活动等。

(7) 残疾游客专用设施。

(8) 母婴室，有婴儿推车和轮椅供出租。

(9) 有导游的游览。

(10) 免费停车。

(11) 为各学校团体（从学龄前儿童到研究生）提供全面的服务。

价格

成人门票 6.5 英镑，老年人和 5 岁到 15 岁儿童 4 英镑。15 人以上团体（包括 15 人）有折扣，对学生、无收入者及注册残疾人有优惠票。

目标市场

目标市场是当地和本地区的游客。大约 30% 的游客住在动物园方圆 25 英里范围内，另外 34% 的游客住在方圆 25~50 英里范围内。就年龄而言，多数游客在 4~26 岁。这表明，家庭在现有市场中占主导地位。

动物园的调查结果表明，大约 53% 的游客在 7 月中旬至 9 月底访问动物园，84% 为回头客。

营销策划

广告和促销开支占营业额的 2.1%，大约 12 万英镑，主要的营销措施按照主次排列如下：

（1）媒体广告。

（2）传单和小册子。

（3）公关与媒体有关的活动。

（4）促销。

（5）赞助、竞争和展览。

主要营销目标是"扩大知名度，吸引方圆 2.5 小时驾车路程以内的、有 14 岁以下儿童的家长，每年访问一次动物园"。

多数营销活动集中在下列地区：格拉那达、北哈勒赫、中北部地区和约克郡。营销的主题是游客"将目睹动物园在动物保护和喂养方面的成绩，度过美好的一天"。主题公园的广告词概括了其营销宗旨："切斯特动物园——因为动物保护已经迫在眉睫"。

景点未来规划

景点计划开放新的项目，包括一个新的入口处，一些停车设施、一个新商店，以及翻修猴馆、猫馆、大象馆和鸟舍。

景点将在今后几年对市场做以下调整：

（1）随着交通状况的改进，扩大客源区。

（2）增加协会会员。

（3）由于人口统计表明儿童数量在减少，从长远看游客的数量可能会呈下降趋势。

（4）将旺季时间延长至传统的学校假期以外。

（5）加强淡季时对动物园的活动和设施的营销。

复习与思考

1. 试述主题公园的概念及其特点。

2. 简述主题公园的主要类型。

3. 影响主题公园的主要因素是什么？

4. 试述国外主题公园的发展趋势。

5. 结合国内外主题公园的成功经验，试述主题公园的策划。

6. 以国内某主题公园为例，试对其进行剖析。

第十二章　旅游节庆活动营销

内容导读

节庆旅游已经成为我国旅游业中的重要分支，如何有效抓住和利用节庆旅游这个黄金机会已经成为旅游界的热门话题。在这里，首先要从时间、地点、顾客、活动、节目、宣传等几个方面来运作。抓住了顾客的心就等于抓住了无限商机。

在这章里主要介绍节庆旅游策划的工作内容，以便更好地理解节庆旅游营销策划的技巧和途径。

第一节　节庆活动概述

一、节庆活动的概念与特点

我国地域辽阔，民族众多，节庆活动丰富多彩，而如此众多的节庆活动，如利用得好，将是一座珍贵丰富的旅游资源宝藏。此外，在现代旅游开发中，利用节日形式，注入现代生活内容，举办各种旅游节、艺术节和文化节也已成为一种时尚。例如，上海国际茶文化节、山东潍坊风筝节、北京中国民间艺术节、中华民俗风情百乐艺术节、河北吴桥国际杂技艺术节、陕西敬老节和四川民族艺术节等。顾名思义，所谓节庆，是指有主题的节日庆典和公众集会。节庆活动一般包括5种：①一个神圣的或世俗的庆典，以特别的仪式为标志。②为纪念某个名人或著名事件，或为庆祝某种重要产品丰收而举行的年度仪式。③为纪念某个人的作品、工艺品展览的文化事件。④交易会。⑤一般性的娱乐舞会。

二、节庆活动的分类

从时间上来讲，节庆活动分为两大类：历代传承至今的传统民俗节庆和后来新兴的现代节庆。比如春节逛庙会，端午划龙舟、吃粽子，中秋的赏月、吃月饼，重阳的登高、赏菊等习俗古已有之，至今仍盛行不衰，都是我国传统的民俗节庆活动。像哈尔滨冰灯节、上海桂花节、大连槐花节、江苏宜兴陶瓷节、广西民歌节、拉萨藏族服饰节、安徽砀山梨花节和洛阳牡丹节等都是新兴节庆活动的典型代表。

按照节庆活动的族属，可以将节庆活动分为单一民族的节庆活动和跨民族的节庆活动两种类型。单一民族的节庆项目是一些民族所独有的活动，如藏族特有的沐浴节。跨民族的节庆项目体现为数个民族共有的活动，比如春节。除汉族以外，还有二十多个民族都过春节，是我国跨民族数量最多的传统节庆，但具体形式和内容有差异。

按照节庆活动的主题分类，有农事类（如高山族的丰年节）、宗教祭祀类（如伊斯兰教的开斋节、盖得尔夜等）、历史事件或人物纪念类（如侗族的林王节）、文化娱乐类（如蒙古族的"那达慕大会"）、庆贺类（如各民族的年节）、商贸类（如纳西族的骡马会）和生活社交类（如朝鲜族的梳头节）等。

三、节庆活动的功能与特征

各民族、各地区都有很多形式不同、内容丰富的节庆活动。这些活动一般盛行于民间，反映着人们的期盼和情感，具有颂扬和睦、祝愿吉祥的积极作用。节庆活动的地方性和民族性特征非常鲜明，且生活气息浓郁，有极强的感染力和广泛的群众基础。对于旅游者而言，这些节庆活动是喜闻乐见的最生动、最有魅力的人文景观旅游资源。由于各地的节庆活动，受到社会、经济、文化等人文因素的影响和气候、地形等自然因素的影响，形成了种类繁多的节日庆典。因此，从某种意义上说，节庆活动是民族特征的综合反映。

（1）地域性。节庆活动的地域性主要是指不同地区之间的差异性，不同的民族由于各自历史条件、文化民俗、地理环境的不同，产生了不同的节庆活动。因此，节庆活动的魅力首先在于它是独有的，是在其他地域中无法创造的。

（2）体验性。游客通过亲身参与到节庆活动当中去，可以感受强烈的活动氛围，获得亲身体验，留下深刻的印象。因此，节庆旅游项目的观赏过程，也是旅游者的参与过程。比如在西双版纳，每年泼水节到来之际，国内外游客蜂拥而来，其主要目的就是参与盛大的泼水活动，从中获得新奇的体验。

（3）神秘性。有些节庆活动笼罩着一层神秘的色彩，这使游客对其产生浓厚的兴趣。比如西方的"万圣节"，墨西哥的"亡人节"和中国的"鬼节"所举行的各种祭祀活动，都带有神秘色彩。它们能够满足游客们求新求异的心理需求，能够吸引大批喜欢探秘猎奇的旅游者。

（4）文化性。文化既是节庆旅游活动的重要内容，也是其最重要的特征之一，是真正吸引旅游者的深层次因素。通过拓展节庆旅游的空间，不仅可以活跃旅游市场、丰富旅游资源，还能加强国家间和地区间文化的交流。比如江西开发了庐山国际旅游节、景德镇国际陶瓷节、赣州宋城文化节等一大批定型旅游节庆活动和专项旅游项目，大大提高了江西的知名度，为其旅游业走向世界起到了巨大的推动作用。

（5）经济性。节庆活动往往有特定的主题，并在特定空间范围内定期或不定期举行，它以其独特的形象吸引大批区域内外的旅游者，并产生大小不等的轰动效应，从而提高本地区的知名度，促进当地乃至区域社会经济的全面发展。因此，节庆旅游带有很强的经济性，能够对经济的发展产生巨大的影响。

第二节　节庆旅游

一、节庆活动与旅游业

节庆活动与旅游业具有天然的联系。首先，从节庆活动与旅游的关系来看，节庆活动以其特殊的形式和多姿多彩的内容吸引着众多旅游者，以节庆活动为主体设计的旅游产品，成为最具参与性和娱乐性的旅游项目。成功的旅游目的地总是充满动感和活力，节庆活动是旅游目的地的活力源泉，丰富的内容和游客的参与为目的地静止的景观注入了活力和生机，起到了画龙点睛的作用。其次，从旅游对节庆活动的影响来看，旅游使传统节庆焕发出新的活力，并促使新兴节庆活动的开展和推广。现代社会中，一些地方性的传统节庆由于种种原因兴衰起伏，例如，浙江金华的斗牛传统在经历了被人遗忘的半个世纪后，重新得到人们的欢迎。2013 年，金华市重建斗牛节，场面壮观，此后每年都吸引了大批中外游客前往观光。此外，旅游对于一些现代社会仍然流行的传统节庆也有相当大的促进作用。比如，对于五月端午"赛龙舟"，许多地方在旅游上做文章，把赛龙舟活动推向世界。如湖南岳阳举行的汨罗江龙舟竞赛已发展成为国际性的龙舟节。自 2009 年以来，每年都有来自全国和世界各地的龙舟队参赛，前来参赛和观光的中外游客齐集汨罗江畔，给古城岳阳带来了前所未有的繁盛景象。

综上所述，旅游业和节庆活动相互依赖、相互促进。尤其是近些年来，节庆旅游的蓬勃发展更进一步证明了节庆旅游的强大生命力和活力。概括来讲，节庆旅游是以节庆活动作为特殊的旅游吸引物而开展的旅游活动，是旅游目的地主题性极强的旅游产品。世界上知名的旅游目的地都以民俗节庆活动为鲜明特色，泰国就大力发展民族歌舞和戏剧，如泰剧及人妖表演；积极发展民族体育，如泰拳、象会等。这些活动的突出特点是娱乐性、文化性与参与性较强。

二、节庆旅游的重大意义

近几年，全国各地已开始将节庆活动作为专项旅游产品来开发、培育，甚至将它与地区形象、城市形象的塑造连成一体。因而节庆旅游越来越重要。概言之，它有以下几个重要意义：

（1）节庆活动可迅速塑造旅游地的形象。节庆活动作为特殊的旅游产品与其他旅游产品迥然不同的是，它能在较长时间内引起公众的关注，甚至可以在一段时间内成为公众注目的焦点。这会使旅游地的形象得以迅速提升。如"大连国际服装节"经过多年的举办，在公众心目中将"服装节"与大连的城市形象等同起来，使大连市在公众中的形象成为美丽、浪漫、精彩纷呈的象征。同时，通过举办节庆旅游活动，可促使旅游地的环境不断改善，使旅游地在游客心中的形象不断提升。如城市绿化面积的增大，档次的提高，市政管理的加强，城市的形象标志逐步形成，景区的软、硬件环境得到改善等。

（2）节庆活动最终将塑造旅游地的精神，使旅游地具有文化使命感。节庆活动不仅会成为旅游地的特殊吸引物，更重要的是，长此以往，它将成为旅游地的象征，成为当地居民的精神寄托和骄傲。同时，节庆活动使当地居民具有文化使命感，他们会自觉地保护、传承民族文化或地方文化及民间工艺。从根本意义上看，节庆活动非但不会破坏当地的传统文化，反而会使当地传统文化得以流传下去。

（3）节庆活动可增强竞争实力。由于节庆活动具有独特性，一般不会在一个区域内重复，它是民族文化或地域文化的合理延伸，因此多数节庆活动具有唯一性、排他性、垄断性。所以，旅游地通过节庆活动的营销，可以增强旅游地的形象，使自己的形象比其竞争对手更易被旅游者所识别，从而增强了竞争实力。

在我国，节庆旅游作为旅游活动中最具吸引力的项目之一，以其深厚的文化底蕴和丰富多彩的生活情趣显示出永恒的魅力。由于它满足了游客求新求异的心理需求，已经成为旅游开发的重要内容。节庆旅游属于人文景观旅游的范畴。这种旅游，属高层次的文化旅游，可以使旅游者在精神上获得一种享受，并得到知识和营养。

由于我国地域辽阔，各个民族或地区都有着鲜明的特色，来华游客除了游览名胜古迹，对中国人的生活方式、风土人情感兴趣的人也非常多。如此看来，以节庆活动为内容，开展各项旅游活动，已经成为我国旅游界的一大热点。节庆旅游能够为一个地区的旅游业制造轰动点，对提升当地的旅游形象，扩大影响，提高经济效益起到重大作用。

三、我国节庆旅游的发展现状

现在全国每年有数百个节庆活动，然而比较普遍的问题是如何利用好这些节庆活动做好旅游文章，从而大力宣传扩大其影响，并多组织旅游客源，增加收入，千万不能因每年一度而流于形式，使其影响日益下降。

举办大型旅游促销活动，是迅速提高目的地知名度的有效方法。如山东曲阜每年均举办"国际孔子旅游文化节",以节庆活动促进旅游发展。陕西举办"秦始皇国际旅游文化节",该活动成为以历史人物为题材的旅游节庆活动中的典范。在活动中,通过一系列的庆典及可参与的旅游活动,如举办"秦俑电影周",播放以秦俑为题材的影片《古今大战秦俑情》、《刺秦》、《秦颂》等;举办秦陵军阵表演;参观石质铠甲坑等考古发掘现场;举办秦俑及秦陵文物考古研讨会、文物旅游发展研讨会等,再度掀起"秦俑"旅游热。

2011年广州市旅游局举办了一系列活动,市场促销取得了丰硕成果,"元旦花车巡游"深受游客和市民欢迎。其成功举办了第47届"国际饭店金钥匙组织年会",来自30多个国家和地区的800多名"金钥匙"代表云集羊城,年会被代表们誉为最成功的一届,获得了国际金钥匙组织颁发的"钻石金钥匙"徽章。广州国际旅游展销会取得突破,参展摊位400多个,境外参展商达到120多个。广州国际美食节、全国厨师节、国际茶文化旅游节取得圆满成功,其中美食节游客达到156万人次,参展商销售总收入1.3亿元。2012年推出的中国(广州)体育健身游活动,包括"健康新世纪"广州贺年缤纷大巡游、广州旅游企业健身运动大赛等活动,把"体育健身游"系列活动与"广州游"线路结合起来,做足了"以节促游"文章。

第三节　节庆活动营销策划的原则及内容

一、我国节庆活动的营销策划中存在的问题

从总体上来讲,目前节庆活动策划中的问题主要表现在,无论是规模、影响力还是知名度,都还无法和国际上知名的能代表整个国家或城市文化形象的大型节庆文化活动相比,因而有待进一步的发展和提高。具体来讲,我国的节庆活动一是规模小,缺乏大众参与性,因此影响小;二是对传统文化的代表性差,文化内涵低,对外界的吸引力较小。

以北京为例,首先北京民俗节庆活动必须是北京人自己的节庆活动,然后才能成为游客的节庆活动。近年来北京市节庆活动的轰动效应不大的根源,是这些节庆活动没有得到本地人的认可。没有当地居民的认可及积极参与的节庆活动是难以成功的。大型节庆活动必须依托大型的民间社会团体,在时间上要与国家规定的节假日相吻合,在文化内涵上必须根植于老北京的民俗,要娱乐、饮食、购物相结合,普通百姓都认同参与。可以将北京的八大庙会联合起来,扩大规模,定期三五年搞一次,对推动北京的民俗文化肯定有积极的作用。

我国具有丰富的节庆旅游资源，因此我国的节庆旅游应该是大有可为的，关键是要酿造具有轰动效应的大型节庆文化活动。比如最有名的节庆活动是宋干节（泼水节或求雨节）和水灯节，场面欢乐热闹，根植传统文化，当地群众参与性强，有一定的神秘色彩，能达到万人空巷的效果。

二、开发节庆旅游应注意的几个问题

（1）时间。发展旅游节庆活动，应该注意节庆活动的时间序列，将这些节庆活动均匀地分布于一年四季之中，营造出一种浓浓的喜庆氛围，迎合客人的文化旅游需要，使一个城市或地区一年四季都具有无穷的魅力。在合理分布和编排节庆活动时，应该注意考虑有些节庆本身的特点和季节的特点，比如"钱塘江国际观潮节"、"江西大余梅关古驿道赏梅节"等节庆活动，受时间制约较强。

（2）空间。即应该将节庆活动合理地分布于不同的旅游区或重点推荐的景点，将旅游活动与旅游促销活动融为一体，"以节促旅"。"红花还需绿叶扶"，在发展节庆旅游时不能只考虑某一地，要注意其他地域的有益补充和合理依托。在发展节庆旅游时，要有全局观念，注意资源的共享。

（3）内容应该以"节"的形式适时推出旅游内容，增强活动的喜庆气氛。注意活动的高雅（品位、档次）和商业性。在节庆活动的选题和编排上，要对各种有潜力的资源进行适当的分类和整合，为节庆旅游资源注入新鲜血液，拓展节庆旅游的发展空间。

三、节庆旅游策划的基本原理

（1）节庆旅游活动策划要以当地的旅游资源为基础，要有自身的旅游资源优势和特色，切忌毫无根据的移花接木。

（2）旅游资源的调查和评价是节庆活动策划的基础。旅游资源的开发包含了节庆旅游的开发，若要开发节庆旅游，当地旅游资源应存在以下情形：

1）已存在传统的节日庆典和公众集会，或为了某一事件，或为了某一名人，或者是宗教礼仪等。

2）当地旅游资源可加以发扬光大，以节庆活动出现，能使其得到更充分的展示。

3）若将旅游资源开发为节庆旅游活动，更能展现旅游地的文化内涵和形象。

现在，众多著名节庆旅游活动都有着深厚的资源基础和悠久的历史文化渊源。如果没有历史文化传统，没有旅游资源的土壤，节庆活动就成了无源之水、无本之木，节庆活动的生命力就不强。现在许多景区、旅游区开始热衷于节庆活动的举办，不少的景区为了炒作景区的知名度而举办节庆活动，使节庆活动开发偏离了旅游资源的基础和特色，其生命周期之短可想而知。景区为炒作知名度而举办的节庆活动应得到控制和禁止，否则不仅会对旅游资源造成破坏，而且市场营销也不会有好的结果。

（3）节庆旅游活动的策划要紧扣旅游地形象，其目的是为了强化形象和充分展示文化内涵。

如果开发的节庆旅游活动不是旅游地旅游资源的主流，其主题与旅游地形象相距较远，不能强化旅游地形象，也不能充分展示旅游地的文化内涵，则该节庆旅游活动也就无开发的必要。

（4）节庆旅游的嫁接移植要恰到好处。节庆旅游的嫁接有时仍是可行的，只不过要慎之又慎，要恰如其分。顾名思义，节庆旅游的嫁接移植，是在本地没有该旅游资源或者此地的旅游资源与被移植的节庆旅游之间仅有一点联系，而且这种联系是无法实证的。这就使这种嫁接式的开发存在较大的风险，对节庆活动进行嫁接移植，要把握以下几个基本原则：

1）嫁接移植的节庆旅游产品能适应市场的需求，它本身有很大的吸引力，且一般游客难以去它的"原产地"旅游。

2）要为嫁接移植的节庆旅游提供旅游资源的背景，最典型的就是主题公园。它的那些人造主题公园尽管是仿制的旅游资源，但毕竟为节庆活动的移植提供了舞台。如深圳的民俗文化村，尽可以在那里移植傣族"泼水节"和彝族"火把节"等。

3）嫁接来的节庆旅游与本地资源有联系而又能突出本土的旅游形象。

（5）策划的节庆旅游要有市场基础，符合游客的心理需求，要有参与性、趣味性，能使广泛的公众参与其间，并从中获得快乐。有的节庆活动是为少数的领导者和外地来宾设计的，甚至当地民众还没有参与节庆活动的资格，或者其参与受到了限制。这样的活动一定不是节庆旅游活动，更不是旅游产品。只要节庆活动有参与性、趣味性，节庆旅游就有广泛的群众基础。

（6）节庆旅游的策划要因势利导，要学会借势、借机。节庆旅游的策划需要良好的外部环境和政策的扶持。反过来讲，节庆旅游的策划要善于利用形势，利用良好的外部环境，利用政府的支持。这样才能形成政府力量、企业力量、新闻媒体等各方面力量的整合，也才能组合好各方面的资源，形成"大势所趋"。若不善于利用"势"来策划节庆旅游，策划方案再好，也可能"孤掌难鸣"。我国西部地区现在就有这个"势"，一是西部大开发战略的实施；二是国家旅游局提出的西部大开发，旅游要先行；三是加入 WTO 以后，西部地区丰富的资源备受外资的关注。在这种大势下，在西部地区策划一些大规模的节庆旅游活动条件基本成熟。

四、节庆旅游策划的要素

节庆旅游策划的要素指节庆旅游策划应包含的主要内容。这些内容出现在策划方案里并不是闭门造车的结果，而是要经过反复商议和论证，使策划方案具有可操作性。

（1）节庆旅游活动的时间、地点和规模。

（2）主要参与者和来访者。

（3）节庆活动的主题、宗旨和目的。

（4）节庆旅游活动的组织者。其包括主办单位、承办单位、协办单位和其他可能的赞助单位，以及组织机构如何建立，各自的职责和分工。

（5）主题活动的日程、内容和配套活动的日程、内容。

（6）主题活动和配套活动的表现形式。

（7）节庆活动的各种行动计划。其包括财务计划、消防及安全计划、接待计划、宣传促销计划、开幕式和新闻发布会计划、各主题和配套活动的日程安排等。

（8）市场分析。其包括竞争者分析、预计接待人数、收入来源和收入预测等。

（9）政策方面所需的支持及扶持力度。总之，节庆旅游策划要使节庆活动有固定的活动展示场所和空间，有具体的活动项目、旅游商品等民间工艺品的展示与观摩也是不可缺少的。更重要的是，要使节庆旅游的主题与活动贯穿在整个旅游过程中，对食、住、行、游、购、娱六大要素须实施整体包装。

复习与思考

1. 什么是旅游节事活动？

2. 简述节事活动的分类。

3. 简述节事活动的特征与功能。

4. 节事活动对旅游目的地有何意义？

5. 试述节事旅游策划的原理与要素。

6. 假如你是一名旅行社经理，如何拓展节事旅游市场？

第十三章　旅游商品营销

内容导读

旅游商品具有自身的特性：实用性、纪念性、艺术性、民族性和地方性。因此，人们在旅游商品的开发策划中应当因地制宜，有的放矢。不能生搬硬套一般商品的开发原则。

旅游商品的策划本质上是一种艺术，没有什么固定的方法。在资讯日益发达的今天，人们必须眼盯市场，耳听资讯，不断思考创新。谁掌握了更多的信息，谁就拥有了更多成功的机会。本章抛砖引玉，也算是众多声音中的一家之说吧！相信一句话：只有用心，才能做好。

第一节　旅游商品概述

一、旅游商品的定义

目前对旅游商品的定义还存在着分歧。广义的观点认为旅游商品就是旅游产品，即旅游供给者为了满足旅游者的旅游需求，以出卖交换为目的而提供的具有使用价值和价值的有形旅游劳动物品与无形的服务的综合。它包括景观旅游商品、都市旅游商品、民俗旅游商品、旅游服务商品、旅游设施商品和旅游购物商品。狭义的观点认为旅游商品是在旅游活动的过程中，供应给旅游者由旅游者用货币购买的各种物品。它包括日用品（饮料、食品）、艺术品（书法、绘画等）、文物及其仿制品、手工艺品、装饰品、土特产（民族服饰、民族工艺品、地方特产等）和零星用品（地图、明信片、图书等），也就是广义旅游商品中的旅游购物品，本书所指的是狭义观点上的旅游商品。

二、旅游商品的特征

为了针对旅游商品的特点进行策划，必须对旅游商品的特征进行了解。旅游商品具有下述一般商品所不具备的特点：

（1）实用性。旅游商品应具有一定的使用价值，这一特点对于一般的旅游者来说非常重要。例如，旅行箱包、旅游鞋帽、手杖、风雨衣、钱包、服装、中药材和小玩具等。

（2）纪念性。旅游者购买旅游商品的一个非常重要的动机，就是通过旅游商品将其旅游经历物化。因此，旅游者往往倾向能够体现旅游目的地特点、文化氛围的具有明显的纪念性的商品。纪念性是指旅游商品所具有的能够显示旅游所在地的某种特点，而在事过境迁之后又能引起游客美好回忆的属性。

（3）艺术性。旅游商品必须给予旅游者一定的艺术享受。艺术性是旅游商品所具有的独特创意和典型美观的特点。旅游者进行旅游的目的之一，就是获得美的享受，具有美感的旅游商品必然成为旅游者购买的首选对象。旅游商品越具有艺术性，其感染力越强，吸引力也就越强。以非洲木雕为例，形象怪异，具有一种原始的、粗犷的美，得到许多旅游者的喜爱。

（4）民族性。旅游者在异国他乡购物，总想买些该国该地富有民族性的商品。去墨西哥的游客首选宽边草帽，而到中国的游客则大多会购买瓷器、丝绸和书法作品。之所以如此，是因为这些商品均具有浓郁的民族性。

（5）地方性。旅游者在购买旅游商品的时候，也会着意购买能够反映当地特色的产品。例如，无锡的胖阿福、安顺的蜡染、苏州的扇子、张小泉的剪刀、潍坊的风筝、北京的烤鸭、云南的过桥米线和四川的麻婆豆腐等。旅游商品上述五个特征，是相互联系、相互渗透的，不可偏废。

三、旅游商品的分类

旅游商品分为三大部分：旅游纪念品、旅游用品和旅游消耗品。下面分别加以简单介绍：

1. 旅游纪念品

旅游纪念品是指旅游者在旅游过程中所购买的具有区域文化特征、民族特色和有纪念意义的一切物品。旅游纪念品按照纪念性的强弱主要包括以下几大类：

（1）文物古董。特别指出，这类作为旅游纪念品的文物古董，主要是指国家法律允许进行流通的，具有时代价值的艺术品、工艺美术品、历史文献图书资料，以及反映各时代社会制度、社会生产和社会生活的代表性实物。这是一类极具纪念性的旅游商品。

（2）工艺美术品。它可以作为旅游商品的工艺美术品，主要包括：雕塑工艺品，如石雕、牙雕、木雕、核雕、玉雕、发雕等。陶瓷工艺品，如宜兴的紫砂陶、洛阳的唐三彩、景德镇的景瓷、龙泉的青瓷。编制工艺品，如浙江东阳、四川成都、福建泉州的草编。漆器工艺品，如北京的雕漆、扬州的镶嵌漆器、成都雕填漆器。金属工艺品，如芜湖的铁画、龙泉的宝剑等。花画工艺品，如北京的绢花、辽宁的雕塑花等。此外还有刺绣工艺品和民间工艺品。

（3）土特产。中国地域辽阔，因此土特产也非常丰富，包括药材和各种食品。

（4）珠宝首饰。该类商品尽管比较昂贵，但是随着社会的进步和物质文化生活水平的提高，珠宝首饰已经开始进入寻常百姓的生活，日益成为旅游购物品的一个重要组成部分。

（5）服装。服装无论是古典的还是现代的，都已成为日益爱美的人们出游购买的商品。

2. 旅游用品

旅游用品是旅游者为了实现旅游目的需要所购买的旅游过程中使用的商品。相比较而言，旅游用品的价值主要是其实用性，如旅行车、太阳镜、登山器械等。随着旅游者旅游个性化的要求及各种新兴旅游项目的兴起，旅游用品的市场前景非常广阔。

3. 旅游消耗品

旅游消耗品是指旅游过程中所消耗的商品。其主要有食品、饮料及洗漱用品、旅游目的地的风味小吃、日常生活必需品等。旅游者对旅游目的地的小吃的需求是有弹性的。因此，开发利用特色小吃是旅游创收的一个较好的途径。

第二节　旅游商品开发

一、我国目前在旅游商品开发中存在的问题

（1）开发设计、生产、销售严重脱节。这个问题是最突出的和各方面反映最强烈的。对设计、生产、销售及研究等各个环节之间缺乏协调性。然而，各个部分也都存在各自的不足，表现为太陈旧、没有新意，生产工艺水平低，不能生产出高水平、高质量的产品，销售渠道不畅，没有专门销售正牌商品的销售点，景点出售的商品往往价格与质量不匹配等。

（2）品种单一，缺乏特色，内涵不足，纪念性、实用性不够。目前我国很多旅游商品不能真正地体现中国特色及地方特色。此外，体现现代气息和审美情趣的商品也不多。例如，在对北京旅游商品的"你认为国内旅游者会喜欢什么样的旅游商品"的调查表明：42%的专家认为旅游者会喜欢体现北京传统工艺特色和有中国特色，尤其是有北京特色的商品；有39%的专家认为旅游者会喜欢具有北京景点特色的商品；有26%的专家认为旅游者会喜欢有现代气息、体现当代审美情趣的商品。对国内游客调查表

明，有 75%的游客希望在景点买到有景点特色的旅游纪念品。北京的旅游商品和旅游景点，目前还不能充分满足旅游者这种非常明显的需要。因此，在想买而没有买到旅游商品的旅游者中，有 26%的游客因为没碰到想买的商品而放弃购买，有 37%左右的游客会因为旅游纪念品选择款式太少，没有保留价值和纪念意义，不新颖、不时尚而放弃购买北京的旅游商品。

（3）不够价廉物美、不够轻便与结实、货真价实无保障。仍以北京为例，2012 年游客在京人均花费为 3626 元，其中购物花费为 1179 元，但他们对旅游纪念品的价位仍很计较。有 74%的国内游客希望能在北京买 100~300 元/件的旅游纪念品，只有少数人希望买到 300 元以上的纪念品，其中愿意购买单价 500 元以上纪念品的仅有 4%。这充分说明，北京的旅游纪念品应该物美价廉，因为购买对象主要还是工薪阶层。调查的另一个数据也表明，旅游者非常需要价廉而有质量保证的旅游商品。有 52%的旅游者认为，他们想买而没有买旅游商品的主要原因是价位不合适。另外，有 16%的游客因为怀疑是假冒伪劣商品而放弃购买。

海外旅游者在华人均购物花费仅 171.37 美元，其中美国人稍高一些，但也不过226.95 美元。当然，相对来说，团队旅游者的购物消费远远高于散客（298.62 美元/107.24 美元）。相当一大批海外旅游者非常看重旅游商品的价格。27.1%的海外旅游者认为中国商品的质量是好的，而认为质量一般的占其中的 66.2%，甚至有 6.7%的人认为商品质量差。因为质量、款式、价格等各方面的原因，造成 35.2%的海外旅游者未能在中国实现自己的购物愿望。

目前全国旅游购物花费的比例一直不高，尽管 2010 年以后该比例有所提高，但是仍徘徊在 19%~25%。

因此我国旅游商品在开发策划的过程中必须遵循一定的原则，对此不同的学者在各自的文献和专著中都有所论述，下面逐一加以论述。

二、旅游商品开发的原则

（1）市场导向原则。作为一种商品，旅游商品生产什么、生产多少、何时生产都必须根据市场的需求。特别是在旅游商品市场日益疲软的状况下，更应该坚持这一原则。在开发一种新的旅游商品时，必须认真地分析和调查旅游市场，了解和掌握旅游者的需求和心理。如果是外销的旅游商品，还要熟悉异域的爱好和禁忌。

（2）特色原则。这里所说的特色包括中国特色、地方特色和民族特色。特色的源泉则在于文化，旅游商品的文化特征越鲜明、文化品位越高、地域特征越明显，则价值越高，越受欢迎。在突出文化特色的总原则下，注重挖掘各地的地方特色，定能吸引更多游客购买。

（3）美学原则。追求美是人们的天性，而旅游本身就是一种追求享乐和美好的体验。因此，美好的旅游商品可以增强旅游者的这种体验，而且在旅游之后也能够勾起旅游者对旅游历程的美好回忆。

（4）就地原则。就地原则就是以当地自然资源、名胜古迹、历史人物、民俗风情为依托，利用当地特有材料进行开发、生产、就地销售的原则。设计者要利用当地的特产材料进行制作，以突出民族特色和地方风格，从而形成品牌优势。

（5）时尚原则。这里的时尚并非是抛弃传统和民族特色的盲目追求时尚，而是在保持传统特色的基础上，吸收时尚元素，更新花色、款式，提高质量和情趣。

（6）系列化原则。旅游商品要形成一定的系列，这样才可以满足不同消费档次、消费偏好的旅游者的需求。

第三节　旅游商品策划的"二十七计"

在我国古代兵书和军事谋略典籍中，《三十六计》知名度最高。它广引周易，贯穿老庄之学，阴阳之理，刚柔并济，攻防思辨；集兵法、六韬、三略、诡道之大成。故后人有评："用兵如孙子，谋略三十六。"旅游商品策划本质上是一种艺术，因此没有什么固定的方法，但是总体来看可以将策划的方法归结为下述二十七种方法，仿效兵书，现称其为"二十七计"。

一、"连环"计

旅游商品之间的关系十分密切，一环扣一环。通过开发一种旅游商品，带动另一种或几种旅游商品的开发。这种连环开发的方式是旅游商品开发中经常采用的。例如天津"三绝"，最开始是"狗不理"包子，后来又开发出"十八街"大麻花和"耳朵眼儿"炸糕，三种商品非但没有造成彼此的竞争反而形成一种合力，使天津"三绝"在全国甚至是全世界叫得更响。

二、"冷门"计

冷门就是被人们忽视的东西。当人们挖空心思在大家都熟悉的商品上进行你争我夺时，有头脑的商家往往将目光投向被人们忽视的事物。如唐装，在人们习惯的西服、T恤泛滥的时候，唐装着实丰富了人们的眼球，而取得的成效也再次印证了冷门往往是最大热门的道理。

三、"专攻"计

所谓的专攻就是"集中优势兵力"的意思。世界产业变革经历了一个从专业化到多样化再到专业化的过程，我国的旅游商品开发商往往没有足够的实力开发多种商品，一旦开发设计的力量分散掉，则无法形成精品。因而比较著名的旅游商品的生产厂家往往都是专攻一种商品，如江西景德镇。

四、"缺点"计

缺点计是利用物极必反的哲学思想，故意夸大缺点，以此达到"创新"的目的。例如"臭豆腐"和"狗不理"包子。

五、"精装"计

这里主要是指改换旅游商品的包装。有的旅游商品尽管质量很好，但是包装简陋，或者没有包装而无法出售或提高价格，因此可以考虑更换包装。例如著名的文人张贤亮为了贯彻其"出卖荒凉"的理念，推动西北经济的发展，将黄河水进行包装出售，得到了意想不到的效果。

六、"完善"计

这就是人们常说的发现问题，改善商品。根据消费者的反映，找出商品存在的不足，加以完善或更新，也是一种创新。如人们普遍反映景德镇的瓷器不够实用，据此景德镇开发了很多更有使用价值的产品，取得了很好的市场反响。

七、"需求"计

需求是商品得以存在的根本。因此，发现需求是旅游商品设计开发的第一步。这就要求眼睛盯着市场，及时地发现问题，分析得出结论。例如，全聚德的烤鸭，有些客人需要将烤鸭携带回家，但是原先烤鸭只有现烤现吃，后来应旅游者的需要，开发可以携带的烤鸭。

八、"新奇"计

任何旅游商品的开发都要有特色，从而激起游客的好奇心，最后形成购买的欲望。例如，广西的壮族和土家族的土布，一直都因其奇特的做工和图案成为那里游客的购物热门。

九、"配套"计

旅游商品无论是大是小，只要相互配套，总会给人以鲜明的印象。如宜兴的紫砂壶，往往都是成套出售，给人以强烈的吸引力，成为宜兴游客的购物首选。

十、"再生"计

旅游商品的再生，主要是对已经停止经营的商品经过设计、补充、修改，重新上市。例如，蜀锦曾经一度销声匿迹，但是随着人们对历史遗产保护意识的增强，蜀锦又焕发出勃勃生机，成为中国名绣之一。

十一、"环保"计

随着全球环境污染的加剧，人们逐步认识到环保的重要性，反映到旅游商品中，表现为材料、工艺、包装等各个环节的天然性。例如，我国的蜡染织品以其天然特色得到了很多游客的青睐。

十二、"时尚"计

"时尚"一直都是人们追逐的焦点，旅游商品要抓住游客追求时尚的心理。如在香港和澳门成功回到祖国怀抱之时，反映大中国情结的中国结也应运而生，并得到了全世界人民的喜爱。

十三、"逆反"计

逆反是人类的普遍心理特征，因此旅游商品商家完全可以利用人们的这种心理。"辣"和"臭"往往是人们讨厌的味道，但是却有很多人反而更想试试四川的"辣"和"臭豆腐"。

十四、"创造"计

有时，消费者的消费习惯是由厂家和商家引导而形成的。例如，2002 年在北京各大景点风靡一时的"公主帽"，当时并没有人意识到有这种商品的需求，但是当其摆在景点内的各个售货点时，却以其美丽和富于创新的设计得到了游客的喜爱。

十五、"舒适"计

这是指以为游客提供舒适为出发点，开发旅游商品。例如，原先的旅行背包肩垫并无厚厚的海绵，对肩膀的压力很大，增加了旅游的疲劳程度。在改进之后，极大地方便了背包旅游者，因此该"计"比较适用于旅游用品。

十六、"外行"计

"不识庐山真面目，只缘身在此山中"。对于旅游商品的开发而言，往往本行业看不出问题或机遇所在，因此可以打破常规，听听外行的意见，或许可以得到意想不到的效果。

十七、"直接"计

根据现存的条件和消费现象，直观思维，将旅游商品纵横延伸，很有可能有新的思路，起码可以找到进一步完善现有旅游商品的办法。

十八、"聚优"计

博采众长，为我所用。旅游商品的开发商和经营者可以仔细分析同类商品的其他品牌的优势，取其精华，弃其糟粕，完善自我。

十九、"发散"计

根据某一个能够引起旅游者兴趣的"点"进行发散性思维，开发出与此点相关的各个系列产品。例如，苗族的民族风情是游客所关注的焦点，那么围绕苗族的民族风情可以开发出服装、饮食、工艺品、乐器等各种系列产品。

二十、"保健"计

当前人们越来越关注健康，尤其是在遭受"非典"之灾后，各种保健系列产品得到人们的青睐。旅游商品应该抓住这样的一个机遇，开发出各种保健商品，如药材、玉器等。

二十一、"细分"计

根据对市场各种不同的标准进行分类，再根据不同细分市场的需求特色开发和设计商品。如老人、儿童和青少年需要的商品是不一样的。旅游商品开发商也可以把某一类细分市场作为自己的主攻对象，开发针对该市场的商品。

二十二、"大众"计

通过市场调查，了解大多数旅游者所希望得到的商品，再进行商品设计，从而可以扩大市场规模。

二十三、"名望"计

利用知名的事件、人物、景点的名望，开发旅游商品，例如东坡肉。

二十四、"跟随"计

规模比较小的旅游商品生产企业，没有足够的资金进行研发，但是可以跟随大型旅游商品生产商和经销商，甚至可以从前者的经营品种中预测未来的发展趋势，发挥后发优势。

二十五、"迷你"计

旅游商品往往要在旅游时随身携带，因此不宜过大，无论是单体还是包装，都要做到小巧轻便。

二十六、"仿古"计

"怀旧"是人类所共有的一种情愫。因此，可开发出一些做工精美的古董仿制品满足游客的需求。例如，仿制的兵马俑、长城等。

二十七、"组合"计

可以尝试把不同旅游商品的特征分裂开来，打破原先的组合规律，重新组合。例如，在雕塑工艺品的制造过程中，将古代人物的形象加上一些现代人的元素，会发挥出微妙的效果。

以上"二十七计"只是抛砖引玉，实际操作中各种变数岂止区区"二十七计"所能概括，以上仅供参考。

第四节　旅游商品策划的具体操作

所谓的旅游商品策划，是指对旅游商品未来的生产和销售所进行的有创造性的、预见性的谋划。尽管旅游策划是一种艺术，但是策划过程也要遵循一定的步骤，大致如下：

一、确定目标市场

任何一种旅游商品都不可能满足全部旅游消费者的需要，所以进行具体的策划之前必须了解旅游商品的目标市场，再根据目标市场的特点确定策划方案的具体内容，如策划的主题、销售方法、价格等。如果经营的商品是古玩，则要将目标市场确定为高学历、高收入的游客；经营的商品是保健、医疗用品，其目标则锁定为中老年的旅游者。而女士民族服饰可以将目标锁定为女性旅游者。

二、确定旅游商品开发策略

在旅游商品开发的过程中要十分重视商品开发中的文化含量，并体现在商品的形态、材料和功能三个方面。根据文化因素在上述三个方面的体现与否，组合成不同的商品开发策略（见表 13-1）。

表 13-1　旅游商品开发中文化因素之体现模式

模式	形态	材料	功能	特点说明
模式 A	●	●	●	形态、材料、功能都具有传统特色
模式 B	●	■	●	运用新材料制作传统的旅游商品
模式 C	●	●	■	将传统产品开发为具有新功能的旅游商品
模式 D	●	■	■	在商品形态中较多渗透传统文化因素
模式 E	■	●	●	对传统旅游商品进行形态、款式的革新
模式 F	■	●	■	用传统材料制作现代旅游商品
模式 G	■	■	●	现代工艺材料制作出传统功能的旅游商品
模式 H	■	■	■	完全现代的旅游商品

说明：其是"●"代表传统文化因素；"■"代表现代文化因素。

三、确定旅游商品的营销策划

太平洋市场营销研究所 2007 年提出了一套市场营销计划的框架，也可以把它应用到旅游商品的营销策划中，结合我国的国情构成以下的问题体系：

1. SWOT 分析

（1）目前市场形势评论。

1）外部环境分析：人们的购物、游客的态度/需求/人口特征趋势如何？是否有什么不可控制因素影响人们对旅游商品的生产和销售？当前我国乃至世界的经济形势如何？

2）行业/产品现状分析：旅游商品产业目前处于什么发展阶段？

前几家竞争对手占整个市场份额是多少？以及整个竞争范围内自己的竞争对手有多少？竞争者目前的主要活动是什么？

3）旅游商品厂家（商家）自身的情况分析：目前企业经营状况（如产品组合、研发能力、营销网络、地理覆盖、市场份额、广告主题、促销活动）。

4）市场分析：人们尚需要学习哪些目前尚未掌握的东西？如何才能发现和获得这些信息？

5）竞争状况分析：谁是竞争对手？竞争对手各自所占的市场份额如何？他们的产品是如何定位的？他们的营销渠道和网络如何分布？

他们采用何种广告信息来传播他们的产品？他们在产品收益、定价、宣传、销售渠道、消费者及其态度是怎样的？

最近是否有新的竞争者出现？他们在何时做广告？他们的媒体组合是什么？他们的意识水平如何？他们广告的公众形象如何？他们采用何种公共关系手段？他们的竞争观念是什么？他们是属于进攻型还是防守型？他们有主动服务的意识还是"既来之，则安之"？他们的销售周期与季节格局如何？

（2）问题与机会分析。

1）旅游商品整个行业所面临的问题和机遇是什么？

2）本地区面临的主要问题和机遇是什么？

3）在这种情况下本企业如何趋利避害？

4）竞争者有什么致命的弱点或差距？如何发现它？

考察问题与机遇应回答下列主要问题：

1）问题和机遇是否与你的营销工作有关？

2）这些问题与机遇是否得到优先考虑？

3）下面两个选择哪一个可以产生最佳效果，实现长期或短期目标和产生最大投资效益？

4）问题与机遇是否阐述得通俗易懂，使企业的每个职员都心中有数？

（3）目标市场定位。人们的目标市场是什么？人们了解目标市场的相关信息吗？在目标市场上，人们采用何种优先策略？目标市场如何获取有关产品与服务的信息？

（4）确定营销。目标营销主要有销售量、产品更新、新的营销网络、定价政策或促销效果、市场份额、地理覆盖等。目标应具有可行性和可度量性。

（5）确定营销策略。如何实现目标？关键要做到：策略要简洁明了；与本企业的长远发展目标相一致；必须是可行的。

（6）确定营销具体措施。何时何人做什么？关键问题是：措施是否迅速响应市场变化？企业内关键人物是否支持这些措施？它是否与企业长远发展目标相一致？是否有合理的实施监控与评估系统？

（7）评估自身的财政实力。实现营销目标的成本是多少？如果企业自身无法承担费用，怎样筹集资金？是否有联合促销的可能？

2. 确定营销组合

在回答上述问题的基础上，可以确定旅游商品的营销组合。和其他的商品一样，旅游商品的营销组合也包括4P。其中产品的开发前面已经有所论述，这里就不再赘述，下面对其他三个分别加以介绍：

（1）价格。在确定了目标市场的基础上才能够进行合理的价格制定。

以老年人为目标市场的商品，其商品定价要以中低价格为主。因为我国福利制度的因素，人们的生活水平还不是特别高，老年人在退休后，收入减少，并且老年人自身的性格特征更有节俭的成分。因此，太贵的商品，无论质量如何都很难引起他们的购买欲望，而价格比较实惠的商品，他们在心理上才容易接受。

而以白领为目标市场的商品，可以制定高价策略。这部分消费者的收入高，艺术品位也高，对于他们来讲，质量和品位要让位于价格。因为质量和品位可以体现个人的地位。所以，价格高、质量高、工艺精的商品能获得他们的青睐。

此外价格也要随着季节及购买的数量灵活掌握。

（2）促销。旅游商品的促销关键是选择适当的广告宣传媒介。旅游商品本身的特点决定了在选择媒体时的特殊性。传统的四大广告媒介——电视、广播、报纸和杂志对于旅游商品的宣传并不理想。因为很少有旅游者为了购买商品而前往某地旅游，所以旅游商品自身的特点决定了其广告要以所在地为主，多采用POP广告。在旅游景点及旅游线路上设置商品宣传牌、灯箱、广告粘贴画等，这样可以吸引来访旅游者的眼球。此外销售人员通过自己的口语和身体语言的宣传及店面的摆设和装饰，也是吸引来访游客的关键。

（3）渠道。传统的旅游商品大多采用在景点和各旅游定点商店进行铺面销售，这种方法的优点是：商品集中，旅游者购买方便。但是店面布置单调、风格雷同，很难激起旅游者的购买欲望。因此，对旅游商品的销售渠道必须创新。目前可以采用的销售渠道有：

1）设置专卖店和特产专柜。我国现有的各个旅游商品大同小异，各个店之间也是常常强拉客人，以低价吸引顾客，并且与导游串通强行购物也是屡见不鲜，造成商品购物在旅游者心中的恶劣形象。如果采用专卖店和特产专柜的形式，就可以避免上述现象的发生。专卖店和特产专柜首先确保了经营者的利益，因为它是专营的，同时保证了商品的质量和价格，所以这种方式应广泛采用。

2）前店后厂。旅游者往往关心的不是商品本身，而是制作的工艺奇特。因此，可以将旅游商品的生产过程呈现在游客的面前，以激发出他们强烈的购买欲望。将工厂和商店紧密地结合在一起，将产生不可估量的作用。如天津的杨柳青画店，手工作坊就在店面的后面，旅游者参观后，无不为画师的精妙工艺叫绝。

3）互动式销售。即让旅游者参与商品的设计、制作，然后购买。这种新的方式，可以满足旅游者参与、追求个性的要求，有很大的发展空间。如景德镇旅游部门就请旅游者自己动手设计和制造瓷器，成为旅游购物的一大热点。我国的许多旅游购物商店也都采用了这一方式，如编草席、做风味小吃等。提高游客的积极性和趣味性的同时，也可以打消游客对商品做工和原材料的不信任，从而也增强了旅游商品的纪念意义。

4）组合销售。这种销售方式有两层含义：一是将当地的各类旅游购物商品组合在一起销售，如将风味小吃、特产和小型工艺品结合在一起，用当地产的天然材料加以包装。二是将当地的小吃、旅游纪念品、旅游用品集中在一个店面同时销售，既减少了旅游者频繁进店的麻烦，也节省了游客的购物时间。

总之，只要肯动脑筋，旅游商品的厂家和销售企业完全可以将销售组合翻新花样，达到既实现经济效益又可以满足旅游者购物需求的目的。

四、旅游市场信息的收集

旅游策划的前提是获得大量的、真实的和可靠的信息。旅游商品本身的多样性，决定了容易获得各方信息，从而做出经营决策。下面详细地介绍旅游商品策划获取信息的一些方法：

（1）交谈法。通过和旅游者甚至是任何人进行交谈，从人们交谈的内容获取一些关于旅游商品的信息。

（2）收听收看法。通过电视、广播及网络等各项传媒获得有关旅游商品的发展趋势、存在问题等方面的信息。

（3）观察法。对周围的情景、人物、事物处处留心，分析判断，从中获得信息。

（4）信函法。有选择地给用户、专家发函，请他们提意见，改进商品，收集信息。

（5）销售网络法。利用经销点、代办处、中间商收集信息。

（6）实验法。其将某种商品投放市场，获取实验信息。

（7）询问法。向购买者提出问题。

（8）调查法。如现场调查、访问调查、问卷调查、实验调查、电信调查、统计调查和咨询调查等。

（9）奖励法。它是通过各种奖励手段征集社会的意见和想法。

（10）会议法。它是通过参加各种博览会和展示会以及经验交流会等获取信息。

（11）文献法。它是通过阅读文献，从书本中获得信息，需要指出的是，在当前资讯日益发达的今天，谁掌握了更多的信息，谁就拥有了更多成功的机会。因此，作为旅游商品的生产商和销售商必须眼睛紧盯市场，耳听各方声音，做到眼观六路，耳听八方，不断地进行思考创新。否则将在激烈的竞争中举步维艰，甚至惨遭淘汰。

复习与思考

1. 简述旅游商品的概念。

2. 简述旅游商品的类型。

3. 结合当地旅游现状，如何进行旅游商品开发？

4. 假如你是一名旅游定点商店的服务员，试说明你将如何提高商店的销售量？

5. 如何进行旅游商品营销组合？

6. 试为某旅游目的地确定旅游商品的营销策划方案。

第十四章　旅游促销策略

内容导读

　　旅游促销是旅游市场营销的组成部分，随着旅游市场的发展，旅游促销发挥着越来越重要的作用。现代旅游市场营销活动的开展是以广阔的地域、复杂的人际关系和多种层次的生产方式作为基础条件的。任何旅游产品无论在设计开发、价格制订和分销过程中怎样周密计划、细致安排，如果没有有效促销手段的配合，仍然难以向消费者传递其独特的吸引力及可能带给旅游者的利益。现代旅游市场营销活动要求旅游产品生产者和旅游最终消费者之间建立紧密的联系，为此必须谋划一些有效的手段和方法，这些连接旅游产品生产者与消费者之间的创造性做法，就是旅游促销策略。掌握旅游促销的理论和技巧，对优化营销组合，实现旅游企业的营销战略是十分重要的。

第一节　旅游促销概述

一、旅游促销的概念

　　"促销"（Promotion）一词来自拉丁语，语意是"前进"。促销是企业为了促进产品销售，激发消费者的购买行为而采取的各种推销方式。旅游促销的概念可以表述为：旅游营销者通过旅游广告、旅游人员推销、旅游营业推广和开展公共关系活动等方式向旅游产品的潜在购买者传递旅游产品的性能、特征等信息，从而引起旅游产品潜在购买者的注意，激发其购买兴趣，影响其购买行为，唤起其购买欲望，促使其购买自己的旅游产品的活动。

　　旅游促销的实质就是要实现旅游营销者与旅游产品潜在购买者之间的信息传递与沟通。旅游营销者一般可以采取四种方式来实现与潜在购买者之间的有效沟通。一是通过发布广告的形式，对相关旅游产品信息进行广为宣传和传播；二是派遣推销员与目标市场群体进行面谈式的说服和沟通；三是通过各种营业推广活动，传递短期刺激旅游者购买的有关信息；四是通过开展公共关系活动，树立或改善自身在公众心目中的形象，增强旅游者的购买信心。

二、旅游促销组合策略

1. 旅游促销组合的概念

旅游促销组合是把各种促销方式根据促销需要进行选择和组织的过程。在供过于求的市场形势下，要解决旅游产品销售问题，单一的促销方式产生的影响力是十分有限的，往往不是一种经济的做法。旅游营销人员通常需要将旅游广告、旅游人员推销、旅游营业推广和旅游公共关系等多种促销方式有目的、有计划地配合起来，形成一个整体的促销组合，以获得最佳的促销效果。

2. 旅游促销组合策略

由于旅游促销组合的不同，就会形成不同的旅游促销策略，旅游促销组合策略就是不同旅游促销方式组合所形成的整体。例如，以广告为主体，其他促销方式相配合的旅游促销策略；以人员推销为主体，其他销售方式相配合的旅游促销策略等。一般来说，按照旅游企业促销力量作用的方向，可以把旅游促销策略从总体上分为"推式"与"拉式"两类策略。

"推式"策略是一种以旅游中间商为促销目标，以人员推销和销售促进方式把旅游产品推进销售渠道，最终推向旅游市场的策略。这种策略适用于资金短缺、规模较小的旅游企业销售知名度较低的旅游产品，产品销售地域较集中的旅游产品，处于成熟阶段的旅游产品，购买频率较低及专业性较强的旅游产品等。"推式"策略强调的是旅游产品生产者的推动作用，通过旅游生产者的推动，可以唤起和促使旅游者萌发旅游需求，进而产生购买行为。

"拉式"策略与"推式"策略相反，是以旅游者为主要促销对象，以广告方式为主，设法吸引潜在旅游者对旅游产品产生兴趣和需求，进而对销售渠道施加压力，使旅游中间商感受到该旅游产品现实营销市场的存在，最终促进旅游产品的生产和供给。这种策略运用于潜在旅游者较广泛的旅游产品，这是因为使用人员推销不合算，而广告具有覆盖面广的特点，这种策略也适用于处于导入期的旅游产品。"拉式"策略强调的是旅游者需求的拉动作用，通过旅游者的拉动，最终促进旅游产品生产者的产品生产和产品销售。

以上两种策略是旅游营销者应兼顾的策略。虽然在总体上，旅游促销组合应以"拉式"策略为主，但由于旅游市场具有竞争性与异地性的特点，为了打通异地销售渠道，取得市场的快速突破，特别是在对市场进行"点射"和"锥形"突破时，适合采用"推式"策略。

在以"推式"为主的旅游促销组合策略中，"锥形"突破是一种很奏效的非均衡快速突破策略。它是指旅游目的地或旅游企业将自身的多种旅游产品排成锥形阵容，以唯我独有、最具招徕力的拳头产品作为开路先锋（锥尖），以求其像锥子一样迅速突破目标市场，然后分梯级阶段，层层推出丰富多样的旅游产品。该策略就是采用以人员推销、营业推广为主，辅之以广告宣传的促销组合策略。

3. 影响旅游促销组合的因素

旅游企业在制定促销组合时常因为产品和行业的不同而不同，影响旅游企业选择特定的促销组合的因素通常有以下几个：

（1）产品生命周期。在旅游产品生命周期的不同阶段，由于促销的重点不同，旅游企业所选择的促销手段应有所不同。当旅游产品处于引入期，扩大产品的知名度是旅游企业的主要任务，因各种促销手段中广告宣传有广泛的覆盖面，有可能在短时期形成较好的品牌效应，所以此阶段以采用广告手段为佳；当旅游产品处于成长期，旅游企业要努力扩大产品销量，因而要充分调动各方促销力量的积极性，发挥多种促销手段的作用，除广告外，还可利用公共关系、人员推销等手段；当旅游产品处于成熟期，旅游企业的任务则以巩固产品的市场地位为主，由于广大旅游购买者对旅游产品已有一定的了解，因而可适当减少广告，增强公共关系、营业推广等手段，以保障和增强旅游企业的市场竞争力；当旅游产品处于衰退期，在正常情况下旅游企业的营销战略重点已发生转移，对于尚还剩余的产品，一般采用以营业推广为主的促销手段，以谋求迅速销售完产品，回收资金，投入新的旅游产品的生产和经营。

（2）市场营销环境。旅游企业的市场营销环境在一定程度上影响旅游企业促销手段的选择和运用。一方面，这种市场营销环境的某些情况会制约促销手段的选择，如旅游市场当地政府的有关政策、法令客观上会限制大众媒介的信息传播，当地消费者对促销手段接触的有限性等；另一方面，市场营销环境的某些条件、机会又会促进旅游企业市场促销手段的选择和运用，如某些重大社会事件的发生、大型社会活动的举办等。

（3）企业因素。企业的营销目标和资金预算影响着旅游促销组合策略的选择。如果某旅游企业希望短期内达到销售量的最大化，其促销组合就应以销售为主；如果企业的目标是建立消费者的知名度，则其促销组合的重点就应是广告。规模小、资金预算有限的企业强调低成本的促销，会较多地使用公共宣传和销售促进；那些资金雄厚、实力较强的旅游企业则有能力将广告和人员推销作为促销组合的重点。

三、旅游促销效果的衡量

企业综合运用了多种促销手段，最终效果如何，很难用量化指标去评价。尽管如此，仍需对促销活动的效果进行科学的衡量，以检验促销活动是否达到了预期的目标，并根据实施情况对其做出合理的改进。衡量旅游促销效果一般有如下标准：

1. 销售量

各种促销手段在形式和内容上有所不同，对于销售量提升的作用也有差别。有的促销手段可在短期内大幅提升销售量，有的促销手段却需较长时间才能看到效果。所以，用销售量来衡量促销是否成功，需要结合不同促销手段的特点具体分析。

2. 沟通效果

促销提供了与目标消费者进行沟通的机会，要量化沟通效果是比较困难的，但可以对部分消费者进行跟踪访问与调查，计算一次促销活动后，消费者对产品了解的增加指数及购买率等。

3. 回想率

成功的促销活动应该能够给消费者留下深刻的正面印象，即有较高的回想率。对回想率的测试主要是调查消费者对促销活动的认知、美誉及联想。

4. 市场占有率

通常旅游企业使用促销策略是希望达到拓展新的消费群，扩大市场占有率的目的。在促销活动结束之后，可以检查购买企业产品的消费者群是否有所扩大，有没有吸引新的消费者及竞争对手的消费者来购买本企业的旅游产品。

5. 重复购买

促销活动对巩固现有的消费群体具有重要作用，应将现有消费者的重复购买率作为衡量促销活动是否成功的标准之一。

第二节　旅游广告

广告是最具劝说性和影响力的促销组合要素。在市场经济条件下，产品的制造者与消费者很少见面，直接的买卖双方亦在多种因素抉择下成交。因此，必须依赖各种各样的传播媒体，这就决定了广告事业的迅速发展。

一、旅游广告的概念与特点

1. 旅游广告的概念

广告就是广而告之的意思。旅游广告是由旅游目的地国家和地区、旅游组织或旅游企业出面，用付费的方式选择和制作有关旅游方面的信息，并由媒介发布出去，以扩大影响和提高知名度，树立旅游目的地国家和地区、旅游组织、旅游企业形象，达到促销目的的一种广告形式。

2. 旅游广告的特点

由于广告是利用传播媒体来传递旅游产品和服务信息的，因而旅游广告就形成了一些固有的特点：

（1）公众性。广告是一种高度大众化的信息传递方式，比较适用于供应大众的标准化产品的宣传推广，因而其信息覆盖面相当大，可使企业及其产品、服务在短期内迅速扩大影响。

（2）渗透性。由于广告采用的大多数媒体可多次重复同一信息，因而它是一种渗透性很强的信息传递方式，客观上使旅游产品和服务购买者易于接受和比较同类企业与产品的信息。

（3）表现性。广告可通过文字、音响、色彩等方面艺术化的运用和处理，形成极富表现力的信息传递方式，极易感染和影响旅游产品信息购买者。当然，若运用不当，则可能产生负面效应。

（4）有偿性。广告对传播媒体的利用是有偿的，因而旅游企业的广告促销活动必须对广告费用的投入及其产生的促销效果进行核算和比较。

二、旅游广告的目标与作用

1. 旅游广告的目标

同其他促销方案一样，旅游广告也必须有自己的目标，广告的目标与企业的整体目标应该是一致的。因而，旅游广告目标是指旅游企业在特定的时期内，对于特定的目标受众所要达到的特定信息沟通的程度。广告目标可以分为以下三个方面：

（1）认知性广告主要用于旅游产品市场开拓的初始阶段。在新商品投放市场前，为了刺激人们产生初步的认识和感到需要而制作的广告。这时的广告设计要突出产品的形象，充分全面地展示旅游产品的基本内容、价格和可能给旅游者带来的利益等，唤起市场潜在需求。认知性旅游广告的主要目标是引起游客的注意，所以必须在增强广告吸引力上下功夫。

（2）说服性广告主要用于旅游产品的成长期宣传。成长期广告的对象是早期购买者，该时期是建立商业信誉，树立企业和产品形象的最佳时期，所以广告设计的重点在于突出本产品的优势，建立消费者品牌偏好和信任，或改变旅游者对产品的不良印象，抵消或削弱竞争对手的影响力。

（3）提醒性广告主要用于旅游产品的成熟期宣传。其目的是提醒消费者保持对本旅游地、旅游产品和旅游企业的记忆，以保持其知名度，或通过强化广告让旅游者减少购买后疑虑，强化消费信心并刺激其再次购买的欲望。产品进入成熟期后，竞争最为激烈，广告设计在于刺激旅游需求，促进销售。该阶段广告属于提示性和维持性广告。

2. 旅游广告的作用

（1）沟通信息。沟通信息是广告的基本目的，把旅游商品和服务的信息传递给目标客源市场的潜在顾客，这是促销活动的首要环节。

（2）刺激需求，引导消费。旅游广告，让人们认知旅游商品和服务将给旅游者带来的利益和满足，能刺激他们的消费需求，诱发购买动机和欲望，从而引导顾客消费，促进旅游商品和服务的销售。

（3）提高竞争力。市场竞争的核心问题是争夺客户。旅游企业要在竞争中取胜，不仅要推出适销对路的产品，还应把广告视为经营环节中同产品质量、价格一样重要的组成部分。

（4）扩大销售量。随着旅游市场的不断发展，旅游新产品的不断增加，人们的需求和消费方式也在不断变化，人们只有借助于旅游广告才能选择自己需要的旅游产品。

三、旅游广告媒体

1. 旅游广告媒体的类型

旅游广告经常使用的媒体，主要有自办媒体型广告和大众传播媒体型广告两种类型。

（1）自办媒体型广告。自办媒体型广告具有自主选择宣传对象，广告命中率高的优点。旅游企业的自办媒体型广告包括户外广告牌，广告传单，印有旅游企业及旅游目的地名称、联络电话的纪念品，如旅游帽、文化衫、旅行袋、宣传折页、手册、画册、个性化明信片、自制音像制品、年历、台历等。

（2）大众传播媒体型广告。大众传播媒体型广告传播面广，效率高，影响力强，但成本高。

1）电视。当今的大众传播媒体中，电视对潜在旅游者的影响力最大。电视作为旅游媒体的优点是广告形象真实生动，感染力强，视听并存，图文并茂，针对性强，传送及时，覆盖面宽，重复率高。其缺点是播放时间短，潜在旅游者看到广告多属偶然，而且制作较难，费用高，越是覆盖面宽、级别高的电视台收费越昂贵，非一般旅游企业财力能及。

2）报纸。报纸是最普及的传统大众传播媒体，可分为全国性报纸、地方性报纸、专业性报纸三类。不同的报纸广告价格各不相同，旅行社应根据旅游产品的不同目标市场与各自的财力选择不同的报纸作为广告媒体。

报纸作为旅游媒体的优点是传播面广，反复使用率高。读者信任度相对较高，费用相对较低，多数旅游企业或旅游目的地财力均可承受。其缺点是现在报纸版面越来越多，内容纷杂，广告充斥，导致一般广告不显眼，一般读者多不看或仅简单浏览一下，从而常使广告失去意义。

3）旅游杂志。旅游杂志是以旅游中间商及旅游爱好者为特定读者的广告媒体。其具有针对性强，易于携带、保存，在其锁定的旅游读者层中信誉度高等优点。但出版周期长，对潜在的旅游者鞭长莫及，影响较小。

4）广播电台。广播电台具有及时、重复率高、价格低等优点。随着电视的普及，在旅游的主要客源地城市中，广播电台的听众越来越少，加之缺乏视觉效果，因而广告效果相对较差。旅游企业或旅游目的地选择广播电台做大众传播媒体登载旅游广告的不多。

5）旅游网站。旅游网站广告是 21 世纪最新、最现代化的一种电子媒体广告。其具有传播快，覆盖面遍及世界各地，广告形式灵活、生动，在知识分子与青年人中易于造成影响等优点。旅游企业可以通过在旅游网站购买广告空间来促销旅游产品，网络用户通过点击广告标志就能了解相关信息。在网络时代，使用在线广告的企业，会在消费者心目中树立一个符合时代发展趋势的良好形象。

2. 旅游广告媒体的选择

既然可供选择的旅游广告媒体很多，各种媒体也各具特色，那么从提高旅游广告的效果出发，选择旅游广告媒体时应考虑以下因素：

（1）产品特点。根据产品特点选择媒介才能更有效地传达广告信息。例如，旅游目的地产品广告就应该选择色彩效果强烈、画面精美的杂志和电视，而不能选择报纸广告。因为报纸广告纸质粗糙，印刷质量低，难以对读者产生强烈的吸引力，难以以旅游目的地产品的独特之处激起读者的旅游愿望。

（2）目标市场的媒体习性。旅游者由于年龄、性别、收入、受教育程度、职业和生活习惯等有很大不同，对各种广告媒体的接触就有很大的区别。因此，旅游企业应针对自己的目标市场选择相应的媒介。例如，以商务客人为目标市场的酒店应选择商业性的杂志，而不是娱乐性的杂志。

（3）销售特点。广告宣传的范围要和产品推销的范围一致。准备推销到全国的产品，应选择全国性的媒介；在地区内销售或产品使用区域性强的，可选择地方性媒介；需要快速反应的信息要以广播、电视和报纸做媒介；反之可选择杂志。

（4）经济能力。一般说来，电视广告费用最高，报刊费用较低，企业应选择既经济又合适的媒体。

（5）干扰。同一媒体在同一时期传播的不同广告信息之间会互相干扰，导致广告效益下降，这是观众的注意力被分散的缘故，解决这一问题的办法是综合运用各种媒介。对旅游产品来说，综合运用旅游宣传印刷品和电视广告，效果比单独运用要好得多。

四、旅游广告效果分析

旅游广告最终目的是为了劝说和刺激顾客大量购买、反复购买、增加营业额和利润。但是，广告效果到底有多大，是很难简单回答的。对广告效果的评估不仅要看广告有没有达到促进销售的目标，还要看广告是否改善了企业与目标消费者之间的沟通状况。

1. 旅游广告效果分析的意义

首先是衡量旅游广告费用的投入是否获得预期的效益；其次是为修订旅游广告设计提供依据；最后是明确哪些外部因素是旅游广告所无法改变的。

2. 旅游广告效果分析的原则

旅游广告只是促销组合中的一个组成部分。旅游广告对消费者了解产品和增加对产品的购买无疑会产生作用，但是不可能脱离旅游企业的全部促销活动而单独评价它对消费者发挥作用的程度。所以，对旅游广告效果的评价，只能是一定时期中对广告预期目标所能达到的程度。

3. 旅游广告效果分析的内容

（1）沟通效果的分析。对旅游广告沟通效果的分析，一般有事前分析和事后分析两种。事前分析是在广告付诸实施媒介宣传之前进行的研究活动，可以向消费者展示各种可供选择的广告，由他们评比，选出效果较好的广告；也可以通过仪器来测量消费者对广告所产生的心理反应等。事后分析通常采用回忆广告内容的方式进行，识别测试要求消费者指出他们以前曾见过的广告，了解广告被消费者注意过、联想过、仔细阅读过的百分比。

（2）销售效果的分析。由于旅游产品销售将受到服务特色、价格、竞争状况等一系列因素的影响，因而测量旅游广告的销售效果比沟通效果更为困难。这里仅列出两个简单的计算方法作为参考。

1）当旅游广告宣传的旅游产品是新产品（服务）时：

广告效益 = 单位产品利润 × （广告后销售量 – 广告前销售量）– 广告费用

2）当被广告宣传过的产品继续做广告时：

广告效益增长比率 = （销售额增加率/广告费用增加率）× 100%

第三节　旅游人员推销

一、旅游人员推销的概念与作用

1. 旅游人员推销的概念

旅游人员推销是指通过推销人员与中间商和消费者直接接触，宣传介绍产品并促使其购买的促销方式。人员推销主要包括销售人员联系走访各地代理商、中间商及目标市场的个人和团体；分发各种旅游宣传品；大量接触客户，开展推销业务；或以电话联系洽谈业务等。

2. 旅游人员推销的作用

（1）传递信息。旅游人员推销是推销者与旅游中间商和潜在旅游者的直接交流，通过面谈，推销者能够详细地介绍自己的产品和服务，及时反馈信息并回答询问，易产生亲切感和信任感。

（2）销售产品。旅游人员推销的最终目的是将旅游产品销售给旅游者，同时推销人员有责任解释旅游者提出的问题，在一定的权限范围内处理一些技术问题，如旅游路线中的价格、交通、旅游项目和食宿安排等。

（3）收集市场信息。销售人员在从事推销工作的同时，会接触到各种类型的消费者，他们对旅游产品的意见和态度会直接反馈给销售人员，成为企业及时调整策略、完善产品的依据。此外，销售人员在推销过程中也会受到来自竞争对手的竞争，必须对竞争对手的情况进行了解。

（4）提供服务。旅游推销人员在推销过程中可以免费为现实的和潜在的旅游者提供各种服务，包括回答咨询、给予技术协作、提供产品的售后服务等。

（5）开拓新市场。通过旅游人员推销，可为旅游者排忧解难，并使旅游企业与旅游者双方的利益得到有效协调，以实现巩固老客户，寻找新客户的目的，从而不断扩大旅游产品的市场覆盖面。

二、旅游人员推销的特点与原则

1. 旅游人员推销的特点

（1）信息传递的双向性。旅游人员推销的基本特点就是旅游推销人员通过与旅游者直接接触可快速实现信息的双向沟通。在这一过程中，推销人员一方面通过自己的言语、形象、特有的各种宣传材料等，直接为旅游者提供旅游产品信息，并以此招徕顾客，促进销售；另一方面则是通过交谈与顾客进行思想沟通，了解他们对本企业及所推销产品的态度、意见和要求，调查产品的市场生命周期和市场占有率等情况，以适应不同旅游者的需要。

（2）推销目的的双重性。旅游人员推销的目的除了推销旅游产品，还要帮助消费者解决问题、满足他们需求作为推销目的，只有这样才能不断地增进旅游者与旅游推销人员之间的感情，使旅游者成为本企业的经常顾客，从而更好地实现推销产品和服务的目的。

（3）推销活动的多层次性。旅游人员推销活动是一个复杂的过程。参与推销的部门既可以是专职推销部门的外部销售，也可以是旅游企业内部各部门、各方人员组成的内部推销；推销形式既可以是个人推销，也可以是小组推销或会议推销、电话推销等；推销组织既可以采取区域结构式、产品结构式，也可以采取顾客结构式或综合结构式等。

（4）推销对象的针对性。旅游企业推销人员在开展推销业务之前，一般事先要对旅游者进行调查研究，在选好推销对象后，再有针对性地进行推销活动。针对性强的推销活动不仅可以获得更好的销售效果，同时能使人力、物力和财力得到节省。

（5）推销时间的节省性。旅游人员的直接推销，可以把有关产品信息直接传递给顾客，并可当面商谈购销的各种事宜，如果双方交易意向一致，可当即成交。这样，从促销到顾客购买之间的间隔大大缩短了。

（6）推销过程的灵活性。推销人员通过与旅游者直接的洽谈与观察，可掌握旅游者的购买心理，并能够根据时间、空间、环境及旅游产品的特点和功能，及时调整具体的推销手法，从而抓住有利时机，有的放矢地开展旅游推销活动，促成旅游者的购买行为，提高销售效果。

2. 旅游人员推销的原则

（1）互惠互利原则。惠，即好处；利，即利益。互惠互利就是指交易双方彼此为对方提供利益和好处。互惠互利是双方达成交易的基础，是赢得顾客重复购买，获得竞争地位的重要筹码。因此，明确交易能给双方带来的利益，用能给旅游者带来的利益说服顾客，找出双方利益分配的最佳点，是推销取得成功的基本保障。

（2）人际关系原则。和谐的人际关系是相互信任、彼此理解的基础，也是有效实现信息沟通的前提。旅游推销人员应树立和谐的人际关系观念，善于利用各种交际方式，扩大交际范围，使自己成为一个受欢迎的人，这是取得旅游产品推销成功的重要法宝。

（3）尊重顾客原则。尊重顾客就是尊重顾客的人格，重视他们的利益，其实质是对旅游者购买价值的承认。推销人员要善于换位思考，注意顾客所关心的事情，对旅游者适时赞美，体现自己应有的胸怀和涵养。

（4）使用价值观念原则。推销使用价值观念原则，即在推销旅游产品时，要利用或改变旅游者原有的观念体系，想方设法使他们形成对旅游产品使用价值的正确认识，以达到说服和帮助顾客购买旅游产品的目的。推销人员必须找出旅游产品使用价值与旅游者需要的结合点，使顾客形成正确的使用价值观念，最终决定购买，并产生良好的购后评价。

三、旅游人员推销的种类与推销过程

1. 旅游人员推销的种类

（1）派员推销。旅游企业指派专职推销人员携带旅游产品或服务的说明书、宣传材料及相关材料走访客户进行推销的方式。这种方式的特点主要体现在：推销人员主动

向顾客靠拢，推销员同顾客之间的感情联系尤为重要，要求推销人员既要有百折不挠的毅力，还要掌握寻找推销对象，把握恰当的推销时机，学会交谈艺术等推销技巧。

（2）营业推销。营业推销是旅游产品或服务各个环节的从业人员通过接待每位旅游者，销售自身产品的推销方式。

（3）旅游会议推销。旅游会议推销包括旅游展销会、国际旅游博览会、旅游洽谈会推销等。在国际上，每年都有许多大型的国际旅游博览会举办，如伦敦国际旅游博览会、纽约国际旅游博览会等。这些国际旅游博览会都是国际旅游上的盛会，各国商家集聚，交易成果累累。我国每年都有许多旅游企业参与推销。我国自 2008 年起，每年都要召开一次全国性的国内旅游交易会，随着我国旅游业的高速发展，其规模逐年扩大，成交量也在不断增加。此外，还有许多地区性的旅游交易会。参加会议的旅游企业的推销人员在会议期间与顾客频繁接触，轮番洽谈，是推销自己旅游产品的极好机会。

（4）面谈推销。面谈推销是在旅游企业营业场所之外，由销售人员与目标市场的客户之间进行的面对面的直接介绍。面谈推销又可分为：一般性推销和有目的的推销。一般性推销，其推销的重点是旅游产品的质量和特色，宣传企业形象。有目的的推销，指销售人员进行推销时一般抱有特殊的目的。

（5）电话推销。电话推销是销售人员借助于电话与目标客户进行的交流沟通。它包括销售人员给旅游者打电话推销产品或销售人员接到旅游者电话后进行推销。电话推销能帮助企业获取信息，确认客户要求，安排面谈时间。在旅游业中，电话推销还能完成产品预订和处理查询。

2. 旅游人员推销的过程

（1）寻找筛选旅游者。销售人员在开展推销活动之前需先做一些探测和筛选工作，以找到最有可能购买旅游产品的消费者。寻找可能成为购买者的客户，可以通过现有消费者的介绍，供应商、中间商、行业协会的介绍，有关的旅游贸易杂志、报刊，信函和电话，各种社交活动等多种渠道去获取有价值的推销线索。在此基础上，推销人员还要对这些预期客户进行筛选，找出最可能的购买者。

（2）准备销售计划。销售人员要充分了解预期客户的情况和要求，为与客户建立良好关系和进行销售展示打下良好的基础。同时，销售人员应掌握旅游企业及其产品的丰富资料和信息，以便向客户介绍和回答客户的提问。一般做销售访问前，销售人员应约定面谈时间，准备一份面谈提纲，说明旅游产品能给消费者带来的利益，考虑消费者可能的疑虑，决定推销时采用的策略和技巧等。

（3）注意推销技巧。旅游销售人员应提前或准时到达约定地点，见面后应首先说明来访目的，注意自己的言谈举止，给对方留下良好的第一印象。在访问老客户时可将以前的交往作为话题，借此来展开正式的业务洽谈。在与客户交谈的过程中，最重要的是对不同的客户要采用不同的技巧和方式。

（4）处理异议问题。产品介绍结束之后，旅游者一般都会提出一些异议或问题。这些异议或问题通常的表现形式有：

1）需求异议。旅游者认为不需要销售人员推销的旅游产品。

2）财力异议。旅游者认为无钱购买推销的旅游产品。

3）权力异议。旅游者认为无权购买此旅游产品。

4）产品异议。旅游者认为不应购买推销的旅游产品。

5）价格异议。旅游者认为推销的旅游产品价格过高。

在处理异议和问题的过程中，销售人员应始终保持清醒的头脑和冷静的态度，即使在消费者出现错误抱怨时，也应本着对事不对人的原则，耐心地对消费者进行解释。

（5）促成此次交易。一名优秀的推销员，要密切注意成交信号，善于培养正确的成交态度，消除成交的心理障碍，谨慎对待顾客的否定回答。把握最后的成交机会，灵活机动，采取有效的措施和技术，帮助旅游者做出最后选择，促成交易。

（6）后续工作。达成交易后，推销员就应着手履约各项具体工作，做好顾客服务，妥善处理可能出现的问题。着眼于旅游企业的长远利益，与顾客保持和建立良好的关系，树立消费者对旅游产品的安全感和信任感，促使他们连续、重复购买。利用顾客的间接宣传和辐射性传导，争取更多的新顾客，是每名推销人员都应追求的目标，也是旅游企业能够获得长足发展的基本保证。

四、旅游推销人员的管理

1. 销售人员的选拔与培训

在人员推销中，"人"显然发挥着第一位的作用。旅游企业应选择一些有能力的人来担任企业的销售代表，以更好地完成销售工作。在工作过程中，还要通过培训来强化组织观念，学习推销技巧。

（1）推销人员的选拔。选择素质较高的推销人员是旅游产品的推销工作能否顺利进行的保证，推销人员选拔的主要做法是：

1）制定选拔标准。根据不同的推销任务和市场目标，制定出不同的推销人员标准，然后，按照选拔标准进行选拔。

2）内部选拔和对外招聘。选拔推销人员既可以在旅游企业内部进行，把适合做推销工作的人员选拔出来，也可以面对社会招聘。

3）对选拔和应聘对象进行评价。为做好选拔工作，先要核实表格中的内容和所提供的有关材料。在此基础上，还要进行一定的测试，测试的主要方式有个别谈话、面试、笔试、智能测试等。在进行全面考查后，就可以进行初选，最后再决定人选。

（2）推销人员的培训。对推销人员的培训，主要依据推销所应具备的素质要求进行。同时，了解和掌握接受培训人员的现有素质情况，开展有针对性的培训工作。就培训内容来讲，一般包括以下几个主要方面：

1）熟悉本企业的各方面情况。如企业的历史、经营业绩、组织产品、各产品的内容和档次、企业所提供的各种服务项目、产品的价格水平等。

2）熟悉本企业"生产"和推销的旅游产品。如各种旅游线路产品、各产品的内容和档次、企业所提供的各种服务项目、产品的价格水平等。

3）了解和掌握客源市场状况。如本企业的市场范围、市场目标、市场占有率、市场竞争对手状况、市场发展趋势、现有客户的状况等。

4）了解和熟悉旅游者。了解不同类型旅游者的旅游动机、旅游需求上的差异、旅游产品购买能力和购买方式等。

5）了解和掌握营销知识和推销技巧。

2. 销售人员的报酬与激励

给销售人员适当的报酬并予以激励，有利于保持销售人员高度的工作热情，提高他们的工作效率，增强促销效果。

（1）销售人员的报酬给予销售人员的报酬一般有三种形式：

1）工资形式。不管销售人员完成了多少工作量，都要向其支付一定的固定工资。

2）佣金形式。它是以销售人员的工作业绩为基础支付给他们一定比例的佣金。

3）基本工资加激励奖金的形式。这种形式是前两种形式的结合：基本工资是固定给付的，不随业务量的多少变动，而佣金与销售人员的销售量、利润量挂钩，基本工资有助于控制销售人员，佣金和奖金则提供了动力。

（2）销售人员的激励。对于销售人员的激励，可以分为经济上的激励和非经济上的激励。经济上的激励包括加薪、提高佣金、免费度假、免费医疗、现金奖励；非经济的激励有表彰活动和升职等。

3. 销售人员的监督控制和考核

（1）销售人员的监督控制。由于推销人员主要是在旅游企业外部单独活动，灵活度和自由度比较大，因此对推销人员的监督就显得十分必要。

对推销人员的监督应主要靠相应的规章制度、岗位责任等进行约束和检查。企业要经常和及时了解推销人员的工作情况，审阅推销人员所提交的有关材料和听取推销人员的情况汇报，对其成绩予以肯定，对其缺点进行批评，对其工作的具体问题或困难予以帮助。做好推销人员的监督，是保证企业推销工作顺利进行的重要条件。

（2）销售人员的考核。旅游企业对销售人员的考核分定量考核和定性考核两部分。定量考核主要考核销售人员的销售业绩，包括销售额、回款额、利润额、市场占有率和客户数；此外，还要考核销售人员的销售行动，包括销售人员每天平均拜访客户的次数、每次访问客户所用的时间、访问的成功率、每天销售访问的平均收入、每百次访问平均得到的订单数、销售费用与销售费用率、一定时间开发的新客户数、一定时间内失去的老客户数、客户满意度等。除了这些定量考核之外，旅游企业还需要对销售人员进行定期的定性考核，如考核销售人员的团队合作精神、工作热情、创新能力、学习精神、对企业的忠诚责任感，还要考核销售人员作业是否规范等。

第四节　旅游营业推广

一、旅游营业推广的概念与作用

1. 旅游营业推广的概念

旅游营业推广是指旅游企业在特定的时间和空间范围内，对旅游者或旅游中间商提供临时性激励的一种活动，目的在于促使其尽快或大量购买某些特定产品。旅游营业推广强调在特定的范围内，针对某些特定产品，临时或短期地带有馈赠或奖励性质的促销方法，其直接效果是使旅游者或旅游中间商立即或大量购买。虽然从长期看，旅游营业推广并不能使产品销售有很大的改观，甚至在旅游营业推广活动停止后的一段时间里，销售额常常会出现一定幅度的回落，但在较短的一段时间内，它往往比广告更能促进销售的增长。

2. 旅游营业推广的作用

（1）加速新的旅游产品进入旅游市场的进程。新开发出来的旅游产品，投入旅游市场的初期，绝大多数的旅游者或目标消费者对其还没有足够的认识和了解，也没有充分的理由对该旅游产品做出积极的反应和强烈的消费购买兴趣。通过一些必要的促销措施可以在短期内迅速地为旅游新产品开辟道路。实践证明免费旅游、特价优惠旅游、新旧产品搭配出售及退款优待等营业推广方式，对在短期内把旅游新产品打入现有市场是行之有效的措施。

（2）增加旅游产品的销售量。旅游企业的销售促销活动经常以一些赠券、折价或奖品的方式来进行。这些方式对于消费者有一定的吸引力。有时候消费者可能并没有购买旅游产品的意图，但是赠券、优惠券等往往会使他们觉得此时购买旅游产品会比较划算。

（3）扩大非高峰期的销量旅游产品的需求具有季节性波动的特征，在需求的非高峰期会导致大量的旅游产品卖不出去，造成很大的损失和浪费。旅游营业推广能在需求淡季发挥它的短期推动力作用，提高旅游产品的销售量。

（4）激励中间商针对中间商进行旅游营业推广活动，能让旅游中间商为旅游企业更多地提供客源。旅游生产企业通常会给旅游中间商提供奖品，免费的旅行机会，追加佣金，激励他们更好地开展业务。

（5）有效应对竞争对手在市场竞争中，竞争对手大规模地开展促销活动是经常碰到的事情。此时，采用营业推广是最有效的一种促销措施。例如，给予旅游者比竞争对手更优惠的价格；给予中间商更多的折扣或佣金等，从而增强本企业旅游产品对旅游者的吸引力，稳定和扩大自己的市场份额，有效地对抗和反击竞争对手。

二、旅游营业推广的特征

旅游营业推广强调在特定的时间、空间范围内，采用一系列的促销工具和手段，刺激和鼓励供需双方，使旅游者产生立即购买或大量购买的行为。它具有以下基本特征：

1. 非正规性和非周期性

典型的旅游营业推广不是一种常规性的促销活动，而是适用于短期的、临时性的促销活动。它常作为人员推销和广告形式的补充，具有暂时而特殊的促销作用。

2. 针对性强，方式灵活多样

旅游企业可以根据自身旅游资源和旅游产品的特性、顾客心理及市场状况，通过强有力的宣传或提供特殊的激励条件，使其旅游产品具有强烈的吸引力，引起旅游目标顾客、旅游中间商或推销人员的广泛关注，促成交易行为。

3. 具有强烈的刺激性

旅游营业推广追求的目标是通过短期诱因，达成即时销售。这就使本企业的旅游产品在特定的时间和地点与其他产品产生差别，增加实质价值，给旅游产品购买者以不同寻常的刺激，诱导旅游者购买某一特定旅游产品。

4. 短期效果显著

旅游营业推广是一种战术营销手段，通过激励、刺激等促销手段，构成旅游者购买行为的直接诱因，在限定的时间和空间范围内，实现即时销售，或得到短期效果，适用于实现企业的短期具体目标。

三、旅游营业推广的种类

对不同的对象和营销目标，旅游企业可以选择不同的旅游营业推广方式。

1. 价格优惠

价格优惠可以说是在短期内刺激顾客购买的有效工具，当价格成为旅游需求的主要影响因素时，降价马上就能收到明显的效果。然而，使用价格优惠一个严重的不良后果，就在于容易演变成企业之间的价格战，从而导致恶性竞争。所以，旅游企业最好不要单纯地使用降价方式来促进销售。

2. 奖励促销

奖励促销是随着旅游产品的购买而提供的额外奖赏，成功的奖励可以促进消费者的重复购买行为。奖励促销以赠品、赠券为诱饵，诱导消费者采取购买行为，达到提高企业销售额之目的。奖励的形式包括附赠产品和附加服务。旅游景点可以在淡季时提供一些免费的游览项目；酒店可以提供包含早餐的住宿而不加价或赠送小纪念品；航空公司可向旅客提供免费接送机场服务。

3. 趣味促销

趣味促销是指为在激烈的竞争中保持地盘，扩大领地，改善销售结构，吸引和保留公众的注意力，旅游企业通过组织抽奖、竞赛等活动，来达到促销目的的营业推广方式。

4. 参展促销

参展促销是指通过参加各种各样的国际、国内的旅游产品介绍会、展览会或交易会，达到开拓市场，吸引潜在消费者，检测市场对新产品的需求，收集市场信息等目的。在参展交易中，旅游企业通常会免费向消费者提供企业的宣传资料、产品介绍、发放礼品，并且旅游产品的价格往往比较优惠。参展一般被认为是展示企业形象的良好机会，有助于企业吸引消费者的注意，引发其购买欲望。

5. 样品展示

旅游产品的无形性决定了产品无法在现场示范其使用效果，但是旅游企业可以借助于一些有形的手段，来表现人们在购买旅游产品后会得到什么样的利益和满足。现在，已经有很多酒店推出了现场展示烹调手艺和现场调制鸡尾酒，制作各种食品的服务；旅行社、旅游景点可以通过播放优美的风景录像带或电影来达到促销的目的。餐馆则可设立一些非常醒目的展台、展厅向消费者展示各种菜肴、食品和甜点，供客人购买。

6. 返还促销

返还促销是指为激发消费者购买某种特定产品或消费某项服务的积极性，在购买时，将现金代用券或优惠券返还给消费者，此促销活动利用消费者想省钱的心理，刺激消费者连续购买，回馈消费者对品牌的忠诚度，同时该策略操作简单，相关成本低。

（1）现金返还。旅游企业在与客户的业务往来中，往往直接从应付款中扣除事先商谈好的返还现金。

（2）优惠券或代用券返还。这种方法对于奖励那些忠实客户，吸引他们再次光顾，鼓励他们继续购买比较有效，而且企业可以借此节省总开支，推销一部分产品，争取客源，增加信誉。

（3）任选返还。这种做法既可以是现金返还，也可以是优惠券返还，其目的是让消费者在购买其主要商品后，有机会免费挑选自己喜爱的附带商品。

7. 培训奖励

这是旅游企业为了向旅游中间商、销售人员通告信息和传授新的知识，协助旅游中间商、销售人员更好地完成销售旅游产品的任务而开展的活动。目前这类培训活动主要有研究会、讨论会、招待会等。

8. 表彰激励

这是对那些达到某一水平销售量的旅游中间商，完成销售指标的销售人员等给予一定的奖励和表彰，以激励他们更努力地工作，更好地实现销售目标。奖励既可以采取现金形式，又可以采取非现金形式，如免费旅行、考察等。

9. 噱头促销及另类促销

即企业挖空心思，想出种种吸引消费者的噱头，期望以奇招、怪招来满足消费者的好奇心，招徕消费者，以达到促销的目的。

四、旅游营业推广策划过程

1. 确定旅游营业推广目标

旅游营业推广的目标，取决于它的整个营销目标，而具体的营业推广目标，又因目标市场的不同而异。概括起来，企业营业推广的目标主要有三类：一是针对消费者的；二是针对中间商的；三是针对推销人员的。

2. 选择旅游营业推广的方式

旅游营业推广目标确定之后，就需要选择适宜的营业推广手段和措施。旅游营业推广的方式多种多样，在选择时应考虑目标市场类型、竞争状况和成本效益等。

3. 制订旅游营业推广方案

企业在制定营业推广决策时，不仅要确订营业推广的目标，选择适当的推广形式，还要制订出具体的推广方案，主要内容包括奖励规模、奖励范围、发奖途径、奖励期限及营业推广的总预算等。

4. 方案实施与控制

旅游营业推广方案的实施过程，必须按已制订的方案进行，并根据市场的反应和变化，及时对营业推广的范围、强度、频度和重点进行调整，以便更好地控制旅游营业推广方案的实施。因此，旅游企业要尽可能地对旅游营业推广进行周密的策划和组织，对实施中可能产生的问题有所估计，并做好应对突发事件的准备。

案例 一个舍得在广告上下功夫的酒店联号

香格里拉，这个外国人听起来有中国味，中国人叫起来有外国味的名字，使这个酒店联号颇引起人们的注意。作为一个豪华酒店联号，它特别注意运用广告的宣传介绍联号酒店的设施、设备和服务，宣传它的长处和优势。在北京诸多中外合资与海外公司管理的酒店中，这个酒店联号在广告宣传上是真下了功夫的。

经常翻阅英文版《中国日报》的人，都会对香格里拉酒店集团的广告留下深刻的印象，它的广告有这样的几个特点：

一、关键时候舍得花钱

作为中外合资并由外方管理的酒店的先驱，香格里拉酒店集团出现在北京无疑是件引人注意的事。北京香格里拉酒店在 1987 年 8 月 22 日开业之际，在《中国日报》上发了八个版面的广告，用一个整版发表了中外双方董事长的贺词和照片；用两大版突出地介绍了酒店的豪华设施、商务环境与服务，图文并茂，表述清晰，一目了然；又用一大版的篇幅，逐一介绍了这个集团的成员酒店；其他版面是海外各大公司的贺词。这样的广告，无疑会给人留下财政殷实、自信心强的印象。在一周后的《经济参考报》上，又以一整版的篇幅，发表了以《哦，香格里拉》为题的连环画，详细地介绍了北京香格里拉酒店建造的来龙去脉，有故事，有人物，有介绍，有评论。虽然不是真正意义上的广告，但这是酒店公关的一大成绩，而这种形式在北京新闻媒体中似乎是首次出现。在中国国际贸易中心开业前后，又多次以整版的篇幅做"即将开业"、"正式开业"和"已经开业"的广告。

二、形式活泼，引人入胜

追踪香格里拉酒店集团在《中国日报》的广告，其形式多样，活泼生动，给人留下很深的印象：有时用真实的照片，显示酒店建筑的气魄与设施的豪华，环境的优美；有时用粗线条的漫画，突出某种独特的气氛；有的广告或是一幅中国画，或是用毛笔写成的苍劲有力的汉字，显示出一种中国独有的风格；有时还用细腻的工笔画或别致的抽象画，介绍其不同风格的菜肴，时而用英文、汉字，时而用日文、法文或德文，因其内容而变。2009 年 7 月 10 日的广告更为奇特：在四分之一的版面上，除四周用细线为框，上下各有一个大约半厘米见方的酒店标志之外，在中间偏上的位置上，仅印了一句英文广告词：Just Two Days to a World Premiere（距离向世界初次亮相仅剩两天）。在一则介绍北京三家香格里拉管理的酒店的广告上，使用的画面是一盘中国象棋的残局和两条在玻璃缸里自由游弋的金鱼，悠闲自得的情景表现得淋漓尽致。在一则介绍国贸饭店的广告上，使用的画面是古代中外商人洽谈生意、讨价还价的场面：手托艺术珍品站在一旁的仆人，笑容可掬、颇为自信的中国老板，面容严肃、不愿妥协的异国商人对面而坐，画面的一角还有一个大算盘，十分成功地描绘了一个专门为商务人员服务的住宿设施的特点。介绍杭州饭店的广告，则用的是在湖边一株枝叶茂密的大树旁，一辆中国老式带篷的人力三轮车，拉着两个观光客欣赏西湖风光。

三、令人不得不读的广告

除了生动活泼、引人注目的画面，香格里拉酒店集团的广告中的文字也是十分讲究的。有的是醒目的标题，一句或两句，言简意赅。杭州饭店的一则广告上写道："有的饭店推出包价旅游团，我们推出杭州。"该饭店在另一则广告中称："杭州饭店将大多数人追求的静谧和很少饭店可以提供的膳食标准融为一体。"关于北京香格里拉酒店香宫餐厅的广告，一连三天，以"色"、"香"、"味"三个苍劲的毛笔大字为主要画面，旁边注有英文：色、香、味为中餐佳肴的三大要素，香宫之根本。中国大饭店的广告则充分利用它的地址是建国门外大街1号的优势，整个画面用了硕大的"1"字，广告的标题是："在北京，找到1号就行了。"北京香格里拉为了推销其巴沙里餐厅的公务午餐，其广告画面是一个匆匆而走的公务人员，标题是："午饭后还有公干的人，终于可以吃到公务午餐了。"下面广告上的小字写道："法国人说，美酒佳肴必须慢慢地品尝，不得匆忙。但是，对经理们来说，日理万机，悠悠然地吃上一顿饭实在是难得的机会。对此，巴沙里餐厅想出了办法。有法式大菜精粹的公务午餐，可按您的时间送上。您到达之时告诉一声，我们保证在一个小时内让您吃好上路。"

案例思考：

1. 评价香格里拉酒店集团使用的广告类型，并结合实例加以说明。

2. 香格里拉酒店集团广告促销的做法给其他旅游企业一些什么启示？

复习与思考

1. "推式"和"拉式"策略各自的应用特点如何？推、拉策略的选择使用受哪些因素影响？

2. 比较几种常用旅游广告媒体的优、缺点，并结合某一具体的旅游产品，分析和选择广告媒体。

3. 旅游人员推销的种类与推销过程是什么？

4. 旅游营业推广具有哪些特征和作用？

5. 假设一家酒店突发意外不利事件，酒店应如何减少不利影响，维护自身的形象？

6. 旅游公共关系的主要形式有哪些？如何开展旅游公共关系活动？

第十五章　旅游产品分销渠道策略

内容导读

　　旅游市场营销是一个系统工程。旅游企业在进行市场调研、产品研发、目标市场细分，制定价格等环节后，接下来就是制定营销战略，展开营销攻势，采用适宜的分销渠道，将旅游产品投放市场。特别是在客源量大，客源结构复杂的情况下，旅游企业除发挥自身的营销资源优势外，还必须与旅游市场的中介组织形成较为稳定的营销利益共同体，使旅游产品在更广范围内为广大旅游消费者知晓、熟悉、理解、认同和接受。在这一过程中，确保渠道畅通、高效、有序、持久，对渠道中的各个环节进行有效监控和管理，是旅游企业顺利实现营销目标的重要保证。本章就旅游营销渠道的基本模式及作用、几种主要营销中介及旅游营销渠道的发展趋势等问题进行分析。

第一节　旅游产品分销渠道概述

一、旅游产品分销渠道的概念及内涵

　　旅游产品生产企业将旅游产品转移给最终旅游消费者是借助旅游分销渠道来完成的。旅游分销渠道是指旅游产品从旅游生产企业向旅游消费者转移过程中，所经过的一切取得使用权或协助使用权转移的中介组织和个人，是旅游产品使用权转移过程中由各个流通环节连接起来而形成的通道。其主要包括以下几个方面的内容：

　　（1）从结构上来看，旅游分销渠道是指旅游产品从旅游企业到旅游消费者所经过的一切组织机构，如图 15-1 所示。

　　（2）从功能上来看，旅游分销渠道是指使旅游产品及其使用权从旅游企业到消费者转移的所有活动。

　　（3）从过程上来看，旅游分销渠道是指旅游产品由旅游企业到消费者所经过的途径。

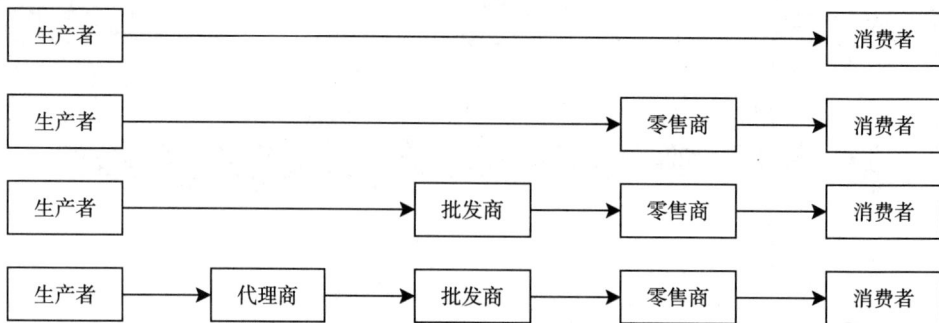

图 15-1　旅游分销渠道结构

二、旅游产品分销渠道的类型

在旅游产品营销活动中，由于生产企业、中间商及消费者等多种因素的影响，旅游产品分销渠道呈现多种类型。传统上，人们根据旅游产品分销渠道中是否涉及中间环节，将旅游分销渠道分为直接分销渠道和间接分销渠道两大类。

1. 直接分销渠道

直接分销渠道，是指旅游企业不通过任何旅游中间商，直接把旅游产品销售给旅游者的销售渠道，即旅游产品生产者—旅游消费者。在实践中有以下三种模式：

（1）旅游产品生产企业—旅游消费者（在旅游目的地）。旅游产品生产者在经营场所将旅游产品销售给登门来访的旅游者。例如，旅游景区景点、饭店、博物馆、娱乐场所、旅游交通运输部门等旅游生产企业通过等客上门，自己充当零售商来销售旅游产品就属于此种模式。

（2）旅游产品生产企业—旅游消费者（在旅游客源地）。旅游产品生产企业通过预订系统来扮演零售商的角色，消费者只需通过电话、直接邮寄、传真或网络等设施就可以预订所需要的旅游产品。近年来，随着现代科学技术的发展，特别是电子分销系统在旅游业中得到了广泛使用，其预订渠道标准化程度已达到相当高的水平。如计算机预订系统和全球分销系统的不断发展为旅行社提供了航空预订、主要酒店预订、汽车租用及游船线路预订的快速通道。

（3）旅游产品生产企业—自设零售网点—旅游消费者（在旅游客源地）。旅游产品生产企业在目标市场设立销售网点，面向消费者销售自己的产品。如一些规模较大的旅游企业在很多市场区域中设有销售网点。铁路企业往往在很多地方设有售票处和订票处；大多数大型航空公司和旅游汽车租赁公司还会在潜在顾客经常光顾的地方，如宾馆、会议中心、购物中心、大型火车站及商业中心租用柜台出售产品。

旅游业经营实践表明，尽管目前旅游产品销售领域越来越广泛，但是直接分销渠道作为传统的销售手段，仍占有很大的市场空间。据某地一家三星级酒店的统计，在2011 年接待的住宿客人中，有 26%以上是自己上门的客人，有 35%以上是酒店通过向当地的机关、企事业单位签订协议接收的客人，两项直接销售量占总销售量的60%以上。

2. 间接分销渠道

间接分销渠道，是指旅游产品生产者借助一个或多个旅游中间商将其产品最终转移到旅游消费者手中的途径。

一般情况下，间接分销渠道有以下三种模式：

（1）旅游产品生产企业—旅游零售商—旅游消费者。旅游产品生产企业向旅游零售商支付佣金，由旅游零售商把旅游产品销售给旅游者这一模式在西方国家旅游业中应用得非常广泛，除了旅游批发商完全是通过这一渠道组织客源外，其他众多的旅游企业如酒店、航空公司、游船公司等也将这一渠道作为自己销售旅游产品的主渠道。在我国这一模式目前主要体现在旅行社代客订购交通票、代订酒店客房等。但是，这些中间商在代理这类业务时，是向顾客收取佣金的，而不是像西方国家由旅游产品生产者支付佣金。

（2）旅游产品生产企业—旅游批发商—旅游零售商—旅游消费者。旅游批发商以批发价大量采购单项旅游产品生产者的产品，并根据各自目标顾客群的不同需求将其组合成整体旅游产品，然后通过旅游零售商出售给旅游者。这种销售渠道也是西方国家旅游业中较为流行的销售方式之一，常为度假地饭店、假日营地、包机公司等旅游企业所采用。在我国旅游业中，这种渠道目前尚不普遍。

（3）旅游产品生产企业—本国旅游批发商—外国旅游批发商—旅游零售商—旅游消费者。这是目前我国国际旅游业中应用最广的渠道模式。我国具有涉外旅游接待职能的旅游生产企业在价格谈判的基础上，将各单项旅游产品批量发售或预订给我国的国际旅行社，然后国际旅行社将这些单项旅游产品组合成包价旅游产品，通过外联谈判批发给客源国的旅游批发商或旅游经营商。最后这些旅游批发商在对这些包价旅游产品重新定价后，作为自己的产品，委托当地的旅行代理商或其他零售代理机构向旅游消费者出售。

三、旅游产品分销渠道的长度和宽度

1. 旅游产品分销渠道的长度

旅游产品分销渠道的长短是指旅游产品从生产者手中到消费者购买为止，整个过程所经过的中间机构的层次数。所经过的中间层次越多，分销渠道越长；反之，分销渠道越短。一般地讲，直接销售或通过一个中间商分销称为短渠道；通过两个以上中间商的分销称为长渠道。

在这里，渠道越短，旅游产品生产者承担的销售任务越多，越能有力地控制销售染道并进行价格、服务和宣传等方面的管理；渠道越长，旅游产品营销主要由旅游产

品批发商和旅游产品零售商来完成，旅游产品生产者对旅游产品首销渠道的控制就相对较难。对旅游产品的生产者来讲，到底是采用长渠道还是短渠道，要根据自身产品、市场、企业本身的具体情况确定。

2. 旅游产品分销渠道的宽度

分销渠道的宽窄是指一段时期内分销网点的多少，网点分配的合理程度以及销售数量的多少。旅游产品营销渠道越宽，渠道的每个中间环节中转售该产品的中间商的数目就越多；反之，渠道越窄，中间商的数目就越少。一般性和大众性的旅游产品主要通过宽渠道去进行销售。采用宽渠道销售，可以充分占领市场，大量接触旅游者，大批量销售旅游产品。窄渠道对旅游产品生产企业而言，较易控制，但市场销售面易受限制。因此，窄渠道一般只适用于专业性较强的或费用较高的旅游产品的销售，如垄断产品、名牌产品、高价产品的销售。实践中，探险旅游和专项文化考察等都适宜采用窄渠道分销。

第二节　旅游中间商

旅游中间商是指介于旅游生产者和旅游消费者之间，专门从事转售旅游企业的产品，具有法人资格的经济组织或个人。

一、旅游中间商的类型

由于旅游中间商在旅游市场营销中的作用不同，旅游生产者与这些组织和个人的责权利关系不同，因而旅游中间商有多种类型。传统上，从两个角度来划分旅游中间商：按业务方式可分为旅游批发商和旅游零售商；按是否拥有旅游产品的"所有权"分为旅游经销商和旅游代理商。

1. 旅游经销商

旅游经销商又称为旅游经营商，其从各种旅游商品生产者那里大批量地购买单项旅游产品和服务，再把它们组合成包价旅游产品，投放市场。其利润主要来源于旅游产品购进价与销出价之间的差额，拥有旅游产品的所有权，与旅游生产者共同承担市场风险。

旅游经销商主要分为旅游批发商和旅游零售商两类。

旅游批发商是指从事批发业务的旅行社或旅游公司。旅游批发商主要承担着计划、准备、营销和管理其组装的旅游产品的职能。它将航空公司或其他交通运输企业的服务产品与旅游目的地旅游企业（酒店、餐馆、景点经营者等）的地面服务组合成一个整体的旅游产品，然后通过某一销售途径推向广大公众。在这一过程中，旅游批发商一般与上述旅游产品和服务的供给者签约，包订大量客房，租用交通工具，购买景点门票等，并享有批量折扣，然后组织成各种包价旅游产品向旅游零售商出售。由零售商最后出售给旅游者。目前，旅游批发商在营销渠道中的作用越来越强，是对旅游产品的供给企业具有重要意义的中间商。

旅游零售商是指直接向消费者销售各种形式的最终旅游产品的旅游中间商。其主要业务范围是：为旅游者提供各种咨询服务；为旅游者计划、组织旅游线路和日程安排；为旅游者具体安排食宿、交通、娱乐、观光、购物等全部旅游活动并提供导游服务；代办旅行中一些具体事务，如保险、护照签证等；负责宣传、促销、招揽旅游者等团体包价游、半包价游、散客接待等都是其主要经营范围。旅游零售商对于旅游产品的需求数量与内部经营状况和实力相关，且具有明显的季节差异。旅游零售商的业务量会由于受一些突发事件的冲击而出现较大的波动，并最终影响旅游产品的生产企业。我国国内旅游零售商的报酬较少采用佣金支付的形式，随着国内旅游业的运作和与国际标准的接轨，佣金方式会越来越普遍。其有助于减少旅游零售商与生产企业之间的利益冲突和对立，尤其是在旅游产品价格下的分歧和矛盾，实现双方之间平等互利的合作关系。

2. 旅游代理商

旅游代理商是指接受旅游产品生产者和供给者的委托，在一定时间、一定区域内进行宣传、促销并代理销售其产品的旅游中间商。他的利润主要来源于为委托人和消费者提供服务而获取的佣金。旅游代理商不拥有产品的所有权，因而承担的市场风险远小于旅游经销商。旅游代理商销售的主要是零售业务，他们往往是旅游零售商（或叫零售型旅游代理商）。旅游企业一般在自己营销能力难以达到的地区，或是新产品投放期，产品销路不好的时候利用代理商寻找机会，是旅游经销商的一种补充。在国外，一些大型旅游经销商甚至雇用了成千上万的旅游代理商，其中最大的当属美国运通公司，日本的交通公社正在为取而代之努力。

除上述传统意义上的旅游中间商类型外，目前，随着人们对旅游的广泛重视，一些新兴组织和机构，也充当着旅游中间商的角色。如旅游经纪人、奖励旅游公司（卡尔森营销集团是世界最大的奖励旅游公司之一，在全美 30 个主要城市和世界其他 20 个国家开设了办事处）、会议计划者、协会执行人、公司旅游办公室和旅游咨询者等专业媒介者；设在一定市场区域内销售酒店客房和服务的酒店销售代表；设在旅游风景名胜区和度假地的区域旅游代理处；借助网络的分销、预定系统（如 REZ 方案公司，拥有全球最大、覆盖最广的中央预定系统，在 38 个国家、56 家公司可实现全球预定）等，这些组织和机构或代表组织以较低成本承办旅游业务，或收取佣金（或薪金）为旅游产品生产企业牵线搭桥，网络分销预定系统则是旅游产品生产者或供应者与需求者之间的特殊高科技传媒中介，它将随着科技的发展而被更加广泛地利用。

二、旅游中间商的作用

旅游中间商类型不同，各自在旅游产品分销活动中的作用各有侧重。综合起来，主要有以下几种基本职能：

1. 生产和组合旅游产品

旅游中间商将其他旅游企业提供的服务项目和接待服务设施作为旅游产品的原材料，经过组合加工，最终形成符合市场标准和旅游者要求的旅游产品。一方面，旅游中间商把无数旅游者的分散购买力集中起来，向旅游产品要素供应者进行大批量的采购，从而得到优惠的市场价格折扣，进而使旅游者在购买旅游中间商产品的过程中，付给旅游中间商的费用要低于直接分别从市场中购买旅游单项产品的花费。另一方面，通过旅游中间商的市场中介作用，可以将交通、住宿、餐饮等旅游供应商的产品进行有机串联和整合，并设计出富有吸引力的旅游线路，使其成为满足旅游消费者食、住、行、游、购、娱全部旅游活动所需的综合旅游产品，方便旅游者顺利完成旅游活动。

2. 促销和销售旅游产品

不论是哪一类型的中间商，其存在的目的就是通过沟通买卖双方的关系，实现旅游产品市场交换而从中获益。因而，作为利益共同体，旅游中间商必然采用各种手段进行强有力的促销宣传活动，同时通过提供便利的销售网络，适时适地地把适宜的旅游产品提供给需求者，使旅游产品更加顺利地进入消费领域，使成交更容易、更便捷。

3. 组织协调合作

旅游中间商将独立分散的旅游要素组织成为完整的旅游产品之后，还要发挥其组织协调职能以保证旅游活动的顺利实现。由于旅游活动涉及的部门广泛，并且旅游中间商与这些部门、行业之间是相互依存、互惠互利的合作关系，不具有管辖和指挥其他部门与行业的行政权力，所以旅游中间商要确保旅游活动的顺利展开，就必须在市场原则的前提下进行大量的组织协调工作。例如，旅游者在旅游途中的交通安全、目的地住宿环境的整洁、餐饮的质量、旅游景区的参观、交通工具的转换和衔接等问题，都必须由旅游中间商协调相关部门与行业进行处理。

4. 利益再分配

虽然旅游者在旅游过程中要接触众多的服务部门，但是旅游者购买旅游中间商产品时（尤其是在包价旅游的情况下）往往会将全部费用预先一次性付给旅游中间商。旅游中间商只是暂时保管，要在以后的旅游活动中根据旅游者行程安排进行分配，这就产生了旅游中间商与相关部门之间的利益分配问题。一方面，旅游中间商要根据旅游者的需求，对旅游目的地的餐饮、住宿、景点、交通进行选择；另一方面，旅游中间商还要根据接待过程中各相关部门提供的服务产品的数量和质量，进行旅游总收入的合理分配。在以上两种形式的利益分配中，虽然旅游中间商并不能单方面决定分配比例的高低，但由于旅游中间商直接与市场相联系，因此，其在旅游分配中的作用就显得非常重要。

5. 信息咨询反馈

旅游消费者在购买旅游产品时，往往带有明显的盲目性和不确定性，希望得到专业人士的建议和指导；旅游产品供应部门对旅游消费市场需求缺少详实的信息，沟通的渠道。旅游中间商的中介性质使其成为旅游产品供应商与旅游消费者之间的重要纽带，构筑起双方进行市场信息交流的平台。旅游中间商通过与旅游者的正面接触，可以及时获得旅游者价值取向、出游动机、消费愿望、享受倾向等最新、最全面的市场信息，并将这些信息及时传递给旅游业内相关部门，有助于这些部门根据市场动态及时调整和创新旅游产品，以满足旅游者的购买需求；同时，旅游中间商又可将旅游目的地的最新旅游产品和发展动态快速、准确、全面地传送给旅游消费者，实现供求双方的"零对接"，促使旅游业的持续健康发展。

另外，中间商还有一些辅助功能，如为旅游者提供诸如办理保险、办理护照等服务，受理并协助解决旅游者投诉等。

可见，旅游中间商在旅游销售渠道中的作用是巨大的。尽管世界旅游市场呈现多样化发展趋势，全球经济一体化过程加快及科学技术迅速发展，会促使旅游中间商的功能和作用发生一些变化，但旅游中间商在旅游销售渠道中的特殊作用是永远不会消失的。

第三节 旅游产品分销渠道策略

旅游产品分销渠道策略是旅游市场营销策略中的一个重要组成部分，是旅游企业对其产品的销售渠道所做出的决策，以便使旅游产品顺利地从产品生产企业转移到最终消费者手中。制定正确合理的旅游营销渠道策略，对于旅游企业实现营销目标起着关键性的作用。旅游分销渠道策略是站在旅游产品生产者（既包括单一旅游要素生产者，也包括具有产品组合加工能力的中间商）的角度，来研究在适当的地点、以适当的方式、合理的价格、有效地将旅游产品送达目标顾客手中，从而满足消费者的旅游需求，实现开拓市场，扩大销售，增加营利的目的的一种决策。

一、影响旅游分销渠道决策的主要因素

旅游分销渠道受到旅游企业内外许多环境因素的制约。旅游生产企业在进行分销

渠道决策时，要全面、充分地分析考虑影响渠道的各方面因素。影响旅游分销渠道决策的主要因素包括：

1. 旅游市场因素

旅游市场是多种因素的集合，包括旅游者、旅游中间商和竞争者等多种因素。旅游分销渠道策略要受到市场范围大小、远近、客源市场集中度、消费者购买频率高低、购买方式及竞争者所采用的渠道策略等因素的影响。一般而言，对于市场范围大、目标市场分散、旅游者购买频率较高，或客源市场所在地距离旅游产品生产地较远等情况下，为了便于消费者购买，需要旅游产品在市场上广泛分布，并具有一定的区域延伸性，应该采用长渠道和宽渠道模式；反之，则应选择短而窄的渠道以节约企业资源。此外，旅游生产企业还应关注竞争者的分销渠道，适时调整应对策略。

2. 旅游产品因素

它包括产品的价值、类型、档次、知名度、美誉度、专业性、对服务质量水平的要求等。一般而言，大众化的、低档次的、销售面广的、专业性不强的、标准化程度不高的产品主要选择长而宽的渠道；反之，则选择短而窄的渠道。

3. 旅游企业因素

影响旅游产品分销渠道策略的最重要的因素在于旅游企业自身。旅游产品生产者的资金实力、管理水平、商业信誉、资源拥有量、竞争能力和营销目标等都是旅游企业旅游产品分销渠道策略的重要因素。旅游企业规模大、市场形象好、经营管理能力强，愿意加盟的经销商会较多，企业的挑选余地就大，对营销渠道的影响力和控制力也就强；而对于规模小的旅游企业，一般应以散客为主，以短渠道为主。

4. 旅游中间商因素

旅游中间商的市场营销能力、信誉和其所处的位置对旅游产品分销活动起着至关重要的作用。理想的旅游中间商应该是：能给旅游购买者提供便捷，所承担的营销职能与生产者的需要相符合，熟悉生产者所提供的旅游产品，在目标市场旅游者心目中形象较佳，合作意愿强，营销能力能达到生产者的愿望，价格适中。对于旅游企业来说，找到理想的旅游中间商，并能与之长期合作是保证旅游产品分销渠道畅通的重中之重。

5. 环境因素

环境因素主要包括政治、法律、经济、技术和文化环境等。首先旅游分销策略必须符合国家政策和法律的相关规定。例如，国家对于国内旅行社和国际旅行社的业务范围都有明确的划分，在具体策划分销渠道时，不得与国家的政策和法律相抵触。对于经济技术较发达的地区，旅游者的文化形态、价值观念、行为方式和消费习惯等都有别于经济落后地区。目前，随着计算机技术的迅猛发展，网络因其所具有的开放性、可视性、便捷性等突出优势，正在日益影响着旅游生产企业和旅游消费者注意力，越来越多的消费者选择网络进行旅游产品的预订、线路的安排、活动的组织，直接与企业异地交易。网络营销作为一种新型的分销模式，正迫使企业经营必须逐步发展网络营销。因此，在具体策划旅游分销渠道时，还要根据经济和技术的发展程度，在传统分销模式和网络营销模式之间进行合理的权衡，以便最大限度地为旅游者购买旅游产品提供便利。

二、旅游产品分销渠道模式的选择

旅游产品分销渠道模式的选择主要是确定旅游分销渠道采用何种模式，即旅游企业在设计分销渠道时是否使用旅游中间商、采用中间商的环节、每个环节使用旅游中间商的数量及旅游企业所采用的分销渠道类型的多少，等等。旅游企业基于其利润目标来选择分销渠道，然而，旅游产品分销渠道类型多样，大多数旅游企业只能选择其中的一种或几种，这就使得选择最佳分销渠道成为企业的一项重要任务。所谓最佳分销渠道是指能以最快的通过速度、最好的服务质量、最低的流通费用和最大限度的目标市场覆盖面，将旅游产品连续不断地送达最佳消费者的销售渠道。可见，旅游企业在选择挑选最佳分销渠道时，必须综合分析各种因素，经过认真比较加以选择。

1. 旅游产品分销渠道选择的原则

（1）市场导向原则。旅游企业如任何其他生产企业一样，生产旅游产品的最终目的是得到旅游消费者认知和购买。因此，分销渠道的选择就是要保证其市场顺应性，以渠道畅通、高效，使旅游产品以更适合的方式、更优惠的价格、更方便的地点、最适宜的时段送达旅游消费者为最高准则。还应该明确，渠道中的各成员互为市场，对于旅游生产企业来说，面对的市场是旅游者和旅游中间商；对于旅游中间商来说，市场是旅游者和旅游生产企业，彼此会受各方市场供求关系的变化而变化，这就需要销售渠道具有调整功能，渠道中的每一环节、每一机构都应具备一定的适应市场的应变能力，以保持销售渠道的适应力和生命力，适应市场变化。

（2）经济效益原则。毋庸讳言，旅游产品销售的目的就是在满足旅游消费者需要的同时，获取最大的效益。分销渠道的设定就是旅游生产企业实现收益目标的手段和途径，成功旅游分销渠道的标准就是利益的最大化。应该注意到，组成分销渠道的各成员是为同一目标连接在一起的利益共同体，可谓一荣俱荣。如果旅游企业在设计销售渠道时，一味追求自身效益最大化而忽视渠道成员的利益，必然适得其反。因此，在渠道设计时应注意协调平衡各成员间的利益，互惠互利。同时，组成渠道的成员具有动态性，各种不利因素都会导致渠道受阻，而更改渠道成员、转换渠道模式需要耗费大量的人力、物力和财力。由此可见，保持销售渠道的相对稳定，合理解决矛盾冲突，加强渠道成员之间的合作，良性竞争，是旅游分销渠道选择和维护的重要条件，也是旅游企业经济持续发展的根本保证。

2. 旅游产品分销渠道模式的选择

旅游产品分销渠道模式的选择在实际运作中主要考虑以下几个方面：

（1）渠道长度选择。旅游产品企业选择旅游产品分销渠道的长度主要是根据企业产品的类型、特点、市场规模、市场集中度、竞争情况、企业实力、管理水平等影响因素，对每一种渠道模式进行调研和分析，权衡利弊，方可选择适合的分销模式。

一般地说，短渠道优于长渠道。首先，旅游产品直接销售渠道意味着直销，直接以出厂价销售，给人以价格较为便宜的感觉，符合人们的消费心理。其次，在相同的产品售价下，长度较长的间接销售渠道中佣金和批发价格的存在无疑会减少旅游企业的收入，而且批发商常常从自身利益考虑进行加价销售，如果加价过高还会影响旅游产品的市场占有率。再次，较长的产品销售渠道所经过的中间环节较多，中间层次的增多，会影响旅游产品生产者与旅游者之间信息沟通的速度和质量，有的甚至因此产生信息传导失误。最后，选择直接销售渠道还有利于旅游企业对市场的控制，企业能够迅速掌握市场供求关系和竞争状况的变化，及时调整市场营销策略。

（2）渠道宽度选择。渠道宽度是指企业零售网点的数目和分布广度，以及销售网点的布局和地域分布。其中，零售网点既包括自设网点，也包括中间商代销网点。从中可以看出，旅游产品分销渠道宽度选择具有双重意义：一是销售网点数目和分布的选择；二是中间商数目的选择。旅游产品销售渠道宽度选择策略主要归纳为以下几种：

1）广泛选择。这是指旅游企业在自身实力有限的情况下，为扩大产品的销售而广泛采用中间商的经营策略。在旅游消费者集中的地方，或者是旅游企业的主要目标市场，通常采用这一模式。其主要特点是在选用中间商时不过多选择，只要中间商愿意且能够销售其产品，并且双方能在利益分配上达成协议，就能够成为合作者。这种策略经常为旅游汽车租赁企业、航空公司所采用。当然，旅游企业会根据具体情况给予中间商不同程度的重视：一种情况是支付不同中间商的佣金水平不同；另一种情况是对不同中间商采用不同的报价。例如，旅游酒店在不同的全球销售网络系统中可能有不同的报价，对不同的旅行社的报价也有所不同。还有一种情况是旅游企业在销售期特价优惠产品和某些特殊产品时，对于中间商会有所选择。这种渠道宽度模式的优点是可以扩大旅游产品的销售面和销售量；缺点是销售费用太高，并且易对产品营销失去控制，同时可能会因某一渠道成员服务质量的失误，而给产品整体形象带来负面影响。

2）限制选择。这是指旅游企业根据自己的销售实力和目标市场的分布格局，在一定市场区域范围内挑选数量有限的信誉好、服务水平高的中间商销售其产品的策略。这种策略适用于销售价格较高或数量有限的旅游产品。例如，我国各类国际旅行社对境外旅游市场销售包价旅游产品时通常采用这一策略。采用这种策略，有利于旅游产品生产者和供给者对销售渠道进行有效的控制。同时，利用旅游中间商的良好声誉，可以为产品快速打入市场提供机会，建立产品信誉；缺点是由于双方的选择是双向的，声誉好的旅游中间商对旅游企业的要求也较高，这样会对企业市场规模造成一定限制。

3) 独家代理。这是指企业在销售其产品时仅仅选用一家信誉卓著、销售能力强的中间商。例如，一些游船公司往往采用在某一区域内指定独家代理商的方式进行销售。实际上，这是一种极端的限制性选择策略，也是最窄的一种销售渠道。采用该策略最大的优点是可以密切与中间商的协作关系，提高其销售积极性；同时选择这一策略有利于旅游企业对营销渠道的控制，特别适用于特殊高价旅游产品的销售。当然，采用这种策略也存在灵活性小、消费面较窄而不利于旅游者的选择购买等问题，而且市场风险较大，一旦中间商发生变故，会对该产品的销售产生极大的消极影响，从而失去在该区域的整个市场。

（3）渠道联合选择。在旅游产品分销渠道建设上，过去的销售渠道关系多半是松散的交易关系，每一个渠道成员之间相互独立、各自为政，追求自身利益的最大化，而不顾消费者和旅游产品供给企业的利益。目前，随着旅游市场的竞争愈演愈烈，旅游企业传统单一的分销渠道模式已经越来越难以适应市场发展的需要，这就需要旅游企业转变经营观念，打破过去分割独立的局面，形成整合体系，走渠道联合化之路。旅游企业与旅游中间商之间建立紧密的伙伴关系，通过联合促销、信息共享、统一培训等方式合作，可提高销售渠道的运作效率，降低销售成本，实现利益"双赢"。

旅游分销渠道联合策划可以分为三种方式，即纵向联合、横向联合和集团联合。

（1）纵向联合。纵向联合型销售渠道是由旅游供给企业、旅游批发商、旅游零售商组成的完整统一的渠道体系，其中的一个渠道成员控制整个渠道体系，实行专业化管理，统一制订渠道计划，控制渠道销售活动，加强渠道成员合作。渠道纵向联合可在一定程度上缓解和避免渠道成员间由于追求各自利益而形成的渠道冲突，通过渠道联合可以增强渠道成员间的协调功能，使各渠道成员可以在统一的目标下，发挥各自的优势，减少资源浪费，提高旅游分销效率。其可分为三种类型：

契约式。这是指旅游企业通过契约形式，将其所选定的各个环节的旅游中间商联合起来，形成其有一定责、权、利关系的合同式的分销体系。其特点是各渠道成员的权利和义务在契约中有明确规定，渠道成员实行统一集中管理，统一行动部署，但渠道成员本身仍是独立的经济实体。特许经营的方式就是一个典型的契约式体系，通过特许权将旅游产品从生产到经销的各个环节联结起来，形成一个完整的直达终端的经营体系。

所有权式。这是指由旅游产品供给企业通过入股（或自建、兼并）的方式，将渠道中的各个独立环节联合起来，实行统一集中的管理，有效控制销售渠道。其特点是旅游企业具有生产、批发和零售的全部功能，对各渠道成员拥有部分或完全产权，整个销售渠道的活动都要以旅游产品供给企业的目标为前提，实现其对旅游分销活动的全面控制。所有权式销售体系的整合水平最高，联合体目标统一，旅游企业对渠道成员控制力强，因而旅游产品供给企业与中间商的关系也最为巩固，大大提高了销售渠道的经营能力。世界上最典型的集制造与销售于一体的"纵向一体化"经营模式的是卡尔森有限公司。该公司旗下拥有四大集团：卡尔森铁路旅游集团——一个旅行代理商和旅游经营上的国际网络；卡尔森营销集团——一家促销和激励集团；卡尔森酒店集团——包括酒店、餐馆和瑞迪森钻石游轮；卡尔森休闲公司——提供各种旅游服务，四大集团实现了产、供、销一体化经营。

管理式。这种销售体系既不通过所有权控制，也不以契约为基础进行联合，而是某一渠道成员依靠自己的市场声誉、产品开发能力或其他力量，得到其他渠道成员的合作与支持，成为整个销售渠道的主导成员，从而将销售渠道中的不同成员联合成一个体系。渠道成员仍独立经营，相互之间是一种非正式联系。但是，渠道成员要考虑到整个销售体系的目标，共同努力进行产品促销，实行定价方面的合作。

（2）横向联合。横向联合主要在旅游生产企业间进行。这是指两个或两个以上的旅游生产企业进行短期或长期的联合经营，或者联合起来成立一个新的经营单位，开发共同市场的分销渠道。这种横向联合根据联合紧密程度的不同，又可分为松散型和固定型两种。松散型横向联合是指为了共同开发某一市场，而将各有关旅游企业联合起来，共同策划和实施有助于实现该市场机会的分销渠道模式，如旅游包机公司和旅游景区联合共同开发某一客源市场即属于松散型横向联合。固定型横向联合是指各旅游企业为了开展市场营销活动而共同联合建立旅游销售公司。渠道横向联合的优点是能很好地集中各旅游企业在分销方面的相对优势，共同扩大各旅游企业的市场覆盖面，提高分销效率；缺点是不易协调各旅游企业之间的销售活动，缺乏一定的灵活性。横向联合销售在旅游业中较为常见，如航空公司、出租汽车公司之间订立契约，进行联合销售。美国假日酒店集团与赫兹出租汽车公司签订销售契约，为酒店的消费者提供出租汽车服务，就是突出实例。

（3）集团联合。各旅游企业以集团形式进行联合，并适当进行组织形式的总体改造来促使旅游企业分销渠道的发展和改造，这就是集团联合模式。所形成的旅游企业集团是由多个企业联合而成的，是具有生产、销售、信息和服务等多种功能的经济联合体。集团由专门化的营销机构为集团内各生产企业承担营销活动，其目的是在保持企业独立性、自主经营、个性化产品的同时，最大限度地整合营销资源，开辟分销渠道。该联合模式是一种比较高级的联合形式，其特点是营销功能比较齐全，系统控制能力和综合协调能力都比较强。集团联合体在欧洲最为普遍。世界著名的"世界一流酒店组织"（The Leading Hotel of the World）、"最佳西方酒店"（Best Western）、"金郁金香组织"（Golden Tulip Worldwide）、"SRS世界酒店组织"（SRS World Hotels）等，都是典型的酒店联合体，其中"最佳西方酒店"（Best Western）的成员有来自世界76个国家的近 4000 家公司，其规模可见一斑。

　　综上所述，旅游产品分销渠道在实际操作中形式是多样的，旅游产品生产企业在选择分销渠道模式时，要充分考虑企业内部和外部的各种影响因素，综合企业、产品、市场及环境等各方实际，确定适宜的旅游产品分销渠道。

小资料

合力与活力——珠联璧合，山东旅游锣鼓更响亮

　　济南市、青岛市、泰安市、淄博市、曲阜市五大旅游城市日前会盟于泰山脚下，决定联手，建立紧密型旅游合作伙伴关系。这在旅游区域联合已成时尚的情况下，更有其独特的意义。正如山东省旅游局国内旅游市场开发处一位负责人说，这是一次真正以资源为纽带，而不是以地域为连结点的联合，这次以资源共享为基础的深度联合将会进一步撑起山东旅游的"脊梁"。

　　五城市将立足自身旅游资源，联合行动，联手营销。通过联合设计旅游口号、标识、编制旅游线路，制作宣传品，实现网络链接，互为平台开展宣传等手段，形成合力，拓展市场渠道，增加市场份额，从而进一步凸显山东旅游大省的形象，增强山东旅游的整体竞争力。

　　此次五城市合作的一项长期内容也是重要内容就是建立节庆、会展旅游联合体。针对每年八九月五市节庆、会展活动相对集中的现状，各自整合资源，在时间安排上彼此兼顾，首尾衔接，重点面向境外市场，联合推出"节会联合体"——"2012 山东金秋狂欢之路"。节会会展活动承载着古老又深厚的文化和现代朝气蓬勃的文明，对海外游客有着很强的吸引力。五市最现实、最具潜力的国际客源市场都是日本、韩国，"节会联合体"的成立对吸引海外游客显得尤为重要。

　　作为五城市旅游业联合的第一步，"节会联合体"将改变长期以来五市旅游业相对松散的合作态势，以此为突破口，慢慢实现由节会到更深层次的资源、客源共享。下一步，五市将在诸多方面进一步深入加强合作。五市旅游局将指导旅行社编制线路和旅游产品及为旅行社争取优惠政策，创造便利条件，相互配合开展促销活动。其中，最重要的合作将会出现在国际市场的开发方面。针对日韩市场，五市将联合制订营销规划，推出行程安排和合理的成熟线路，这正是许多山东省内国际旅行社所翘首期待的。

　　山东五城市联手的意义是不言而喻的，正如一位国际旅行社负责人所说："如果没有一条特色鲜明的旅游线路，客人很可能会放弃山东游线。"这种整合资源、抱团发展，形成合力、激活市场的营销策划，充分证明了唯有打破行政区域的划分，集中各城市旅游业单体放飞的弱势，走以产业为基础的区域联合之路，才能形成整体旅游强势，增强旅游吸引力。

当今旅游市场，旅游资源、建设主题、质量标准、服务方式、促销手段的趋同使旅游市场竞争愈演愈烈。在这样的环境下，区域性合作形成合力共同成就旅游强势，应是旅游产业横向发展和深入推进战略的必然选择，唯有形成合力才能带来活力，旅游业才能做大做强。

三、旅游中间商甄选

旅游中间商甄选是根据旅游企业的分销渠道模式，选择合适旅游中间商的过程。具体而言，包括对旅游中间商的考核、评估和甄选等过程。旅游中间商有不同的类型，其形象、声誉、市场影响力有很大不同，选择合适的旅游中间商是旅游企业要做出的一个关键决策。在具体选择中间商之前，企业要对各个可选择的中间商进行全面调研和认真分析，建立明确的标准体系，对各旅游中间商的销售能力、信誉、发展状况、历史背景、工作积极性、发展潜力等因素进行综合分析和客观评价，确定各旅游中间商的优势和劣势，进行权衡。现实生活中，有的旅游中间商在长期从事旅游产品的销售过程中积累了丰富的经验，有良好的市场声誉和影响力；也有一些旅游中间商缺乏足够的市场经验和知识，无法为旅游产品供给企业争取较多的客源，甚至还有一些不法中间商借中介之名骗人钱财。由于旅游产品的不可储存性，很多供给企业往往急于出售旅游产品而不对旅游中间商进行全面的调研、了解和分析，这是一种十分短视的行为。企业要建立高效畅通经济合理的旅游营销渠道网络，就必须全面了解中间商，并在此基础上对中间商做出客观的评价。

在实际操作中，可从以下几个方面评估和选择旅游中间商：

1. 经济效益

经济效益是旅游企业一切营销决策的基本出发点。旅游企业利用旅游中间商销售旅游产品时，要给予中间商"供应价"或佣金，相对于直接分销，这势必使旅游产品生产企业利益受损；而好的中间商会帮助旅游生产企业扩大销售面，增加销售量，提高收益率。因此，旅游生产企业在选择和评估旅游中间商时，就要进行全面预测和比较由于采用中间商可能带来的销售收入增长与成本支出的关系，只有收入增加大于成本支出，才符合企业追求经济效益的原则。

2. 营销能力

旅游企业要尽可能地选择营销能力比较强的旅游中间商，包括它的人力、物力和财力状况，服务质量，销售速度及开展促销和推销工作的经验和实力，拥有的分销网络和销售场所等。

3. 商业信誉

良好的信誉是旅游企业与旅游中间商建立合作关系时必须着重考虑的问题。旅游企业要尽可能地选择商业信誉好，在声誉上有利于提升企业产品形象的、稳定可靠的、有较强经济实力的旅游中间商，以降低经营风险。

4. 目标市场

旅游企业应选择那些在经营方向和专业能力上符合分销渠道功能的要求，产品组合、销售范围和目标市场与其基本一致的旅游中间商。这样，企业可以利用现成的营销渠道网络快速、低成本地将旅游产品推向目标市场，实现营销目的。

5. 合作意愿

旅游产品生产者与旅游中间商的合作关系是建立在双方自愿、互利互惠基础上的，是双向选择。旅游中间商合作的意愿直接影响其未来销售本企业产品的积极性。因此，旅游企业应选择那些能够真诚地与本旅游企业长期合作，努力营销，共同开拓市场的旅游中间商。

四、旅游产品分销渠道管理

建立和维持良性的旅游产品分销渠道是旅游产品生产企业实现旅游产品价值的生命线，更是旅游产品生产企业加强分销渠道管理的目标所在。面对旅游发展的日新月异，旅游产品分销渠道的管理必将面临新的机遇和挑战。这就要求旅游产品生产企业要根据市场变化及时调整销售渠道，抓住机遇，发展同渠道成员之间的合作。同时，不断提高自身竞争优势，合理解决渠道矛盾冲突，争取渠道成员间利益的最大化。

1. 强化旅游产品生产企业的核心地位

旅游产品分销渠道是旅游产品生产企业和旅游中间商为争取旅游者而组成的利益共同体。旅游产品生产企业通过中间商扩大市场份额，增加产品的销量，从自身利益出发，希望与中间商长期合作；而中间商也是独立的企业，也有自己的经济利益和企业目标。因此，旅游产品生产企业拥有畅通高效的分销渠道的条件：一是选择适宜的中间商；二是要强化自身，增加吸引力和凝聚力，从而掌控旅游产品的分销渠道运行。

（1）改善企业的经营现状和提供长远规划。作为旅游中间商，不可能不去考虑旅游产品供给企业的经营现状和长远规划。市场机会有限，经营良好的旅游企业更能争取到与旅游中间商的合作。除了用良好的经营状况来证明自己的实力之外，旅游企业主要应当向旅游中间商提供自己的长远发展规划，使其认可旅游企业的发展战略，而从长远的角度来考虑长期利益，即使旅游企业与旅游中间商之间的利益暂时出现问题和冲突，旅游企业也可通过召开旅游中间商会议，表扬业绩好的旅游中间商，向旅游中间商发送带有他们意见和建议的内部刊物，或通过经常与旅游中间商进行沟通交流等方式，让旅游中间商更好地了解企业，理解和执行企业的各项方针策略，增强合作的信心和动力。

（2）提升旅游产品的知名度。旅游产品的知名度对于中间商来说就意味着销量、利润和销售效率。知名度高的旅游产品不需要中间商做较多的市场推广，可节省销售成本，加快资金周转。如果旅游企业能提高产品知名度，树立产品在消费者心目中的良好形象，就可以影响销售渠道，通过产品知名度给中间商带来高销售效率和低销售成本，从而控制销售渠道。

（3）建立中间商促销组合。中间商促销组合是旅游产品生产企业针对旅游中间商开发的单独的促销组合，就是将广告宣传、促销、材料促销、人员推销和公共关系宣传等组合成一体。其目的是通过对旅游中间商的促销，让中间商更多、更好地了解企业，同时是旅游生产企业给予旅游中间商的支持，使双方共同受益。

1）中间商广告。这是旅游产品生产者或供应者，在专业的旅游行业杂志、期刊和报纸上做广告。利用中间商直接邮寄广告材料已越来越广泛，旅游生产企业进行中间商广告重要的注意事项是时间的选择。如果广告对象是旅游代理商，旅游生产企业还要多提供与服务相关的内容，这样才能提供给顾客准确而完整的信息。这种情况下，中间商广告要先于消费者广告。

2）企业（公司）名录和计算机数据库。因为有大量可以选择的旅游活动，旅游代理商和其他中间商不得不依赖于专业的企业名录和计算机数据库来了解企业的产品信息。目前，涵盖旅游设施和服务的计算机和网络数据库的数量在不断增加。其主要的数据库都与大型的航空公司预定系统建立了链接，因为旅游代理商越来越依赖于网络而非书面信息。因此，对旅游生产企业来说，向这些预定系统添加自己的资料越来越重要。

3）行业展示会。旅游行业协会每年都会举办各种类型的旅游展销活动，为旅游产品生产企业、供应商、旅游中间商等提供展示自己产品的平台。其实，有些展销会本身就是交易市场，参加者可以安排会谈和相互讨论。北美许多主要的展销会由国家旅游协会、美国旅游代理商协会、美国巴士协会和国家商务协会举办。在展示会上，旅游中间商将更加熟悉彼此的产品。

4）人员推销和电话推销。一个最有效的促销技巧就是旅游企业对所选的旅游行业中间商进行人员推销拜访，包括现场推销和电话推销。许多旅游产品生产企业、供应商、旅游中间商都雇用全职的销售员，向自己的目标市场全力推销。如航空公司、游轮公司、连锁酒店、旅游景点、旅游批发商、汽车出租公司、铁路客运公司等。这些推销员也经常拜访其他中间商，如企业旅游部经理、会议策划机构等。

5）材料促销和宣传册。旅游中间商的办公场所就相当于旅游零售店，各旅游生产企业和供应商可以借此展开宣传促销攻势，来展示自己的产品宣传材料。如旅游宣传册、招贴画、宣传窗及其他宣传形式等，确保足够的宣传效果。同时，旅游产品生产企业应开展各种公共关系活动，如在行业杂志上定期发布新闻，参与各种行业协会组织的会议和研讨会，利用媒体新闻工具等形式，保持和中间商良好的合作关系。

6）旅游电子商务。随着电子计算机技术的快速发展，旅游电子商务已是当今行业发展的最新趋势。计算机预定系统（CRS）、全球分销系统（GDS）、专业网站等已成为重要传媒，正日益冲击传统的旅游分销模式，相信不久的将来，还没有采用这些新技术手段的旅游企业将很难立足。目前，国际上著名的预定系统有 Saber、Galileo Apollo、World Span、Amadeus 等。在我国，上海春秋旅行社已率先赢得了这一市场。

（4）给予中间商最大的利益支持。经济效益是旅游产品分销渠道的连接纽带，也是旅游产品生产企业和旅游中间商保持合作的强大动力。旅游企业加强与旅游中间商的合作，调动旅游中间商的积极性是旅游企业分销渠道管理的重要任务。旅游企业与旅游中间商从根本上来说存在着一致的经营目标和相互关联的经济利益。如果旅游企业给予旅游中间商的经济利益微不足道，那么这样的合作关系对于旅游中间商来说无关紧要，企业也就无法控制旅游中间商。因此，旅游企业应给予旅游中间商足够的经济利益。为此，旅游企业应了解旅游中间商不同的需求，维护和尊重中间商的尊严和利益，这是赢得中间商合作的首要前提；同时，旅游企业应支持和协助旅游中间商开展促销活动，向旅游中间商及时提供有关旅游企业及旅游产品全面的资料和信息，并且帮助旅游中间商分担一部分旅游宣传费用。另外，旅游中间商与旅游企业又是动态的联合体，实际操作中有很多因素都会导致合作受挫。因此，旅游企业对其希望与之长久合作的旅游中间商就要采取有效的激励机制，以建立持续良好的合作关系，保持旅游产品分销渠道的生命力。主要应注意以下几个方面：

1）足够大的让利。例如，减收或免收预订金，售后付款，分期付款等。

2）高效的、规范化的业务确认和服务提供。

3）产品和服务信息的快速提供。

4）宣传品、促销品、广告宣传费用的传递，提供人力、技术方面的支持。

5）讲诚信，有福同享，淡季要依靠中间商，旺季要想着中间商。

6）对旅游中间商的特殊奖励措施。例如，考察旅游，这是旅游产品生产者或供应者向旅游中间商提供的一种免费或低价的旅游，能够让旅游中间商很好地直接感受旅游产品的全面活动内容；竞赛、抽奖和奖励计划，竞赛和抽奖是旅游企业为获取旅游中间商业务经常使用的一种方法。如雷迪逊公司定制的一个旅游代理商奖励计划——"关注预订"计划，鼓励代理商通过全球预定系统或者雷迪逊特殊的代理热线来预订旅游产品，参加抽奖的顾客将赢得前往近海旅游区的免费旅游，他们的旅游代理商也将获得由美国运通公司赠送的旅行支票；特殊广告赠品，将写有旅游企业名称的物品，赠送给旅游中间商，等等。

2. 旅游中间商自我完善

（1）加快产品的开发与更新。社会的不断发展，消费者的需求越来越高，同时客源市场在不断地发生变化，这就迫使旅游中间商要不断更新和开发旅游新产品。只有面对需求市场，不断推陈出新，才能提高适应能力与竞争力，使其在活跃的旅游市场竞争中立于不败之地。

（2）建立产品品牌。作为吸引消费者购买的重要因素，品牌应该全面简洁地向消费者传递其独特形象和吸引力，特别是对于旅游产品品牌尤为重要。众所周知，旅游是一种预消费产品，游客不能像传统型的消费活动一样可以直观地挑选商品并在付款后形成快速消费。因此，购买过程中旅游产品的品牌对消费者购买决策的影响尤为重要。目前，我国旅游产品品牌建设存在许多问题，如产品同质，缺乏自身特色；商号、企业名称混淆，品牌缺乏保护；缺乏品牌培育和管理方法；品牌传播途径单一等。令人可喜的是，一些旅游中间商已经初步建立了自己的品牌，且赢得了良好的口碑。相信通过各个方面的努力，在不久的将来可以看到更多、更强的品牌出现。

（3）重视产品包装旅游产品的无形性，在包装上更加凸显图文并茂的重要性。旅游中间商应广泛利用电视、报纸、杂志、网络等多媒体，强化旅游产品的可视性，增强其吸引力，特别在便捷的宣传手册上尤其要下功夫。事实上，很多旅游经销商将营销的努力集中在宣传册上，使宣传册成为旅游中间商产品包装的重要宣传手段。

3. 旅游分销渠道的调整

（1）渠道评估。渠道评估是衡量旅游产品分销渠道是否健康、有效发展的重要手段。旅游企业应建立个体评估和分销渠道整体运作模式评估。

1）对旅游中间商个体评估。其内容主要有：销售指标完成情况；为企业创收的利润额度；与企业账目结算情况；为企业推销产品的积极性和产品推广度；与企业的竞争对手的合作情况；消费者的信誉度和满意度；与成员间的公共关系和配合情况。

2）对渠道整体运作评估。畅通、有效是衡量渠道健康运营的重要指标。其主要包括：渠道各环节的连续性；市场辐射性和渗透性；渠道成员间的协作性和服务功能的配套性；经济受益；发展潜力等。

（2）渠道的调整。旅游市场需求复杂多样、变化多端，为确保分销渠道的畅通和高效，旅游企业需根据自身的发展要求，中间商市场及一些外部不可抗因素的客观影响等具体实际，对营销渠道进行调整和优化，以实现最终的营销目标。

总的说来，旅游企业调整分销渠道的方法主要有增加或减少分销渠道中的旅游中间商、调整部分分销渠道、改变整个旅游分销渠道三种类型。

从未来旅游发展的趋势看，旅游产品分销渠道运行正逐步向扁平化方向发展。过去那种由于渠道过长和中间商泛化而导致的渠道失控，沟通、交流困难，并进而导致的渠道整体效率低等弊端正被企业所认识。随着旅游营销市场的不断成熟，特别是科技的飞速发展，新技术手段的运用，必将对传统观念下的分销渠道运营模式产生重大的影响。

4. 旅游营销渠道的冲突管理

矛盾和冲突是旅游产品分销渠道运行和发展的必然。渠道成员为共同的利益走到一起，而其本身又是独立的个体，都有自己的利益目标，来自外部环境的冲击和渠道内部的不同步等原因，都会使渠道发生动荡甚至断链。

营销渠道的冲突一般分为横向冲突和纵向冲突两种。

横向冲突是指同一营销渠道、同一层次渠道成员之间的冲突，如零售商和零售商之间的冲突，代理商和代理商之间的冲突。这主要是因为成员间缺乏风险共担、利益共享机制，从而导致各自为政，恶性竞争。纵向冲突是指同一营销渠道不同层次渠道成员间的冲突，如批发商和零售商的冲突，生产企业和批发商之间的冲突。他们往往是由于目标不一致、权责利不清，或个体知觉差异等原因所致。

无论发生怎样的冲突，都会影响整个旅游营销渠道网络系统运行的效率和质量。因此，解决冲突，有效管理是关键。对营销渠道的冲突，一般可采取以下措施加以解决：

（1）加强预防性，防患于未然。在渠道建立之初，就要进行全面的考察，制定切实可行的方针政策，慎重选择中间商。

（2）权责利分清。不明确的责、权、利及不合理的利益分配是引起营销渠道冲突的主要原因。因而，旅游营销渠道各成员必须共同协商，制订科学的责权利方案并以合同的形式确定下来，以约束和协调所有成员的行为。

（3）加强沟通，互惠互利。有效地沟通是化解冲突，解除误会的良方。旅游产品的特殊性决定了旅游产品分销渠道成员间人际关系的特殊重要性。可以说，人气是行业发展的重要因素。因此，沟通交流、团结协作、互惠互利、共同发展，使旅游企业和各级渠道成员连成一个稳固的不可分割的整体，才能一赢"双赢"，一荣俱荣。

（4）法律仲裁约束。当然，如果冲突升级，违反行业规则，或触犯相关法律，就必然用法律手段来解决。目前，我国旅游法律法规还不健全，尚待完善，而且，随着旅游业的迅猛发展，新的问题、新的矛盾还将不断产生，这些都是未来发展道路上所要面对的课题。但是，只要按照市场规律办事，本着公开、公平、公正的原则办事，任何冲突都将迎刃而解。

综上所述，旅游产品分销渠道策略包括渠道模式选择、旅游中间商甄选、渠道建设与管理等各个方面。应该进一步明确的是，销售渠道策略只是旅游企业市场营销策略的一个方面，企业要在竞争中突出优势，单一地依靠渠道策略难以有效，而是应将渠道的设计与企业的其他策略如产品策略、价格策略、促销策略结合起来，综合权衡，全面考虑，才能真正发挥其重要作用。

案例　旅游营销——北美的游轮旅游业

游轮旅游是发展速度最快的一种旅游方式之一。这种高速发展源于游轮公司提供的全包度假越来越流行，同时也是游轮公司的一种创新性的营销方法。另一主要原因在于游轮公司和零售型旅游代理商之间良好的合作关系，尤其是游轮公司创造出与旅行社共同获利的方式。

1985 年成立的国际游轮公司协会有 23 个成员，集结了当时 95% 的游轮容量，提出了北美游轮乘客量 2005 年达到 440 万元，2015 年达到 690 万元的目标。该协会估计从 1985 年到现在已经有 8400 万人参加了两天和两天以上的深水游轮旅游。该协会的调查还显示：年龄在 25 岁以上、年收入在 20000 美元以上的成年人 50% 以上对这种旅游感兴趣。同时协会估计了 31% 的成年人将在未来五年内一定或者可能参加这种旅游。零售型旅游代理商的协助对于游轮公司认识这种旅游的发展潜力发挥着重大的作用。有 2 万个以上的该协会分支机构正在计划开发游轮旅游。

在北美，95%~97% 以上的游轮旅游是通过零售型旅游代理商来预订的。实际上，游轮公司是一种几乎完全依赖于旅游代理商预订的旅游服务业组织，游轮公司获得旅游代理商的大力支持。因此，游轮公司在时顾客的推销中明确表示："向专业化的旅行社咨询游轮旅游的详细情况和预订事宜。"然而，游轮公司支付的佣金仍然是旅行社的主要收入，从游轮公司赚取的佣金速度增长极快。2010 年美国游轮公司提供了美国旅行社 18% 的销售额（220 亿美元），成为旅行社收入的第二大独立来源。自 2009 年美国几大航空公司被指定代理资格以来，来自于游轮公司的收入逐渐成为其具有决定意义的收入组成部分。

出售游轮旅游对旅游代理商的最大吸引力在于所得的佣金总额和佣金比率。游轮旅游的价格内包含着全面服务，这一特点意味着代理商可以从全包旅游的每一组成部分赚到佣金，包括航空交通、住宿、饮食、娱乐和可以任意选择的近海短途旅游。代理佣金率起初一般是游轮全包旅游价格的 10%，但首选旅行社的佣金率可以高达 14%~16%。这样，如果一个首选旅行社售出一单情侣游轮一周游，价格是每人 2000 美元，佣金率为 15%，那么旅行社从这项交易获取的收入就高达 600 美元。

游轮公司提供各种型号的游轮和旅行安排。因此，游轮全包旅游的价格之间有很大差异。单人一天的价格从最低的 75 美元变化到 100 美元，豪华游轮的价格达到 1000 美元以上，这种价格水平一般包括了与游轮起航点之间的往返机票。每条游轮都包括各种各样的内外舱位和甲板，其价格也有很大的差异。甚至在同一条游轮上，其价格要依赖于选择的舱位和套房。游轮公司根据游轮的设计、服务的乘客类型、游轮主题和游线类型制定不同的价格。2012 年 12 月《旅游代理商/游轮》杂志将游轮旅游市场分为四个部分：旅游、奖励景点旅游、冒险/探险旅游、豪华旅游，其床位量分别占 54.7%、32.7%、8.2% 和 7.8%。《富多游轮和码头》杂志将游轮旅游划分为以下几种：传统型、派对型、文化型、老年型、短途型、探险型、主题型和经济型。

与旅游服务业平均水平相比，游轮容量利用率相当高。国际游轮公司协会认为在北美的大多数地方游舱利用率高达 90%，高于酒店和旅游景点平均利用率 20 个百分点。这种行业的高度繁荣是通过良好的行业中间商和消费者促销，以及供给令人兴奋的旅游项目和组织性很强的度假体验等来实现的。实际上，游轮旅游拥有旅游服务业中最有创意的项目包装和活动策划。例如，挪威游轮公司的"海上运动"计划将摩托艇、橄榄球、高尔夫球、网球、冰上曲棍球、篮球、滑雪、棒球和排球等主题为主要特征。这类旅游的每个主题都将以体育界内的名流、代表、参与者或教练为主要角色。

游轮公司利用各种促销组合要素去吸引和支持旅游代理商。《旅游代理商》《旅游周刊》等主要的代理商刊物上，都有业内领导型企业如嘉年华、皇家加勒比、公主号、霍兰德、美利坚及挪威游轮公司等提供的宣传广告。由游轮公司所做的中间商和消费者广告的数量越来越多。旅游服务业的领导型企业之一——皇家加勒比公司在广告宣传上的费用 2011 年已达到 1.73 亿美元，在美国最大的广告客户中居第 145 位。游轮旅游在 2004 年美国超级杯赛期间引起众人的瞩目，当时有上百万人见证了挪威游轮公司引进的"唯我独有"的激动人心的商业广告。

游轮公司的媒体广告得到了各种面向旅游代理商的促销、材料促销和人员推销的大力支持。大多数游轮公司利用区域性销售，帮助各地已建立良好关系的旅行社向他们的顾客进行广告宣传和促销。皇家加勒比公司的广告利用"侦察机"的主题，鼓励旅游代理商采用该公司地区销售经理提供的服务。这些销售代表经常帮助个体旅行社进行特殊的推销，如"游轮之夜"活动鼓励潜在的游轮乘客进入展厅发现更多的游轮旅游方式。游轮公司也经常请旅行社通过考察旅游和入港游轮旅游抽样调查他们的船只。

宣传册是游轮公司进行材料促销的主要工具，在多数旅行社作为展品来使用。通常这些宣传册的质量非常高，多数代理商认为会使游轮旅游销售更容易。宣传册通常按照不同的甲板平面来设计，能反映每个房间的位置及每条船上的设施，同时折射出游轮和目的地五彩斑斓的形象。代理商直接向游轮公司进行预定。许多游轮公司开始利用航空公司的计算机预定系统来制定有效的床位使用情况列表。例如，通过主要的计算机预定系统，公主号游轮公司的"爱船链接"和皇家加勒比的"2008 年网上游轮匹配"计划已经开始实施。因此，对于旅游代理商来说，由于游轮公司建立预定系统的游轮旅游不仅容易出售，同时容易预定。

游轮旅游在代理商中比较流行还有另外一个理由，即游轮旅游有很高的顾客满意率和相对较高的回头率。根据游轮公司国际协会的调查，85% 的首次参加游轮旅游的顾客和 87% 的常客（在六年里有三次或三次以上游轮旅游经历）对他们的游轮旅游感到特别满意或非常满意。80% 的常客和 58% 的首次游客表示他们肯定会在两年内再次参加这种旅游。游轮公司自身努力与原有游客建立良好的关系，同时推行数据库营销。公司经常要求乘客给他们留下通信地址及在旅游出发前解决好存在的疑问。这样，他们就成为游轮公司的会员，得到定期出版的时事通信和特别赠品。

总之，游轮公司与北美旅行社之间是互惠互存的关系。对于其他存在这种意见的关系营销的旅游服务业组织来说，游轮旅游是一个绝佳例子。当更多的大型游轮驶出造船厂的时候，意味着旅行社和游轮公司的联系会变得更加紧密。可以预见，零售型旅游代理商必将成为吸引游轮乘客主体的关键因素。

案例思考：

1. 北美的旅行社是如何协助游轮公司获得较高的乘客增长率和游轮使用率？

2. 游轮公司采用了什么独特的中间商营销方法？

3. 其他旅游企业能够从游轮公司的中间商营销中学习到什么？

复习与思考

1. 旅游产品分销渠道主要有哪些类型？各适用于哪些市场条件？

2. 旅游中间商的类型有哪些？在旅游产品分销渠道中的作用有哪些？

3. 影响旅游产品分销渠道选择的主要因素有哪些？

4. 旅游产品生产企业对中间商促销的手段有哪些？

5. 如何对旅游产品分销渠道进行控制和管理？

6. 谈谈旅游电子商务在旅游产品分销渠道中的应用和发展前景。

参考文献

1. 菲利普·科特勒.市场营销管理［M］.北京：中国人民大学出版社，1997.

2. 维克多·密德尔敦.旅游营销学［M］.北京：中国旅游出版社，2006.

3. 罗伯特，刘易斯.酒店市场营销和管理案例［M］.大连：大连理工大学出版社，2005.

4. 苏亚民.现代营销学［M］.北京：中国对外经济贸易出版社，2012.

5. 金永昌生.市场营销管理［M］.北京：机械工业出版社，2009.

6. 万后芬，彭星间.营销管理学［M］.北京：中国统计出版社，2012.

7. 朱美光.旅游市场营销学［M］.郑州：郑州大学出版社，2011.

8. 赵西萍.旅游市场营销学［M］.北京：高等教育出版社，2011.

9. 吴金林.旅游市场营销［M］.北京：高等教育出版社，2010.

10. 杨益新.旅游市场营销学［M］.北京：清华大学出版社，2008.

11. 苟自钧.旅游市场营销学［M］.郑州：郑州大学出版社，2011.

12. 徐春波.旅游市场营销学［M］.北京：中国纺织出版社，2009.

13. 马勇，毕斗斗.旅游市场营销［M］.汕头：汕头大学出版社，2010.

14. 钱炜等.饭店营销学［M］.北京：旅游教育出版社，2010.

15. 铁振国.饭店营销学［M］.昆明：云南大学出版社，2006.

16. 刘叶飙.酒店营销学［M］.北京：企业管理出版社，2010.

17. 梭伦.现代宾馆酒店营销［M］.北京：中国纺织出版社，2008.

18. 饶勇.现代饭店营销创新 500 例［M］.广州：广东旅游出版社，2006.

19. 李任芷等.旅游饭店经营、管理、服务案例［M］.北京：中华工商联合出版社，2009.

20. 李翠微.旅游市场营销学［M］.北京：经济科学出版社，2008.

21. 王怡然等.饭店营销策划书案例［M］.沈阳：辽宁科学技术出版社，2008.

22. 张文贤.市场营销创新［M］.上海：复旦大学出版社，2008.

23. 唐德才.现代市场营销学教材［M］.北京：清华大学出版社，2012.

24. 王祖成.世界上最有生命力的管理：创新［M］.北京：中国统计出版社，2010.

25. 张玉明.旅游市场营销［M］.广州：华南理工大学出版社，2005.